왕초보를 위한 NCS 필수토픽 50

의사소통능력

시대에듀

시대에듀 왕초보를 위한 NCS 의사소통능력 필수토픽 50 + 무료NCS특강

Always **with you**

사람의 인연은 길에서 우연하게 만나거나 함께 살아가는 것만을 의미하지는 않습니다.
책을 펴내는 출판사와 그 책을 읽는 독자의 만남도 소중한 인연입니다.
시대에듀는 항상 독자의 마음을 헤아리기 위해 노력하고 있습니다. 늘 독자와 함께하겠습니다.

PREFACE

머리말

취업준비생들에게 NCS란 더 이상 낯선 단어가 아니다. 하지만 문제들은 아직도 낯설고, 특히 의사소통능력의 경우 읽어야 할 지문의 양이 많고, 복합적인 사고를 요구하기 때문에 어렵게 느껴진다.

하지만 거의 모든 공사 · 공단에서 의사소통능력을 다루고 있으므로 의사소통능력을 소홀히 해서는 안 된다. 이에 따라 취업준비생들에게는 의사소통능력의 정확한 출제 유형을 알고, 그에 맞는 접근 방식을 적절하게 적용할 수 있도록 꾸준한 연습이 필요하다.

공사 · 공단 합격을 위해 시대에듀에서는 NCS 도서 시리즈 누적 판매량 1위의 출간 경험을 토대로 다음과 같은 특징을 가진 도서를 출간하였다.

도서의 특징

❶ 기출복원문제를 통한 출제 유형 확인!
- 2023~2022년 주요 공기업 의사소통능력 기출복원문제를 수록하여 NCS 의사소통능력 필기 유형을 파악할 수 있도록 하였다.

❷ 유형의 이해와 접근법으로 실력 상승!
- NCS 의사소통능력 필수토픽 50개 유형을 분석하여 문제의 핵심을 파악할 수 있도록 하였다.
- 토픽별로 문제풀이에 필요한 접근법을 소개하고, 이를 적용하여 풀이시간을 단축할 수 있도록 하였다.

❸ 대표예제와 연습문제로 실전 대비!
- 토픽별 대표예제를 선정하여 문제를 푸는 방법을 소개하고, 접근 방식을 체득할 수 있도록 하였다.
- 토픽을 응용한 연습문제를 수록하여 자신의 실력을 점검할 수 있도록 하였다.

❹ 다양한 콘텐츠로 최종 합격까지!
- NCS 핵심이론 및 대표유형 PDF와 온라인 모의고사, 그리고 무료특강을 제공하여 필기시험 전반에 대비할 수 있도록 하였다.

끝으로 본 도서를 통해 공사 · 공단 채용을 준비하는 모든 수험생 여러분이 합격의 기쁨을 누리기를 진심으로 기원한다.

SDC(Sidae Data Center) 씀

의사소통능력 소개 INTRODUCE

의사소통능력 정의 및 하위능력

의사소통능력 : 업무를 수행함에 있어 글과 말을 읽고 들음으로써 다른 사람이 뜻한 바를 파악하고, 본인이 의도하는 바를 글과 말을 통해 정확하게 쓰거나 말하는 능력

하위능력	정의
문서이해능력	업무를 수행함에 있어 다른 사람이 작성한 글을 읽고 그 내용을 이해하는 능력
문서작성능력	업무를 수행함에 있어 본인이 뜻한 바를 글로 나타내는 능력
경청능력	업무를 수행함에 있어 다른 사람의 말을 듣고 그 내용을 이해하는 능력
의사표현능력	업무를 수행함에 있어 본인이 뜻한 바를 말로 나타내는 능력
기초외국어능력	업무를 수행함에 있어 외국어로 의사소통할 수 있는 능력

의사소통능력 학습법

1

문제에서 요구하는 바를 먼저 파악하라!

의사소통능력에서 가장 중요한 것은 제한된 시간 안에 빠르고 정확하게 답을 찾아내는 것이다. 따라서 지문을 보기 전 문제를 먼저 파악해야 한다. 주제 찾기 문제라면 첫 문장과 마지막 문장 또는 접속어에 주목하자. 내용 일치 문제라면 지문과 문항의 일치/불일치 여부만 파악한 뒤 빠져 나오자.

2

잠재되어 있는 언어능력을 발휘하라!

의사소통능력에는 끝이 없다. 의사소통의 방대함에 포기한 적이 있는가? 세상에 글은 많고, 우리가 학습할 수 있는 시간은 한정적이다. 실제 시험장에서 어떤 내용의 지문이 나올지 아무도 예측할 수 없다. 따라서 평소에 신문, 소설, 보고서 등 다양한 글을 접하는 것이 필요하다.

3

상황을 가정하라!

업무를 수행함에 있어 상황에 따른 언어표현은 중요하다. 같은 말이라도 상황에 따라 다르게 해석될 수 있기 때문이다. 그런 의미에서 본인의 의견을 효과적으로 전달할 수 있는 능력을 평가하는 것이다. 따라서 다양한 상황에서의 언어표현능력을 함양하기 위한 연습의 과정이 요구된다.

4

말하는 이의 입장에서 생각하라!

잘 듣는 것 또한 하나의 능력이다. 다른 사람의 이야기에 귀 기울이고 공감하는 태도는 업무를 수행함에 있어 반드시 필요한 요소이다. 그런 의미에서 다양한 상황에서의 경청능력을 평가하는 것이다. 따라서 말하는 이가 요구하는 듣는 이의 태도를 파악하고, 이에 따른 판단을 할 수 있도록 언제나 말하는 사람의 입장이 되는 연습이 필요하다.

5

반복만이 살길이다!

학창 시절 외국어를 공부했을 때를 떠올려 보자. 셀 수 없이 많은 표현을 익히기 위해 얼마나 많은 반복의 과정을 거쳤는가? 의사소통능력 역시 그러하다. 하나의 문제 유형을 익히기 위해 가장 중요한 것은 여러 번, 많이 풀어보는 것이다.

의사소통능력 세부사항

하위능력	교육내용		
문서 이해 능력	K (지식)	• 문서이해의 개념 및 중요성 • 문서이해의 구체적인 절차와 원리	• 문서의 종류 및 양식 이해 • 문서를 통한 정보 획득 및 종합 방법의 유형
	S (기술)	• 문서의 종류에 따른 문서 읽기 • 주어진 정보의 관련성과 의도 파악	• 문서에서 핵심내용 파악 • 문서 읽기를 통한 정보 수집, 요약, 종합
문서 작성 능력	K (지식)	• 체계적인 문서작성의 개념 및 중요성 • 문서의 종류와 양식 이해 • 논리적인 문장 전개 방법의 유형	• 목적과 상황에 맞는 문서작성의 유형 • 문서작성의 구체적인 절차와 원리 • 효과적인 내용 구성 방법의 유형
	S (기술)	• 문서의 종류에 따른 적절한 문서작성 • 논리적인 체계를 사용한 문서작성 • 논리적인 문장 전개 • 시각적 표현과 연출	• 문서작성에 적합한 문체와 어휘 사용 • 문서작성에서 강조점 표현 방법 • 목적에 적합한 적당한 분량 설정 • 작성한 문서의 수정
경청 능력	K (지식)	• 경청능력의 중요성과 개념 • 상대방의 말을 듣는 바람직한 자세의 이해 • 지시사항을 재확인하는 방법의 이해	• 대화 과정에서 효과적인 경청 방법의 이해 • 지시사항에 대한 적절한 반응 방법의 이해
	S (기술)	• 상대방의 말을 주의 깊게 듣고 반응 • 대화 과정에서 숨은 의미 파악 • 대화 과정에서 상대방과 친밀감과 신뢰감 조성 • 비언어적인 신호 파악 • 상사의 지시사항을 듣고 확인	• 상대방의 의도 파악 • 대화 과정에서 상대방 격려 • 대화 과정에서 적절한 시선 처리 • 상대방의 입장 이해
의사 표현 능력	K (지식)	• 정확한 의사전달의 중요성 • 효과적인 의사표현 방법의 유형 • 상황과 대상에 따른 화법의 이해	• 의사표현의 기본 원리 • 설득력 있는 화법의 특징 및 요소 • 비언어적 의사표현 방법 이해
	S (기술)	• 주제, 상황, 목적에 적합한 의사표현 • 간단명료한 의사표현 • 목소리의 크기, 억양, 속도의 변화 • 대화를 구조화하는 기술 • 상황에 적합한 비언어적 의사표현	• 자신 있고 단정적인 의사표현 • 중요한 부분을 반복하여 제시 • 상황에 대한 적절한 질문 • 적합한 이미지와 어휘, 표현 사용
기초 외국어 능력	K (지식)	• 기초적인 외국어 회화에 대한 지식 • 외국 문화에 대한 이해	• 비언어적 의사표현 방법의 유형
	S (기술)	• 기초적인 외국어로 된 자료 읽기 방법 • 기초적인 외국어 회화 기술	• 외국인을 대하는 방법 습득 • 사전 활용 방법 습득

PSAT형

※ 다음은 K공단의 국내 출장비 지급 기준에 대한 자료이다. 이어지는 질문에 답하시오. **[15~16]**

〈국내 출장비 지급 기준〉

① 근무지로부터 편도 100km 미만의 출장은 공단 차량 이용을 원칙으로 하며, 다음 각호에 따라 "별표 1"에 해당하는 여비를 지급한다.
 ㉠ 일비
  ⓐ 근무시간 4시간 이상 : 전액
  ⓑ 근무시간 4시간 미만 : 1일분의 2분의 1
 ㉡ 식비 : 명령권자가 근무시간이 모두 소요되는 1일 출장으로 인정한 경우에는 1일분의 3분의 1 범위 내에서 지급
 ㉢ 숙박비 : 편도 50km 이상의 출장 중 출장일수가 2일 이상으로 숙박이 필요할 경우, 증빙자료 제출 시 숙박비 지급
② 제1항에도 불구하고 공단 차량을 이용할 수 없어 개인 소유 차량으로 업무를 수행한 경우에는 일비를 지급하지 않고 이사장이 따로 정하는 바에 따라 교통비를 지급한다.
③ 근무지로부터 100km 이상의 출장은 "별표 1"에 따라 교통비 및 일비는 전액을, 식비는 1일분의 3분의 2 해당액을 지급한다. 다만, 업무 형편상 숙박이 필요하다고 인정할 경우에는 출장기간에 대하여 숙박비, 일비, 식비 전액을 지급할 수 있다.

〈별표 1〉

구분	교통비				일비 (1일)	숙박비 (1박)	식비 (1일)
	철도임	선임	항공임	자동차임			
임원 및 본부장	1등급	1등급	실비	실비	30,000원	실비	45,000원
1, 2급 부서장	1등급	2등급	실비	실비	25,000원	실비	35,000원
2, 3, 4급 부장	1등급	2등급	실비	실비	20,000원	실비	30,000원
4급 이하 팀원	2등급	2등급	실비	실비	20,000원	실비	30,000원

1. 교통비는 실비를 기준으로 하되, 실비 정산은 국토해양부장관 또는 특별시장・광역시장・도지사・특별자치도지사 등이 인허한 요금을 기준으로 한다.
2. 선임 구분표 중 1등급 해당자는 특등, 2등급 해당자는 1등을 적용한다.
3. 철도임 구분표 중 1등급은 고속철도 특실, 2등급은 고속철도 일반실을 적용한다.
4. 임원 및 본부장의 식비가 위 정액을 초과하였을 경우 실비를 지급할 수 있다.
5. 운임 및 숙박비의 할인이 가능한 경우에는 할인 요금으로 지급한다.
6. 자동차임 실비 지급은 연료비와 실제 통행료를 지급한다.
 (연료비)=[여행거리(km)]×(유가)÷(연비)
7. 임원 및 본부장을 제외한 직원의 숙박비는 70,000원을 한도로 실비를 정산할 수 있다.

특징
▸ 대부분 의사소통능력, 수리능력, 문제해결능력을 중심으로 출제(일부 기업의 경우 자원관리능력, 조직이해능력을 출제)
▸ 자료에 대한 추론 및 해석 능력을 요구

대행사
▸ 엑스퍼트컨설팅, 커리어넷, 태드솔루션, 한국행동과학연구소(행과연), 휴노 등

모듈형

| 대인관계능력

60 다음 자료는 갈등해결을 위한 6단계 프로세스이다. 3단계에 해당하는 대화의 예로 가장 적절한 것은?

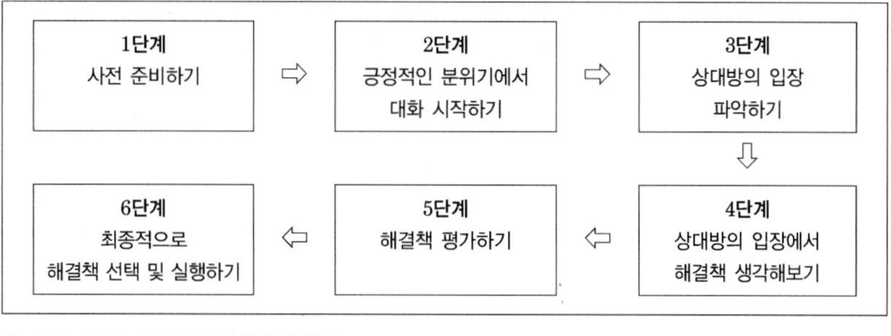

① 그럼 A씨의 생각대로 진행해 보시죠.

특징
- 이론 및 개념을 활용하여 푸는 유형
- 채용 기업 및 직무에 따라 NCS 직업기초능력평가 10개 영역 중 선발하여 출제
- 기업의 특성을 고려한 직무 관련 문제를 출제
- 주어진 상황에 대한 판단 및 이론 적용을 요구

대행사
- 인트로맨, 휴스테이션, ORP연구소 등

피듈형(PSAT형 + 모듈형)

| 문제해결능력

60 P회사는 직원 20명에게 나눠 줄 추석 선물 품목을 조사하였다. 다음은 유통업체별 품목 가격과 직원들의 품목 선호도를 나타낸 자료이다. 이를 참고하여 P회사에서 구매하는 물품과 업체를 바르게 연결한 것은?

〈업체별 품목 금액〉

구분		1세트당 가격	혜택
A업체	돼지고기	37,000원	10세트 이상 주문 시 배송 무료
	건어물	25,000원	
B업체	소고기	62,000원	20세트 주문 시 10% 할인
	참치	31,000원	
C업체	스팸	47,000원	50만 원 이상 주문 시 배송 무료
	김	15,000원	

〈구성원 품목 선호도〉

특징
- 기초 및 응용 모듈을 구분하여 푸는 유형
- 기초인지모듈과 응용업무모듈로 구분하여 출제
- PSAT형보다 난도가 낮은 편
- 유형이 정형화되어 있고, 유사한 유형의 문제를 세트로 출제

대행사
- 사람인, 스카우트, 인크루트, 커리어케어, 트리피, 한국사회능력개발원 등

주요 공기업 적중 문제 TEST CHECK

코레일 한국철도공사

글의 제목 ▶ 유형

01 다음 글의 제목으로 가장 적절한 것은?

중세 유럽에서는 토지나 자원을 왕실이 소유하고 있었다. 사람들은 이러한 토지나 자원을 이용하려면 일정한 비용을 지불해야 했다. 예를 들어 광산을 개발하거나 수산물을 얻는 사람들은 해당 자원의 이용에 대한 비용을 왕실에 지불하였고 이는 왕실의 권력과 부의 유지를 돕는 동시에 국가의 재정을 보충하는 역할을 하였는데, 이때 지불한 비용이 바로 로열티이다.
로열티의 개념은 산업 혁명과 함께 발전하였다. 산업 혁명을 통해 특허, 상표 등의 지적 재산권이 보호되기 시작하면서 기업들은 이러한 권리를 보유한 개인이나 조직에게 사용에 대한 보상을 지불하게 되었다. 지적 재산권은 기업이 특정한 기술, 디자인, 상표 등을 보유하고 있을 때 그들에게 독점적인 권리를 제공하는 것이며, 이러한 권리의 보호와 보상을 위해 로열티 제도가 도입되었다.
로열티는 기업과 지적 재산권 소유자 간의 계약에 의해 설정되는 형태로 발전하였다. 기업이 특정 제품을 판매하거나 특정 기술을 이용하는 경우 지적 재산권 소유자에게 계약에 따라 정해진 로열티를 지불하게 된다. 이로써 지적 재산권을 보유한 개인이나 조직은 자신들의 창작물이나 기술의 사용에 대한 보상을 받을 수 있으며, 기업들은 이러한 지적 재산권의 이용을 허가받아 경쟁 우위를 확보할 수 있게 되었다.
현재 로열티는 제품 판매나 라이선스, 저작물의 이용 등 다양한 형태로 나타나며 지적 재산권의 보호와 경제적 가치를 확보하는 중요한 수단으로 작용하고 있다. 로열티는 지식과 창조성의 보상으로서의 역할을 수행하며 기업들의 연구 개발을 촉진하고 혁신을 격려한다. 이처럼 로열티 제도는 기업

국민건강보험공단

빅데이터 ▶ 키워드

01 다음 중 '녹내장' 질환에 대한 설명으로 적절하지 않은 것은?

국민건강보험공단이 건강보험 빅데이터를 분석한 내용에 따르면 '녹내장 질환'으로 진료를 받은 환자가 2010년 44만 4천 명에서 2015년 76만 8천 명으로 5년간 73.1% 증가했으며, 성별에 따른 진료인원을 비교해 보면 여성이 남성보다 많은 것으로 나타났다. 남성은 2010년 20만 7천 명에서 2015년 35만 3천 명으로 5년간 70.1%(14만 6천 명), 여성은 2010년 23만 6천 명에서 2015년 41만 6천 명으로 75.8%(18만 명) 증가한 것으로 나타났다.
2015년 기준 '녹내장' 진료인원 분포를 연령대별로 살펴보면, 70대 이상이 26.2%를, 50대 이상이 68.6%를 차지했다. 2015년 기준 인구 10만 명당 '녹내장'으로 진료 받은 인원수가 60대에서 급격히 증가해 70대 이상이 4,853명으로 가장 많았다. 특히, 9세 이하와 70대 이상을 제외한 모든 연령대에서 여성보다 남성 환자가 많은 것으로 나타났다. 국민건강보험 일산병원 안과 박종운 교수는 60대 이상 노인 환자가 많은 이유에 대해 "녹내장은 특성상 40세 이후에 주로 발병한다. 그런데 최근장비와 약물의 발달로 조기 치료가 많은 데다가 관리도 많고 관리도 잘돼 나이가 들어서까지 시력이 보존되는 경우가 늘어났다. 그래서 60대 이후 노인 환자가 많은 것으로 보인다."고 설명했다.
2015년 남녀기준 전체 진료환자의 월별 추이를 살펴보면, 12월에 168,202명으로 진료인원이 가장 많은 것으로 나타났다. 2015년 기준 성별 진료인원이 가장 많은 달은 남성은 12월(80,302명)인 반면, 여성은 7월(88,119명)로 나타났다.
박종운 교수는 안과질환 녹내장 환자가 많은 이유에 대해 "녹내장은 노년층에 주로 발생하지만, 젊은 층에서도 스마트폰 등 IT기기 사용의 증가로 인해 최근 많이 나타나고 있다. 따라서 가족력이나 고혈압, 당뇨, 비만이 있는 경우 정밀검사를 통해 안압이 정상인지 자주 체크하여야 한다. 또 녹내장 환자이면서 고혈압이 있다면 겨울에 안압이 높아지는 경향이 있으니 특히 조심해야 한다. 높은

한국전력공사

문장 삽입 ▶ 유형

02 다음 글에서 〈보기〉의 문장이 들어갈 위치로 가장 적절한 곳은?

문화가 발전하려면 저작자의 권리 보호와 저작물의 공정 이용이 균형을 이루어야 한다. 저작물의 공정 이용이란 저작권자의 권리를 일부 제한하여 저작권자의 허락이 없어도 저작물을 자유롭게 이용하는 것을 말한다. 대표적으로 비영리적인 사적 복제를 허용하는 것이 있다. (㉮) 우리나라의 저작권법에서는 오래전부터 공정 이용으로 볼 수 있는 저작권 제한 규정을 두었다.
그런데 디지털 환경에서 저작물의 공정 이용은 여러 장애에 부딪혔다. 디지털 환경에서는 저작물을 원본과 동일하게 복제할 수 있고 용이하게 개작할 수 있다. (㉯) 그 결과 디지털화된 저작물의 이용 행위가 공정 이용의 범주에 드는 것인지 가늠하기가 더 어려워졌고 그에 따른 처벌 위험도 커졌다. (㉰)
이러한 문제를 해소하기 위한 시도의 하나로 포괄적으로 적용할 수 있는 '저작물의 공정한 이용' 규정이 저작권법에 별도로 신설되었다. 그리하여 저작권자의 동의가 없어도 저작물을 공정하게 이용할 수 있는 영역이 확장되었다. 그러나 공정 이용 여부에 대한 시비가 자율적으로 해소되지 않으면 예나 지금이나 법적인 절차를 밟아 갈등을 해소해야 한다. (㉱) 저작물 이용의 영리성과 비영리성, 목적과 종류, 비중, 시장 가치 등이 법적인 판단의 기준이 된다.
저작물 이용자들이 처벌에 대한 불안감을 여전히 느낀다는 점에서 저작물의 자유 이용 허락 제도와 같은 '저작물의 공유' 캠페인이 주목을 받고 있다. 이 캠페인은 저작권자들이 자신의 저작물에 일정한 이용 허락 조건을 표시해서 이용자들에게 무료로 개방하는 것을 말한다. 누구의 저작물이든 개별적인 저작권을 인정하지 않고 모두가 공동으로 소유하자고 주장하는 사람들과 달리, 이 캠페인을 펼치는 사람들은 기본적으로 자신과 타인의 저작권을 존중한다. 캠페인 참여자들은 저작권자와 이용자들의 자발적인 참여를 통해 자유롭게 활용할 수 있는 저작물의 양과 범위를 확대하려고 노력한다. (㉲) 그러나 캠페인에 참여한 저작물을 이용할 때 허용된 범위를 벗어난 경우 법적 책임을 질 수 있다.

보기

㉠ 따라서 저작물이 개작되더라도 그것이 원래 창작물인지 이차적 저작물인지 알기 어렵다.
㉡ 이들은 저작물의 공유가 확산되면 디지털 저작물의 이용이 활성화되고 그 결과 인터넷이 더욱 창의적이고 풍성한 정보 교류의 장(場)이 될 것이라고 본다.

	㉠	㉡
①	㉮	㉯
②	㉯	㉰
③	㉯	㉱
④	㉯	㉲
⑤	㉮	㉲

도서 200% 활용하기 STRUCTURES

1 의사소통능력 기출복원문제로 출제경향 파악

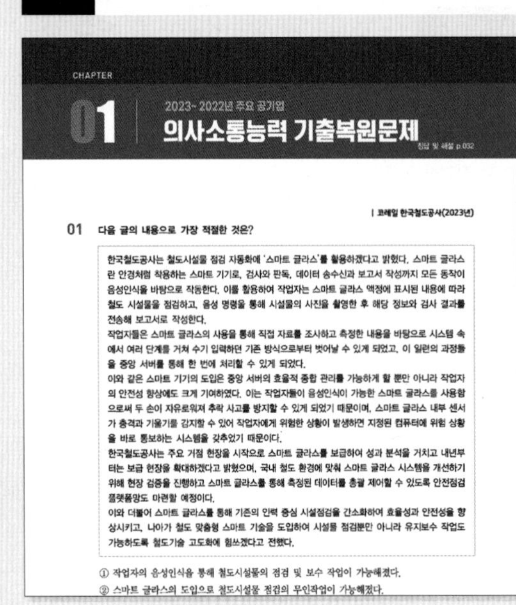

CHAPTER

01 2023~2022년 주요 공기업

의사소통능력 기출복원문제

정답 및 해설 p.032

| 코레일 한국철도공사(2023년)

01 다음 글의 내용으로 가장 적절한 것은?

한국철도공사는 철도시설물 점검 자동화에 '스마트 글라스'를 활용하겠다고 밝혔다. 스마트 글라스란 안경처럼 착용하는 스마트 기기로, 검사와 판독, 데이터 송수신과 보고서 작성까지 모든 동작이 음성인식을 바탕으로 작동한다. 이를 활용하여 작업자는 스마트 글라스 액정에 표시된 내용에 따라 철도 시설물을 점검하고, 음성 명령을 통해 시설물의 사진을 촬영한 후 해당 정보와 검사 결과를 전송해 보고서로 작성한다.

작업자들은 스마트 글라스의 사용을 통해 직접 자료를 조사하고 측정한 내용을 바탕으로 시스템 속에서 여러 단계를 거쳐 수기 입력하던 기존 방식으로부터 벗어날 수 있게 되었고, 이 일련의 과정들을 중앙 서버를 통해 한 번에 처리할 수 있게 되었다.

이와 같은 스마트 기기의 도입은 중앙 서버의 효율적 종합 관리를 가능하게 할 뿐만 아니라 작업자의 안전성 향상에도 크게 기여하였다. 이는 작업자들이 음성인식이 가능한 스마트 글라스를 사용함으로써 두 손이 자유로워져 추락 사고를 방지할 수 있게 되었기 때문이며, 스마트 글라스 내부 센서가 충격과 기울기를 감지할 수 있어 작업자에게 위험한 상황이 발생하면 지정된 컴퓨터에 위험 상황을 바로 통보하는 시스템을 갖추었기 때문이다.

한국철도공사는 주요 거점 현장을 시작으로 스마트 글라스를 보급하여 성과 분석을 거치고 내년부터는 보급 현장을 확대하겠다고 밝혔으며, 국내 철도 환경에 맞춰 스마트 글라스 시스템을 개선하기 위해 현장 검증을 진행하고 스마트 글라스를 통해 측정된 데이터를 총괄 제어할 수 있도록 안전점검 플랫폼망도 마련할 예정이다.

이와 더불어 스마트 글라스를 통해 기존의 인력 중심 시설점검을 간소화하여 효율성과 안전성을 향상시키고, 나아가 철도 맞춤형 스마트 기술을 도입하여 시설을 점검뿐만 아니라 유지보수 작업도 가능하도록 철도기술 고도화에 힘쓰겠다고 전했다.

① 작업자의 음성인식을 통해 철도시설물의 점검 및 보수 작업이 가능해졌다.

② 스마트 글라스의 도입으로 철도시설물 점검의 무인작업이 가능해졌다.

| 코레일 한국철도공사(2023년)

02 다음 글에 대한 설명으로 적절하지 않은 것은?

2016년 4월 27일 오전 7시 20분경 임실역에서 익산역으로 향하던 열차가 전기 공급 중단으로 멈추는 사고가 발생해 약 50분간 열차 운행이 중단되었다. 바로 전차선에 지어진 까치집 때문이었는데, 까치가 집을 지을 때 사용하는 젖은 나뭇가지나 철사 등이 전선과 닿거나 차로에 떨어져 합선과 단전을 일으킨 것이다.

비록 이번 사고는 단전에서 끝났지만, 고압 전류가 흐르는 전차선인 만큼 철사와 젖은 나뭇가지만으로도 자칫하면 폭발사고로 이어질 우려가 있다. 지난 5년간 까치집으로 인한 단전사고는 한 해 평균 3~4건 발생해 왔으며, 한국철도공사는 사고방지를 위해 까치집 방지 설비를 설치하고 설비가 없는 구간은 작업자가 육안으로 까치집 생성 여부를 확인해 제거하고 있는데, 이렇게 제거해 온 까치집 수가 연평균 8,000개에 달한다. 하지만 까치집은 빠르면 불과 4시간 만에 완성되어 작업자들에게 큰 곤욕을 주고 있다.

이에 한국철도공사는 전차선로 주변 까치집 제거의 효율성과 신속성을 높이기 위해 인공지능(AI)과 사물인터넷(IoT) 등 첨단 기술을 활용하기에 이르렀다. 열차 운전실에 영상 장비를 설치해 달리는 열차에서 전차선을 촬영한 화상 정보를 인공지능으로 분석함으로써 까치집 등의 위험 요인을 찾아 해당 위치와 현장 이미지를 작업자에게 실시간으로 전송하는 '실시간 까치집 자동 검출 시스템'을 개발한 것이다. 하지만 시속 150km로 빠르게 달리는 열차에서 까치집 등의 위험 요인을 실시간으로 판단해 전송하는 것이다 보니 그 정확도는 65%에 불과했다.

이에 한국철도공사는 전차선과 까치집을 정확하게 식별하기 위해 인공지능이 스스로 학습하는 '딥러닝' 방식을 도입했고, 전차선을 구성하는 복잡한 구조 및 까치집과 유사한 형태를 빅데이터로 분석해 이미지를 구분하는 학습을 실시한 결과 까치집 검출 정확도는 95%까지 상승했다. 또한 해당 이미지를 실시간 문자메시지로 작업자에게 전송해 위험 요소와 위치를 인지시켜 현장에 적용할 수 있다는 사실도 확인했다. 현재는 이와 더불어 정기열차가 운행하지 않거나 작업자가 접근하기 쉽지 않은 차량 정비 시설 등에 드론을 띄워 전차선의 까치집을 발견 및 제거하는 기술도 시범 운영하고 있다.

① 인공지능도 학습을 통해 그 정확도를 향상시킬 수 있다.

② 빠른 속도에서 인공지능의 사물 식별 정확도는 낮아진다.

③ 사람의 접근이 불가능한 곳에 위치한 까치집의 제거도 가능해졌다.

④ 까치집 자동 검출 시스템을 통해 실시간으로 까치집 제거가 가능해졌다.

⑤ 인공지능 등의 스마트 기술 도입으로 까치집 생성의 감소를 기대할 수 있다.

▸ 2023~2022년 주요 공기업 의사소통능력 기출문제를 복원하여 NCS 의사소통능력 필기 유형을 파악할 수 있도록 하였다.

2 유형의 이해 + 접근법으로 문제 유형별 분석

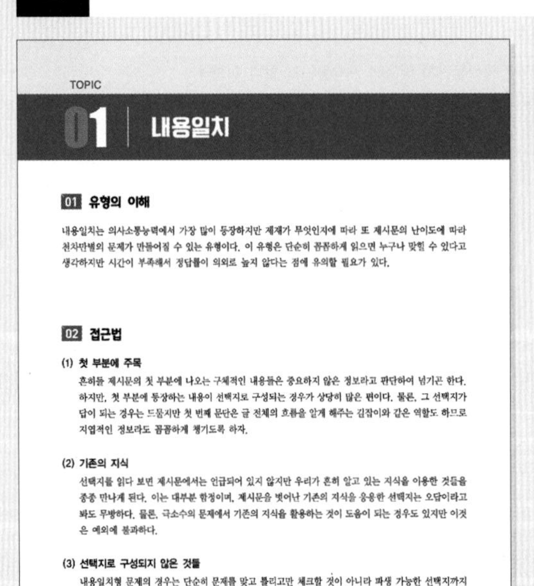

TOPIC

01 내용일치

01 유형의 이해

내용일치는 의사소통능력에서 가장 많이 등장하지만 제재가 무엇인지에 따라 또 제시문의 난이도에 따라 천차만별의 문제가 만들어질 수 있는 유형이다. 이 유형은 단순히 꼼꼼하게 읽으면 누구나 맞힐 수 있다고 생각하지만 시간이 부족해서 정답률이 의외로 높지 않다는 점에 유의할 필요가 있다.

02 접근법

(1) 첫 부분에 주목

흔히들 제시문의 첫 부분에 나오는 구체적인 내용들은 중요하지 않은 정보라고 판단하여 넘기곤 한다. 하지만, 첫 부분에 등장하는 내용이 선택지로 구성되는 경우가 상당히 많은 편이다. 물론, 그 선택지가 답이 되는 경우는 드물지만 첫 번째 문단은 글 전체의 흐름을 알게 해주는 길잡이와 같은 역할도 하므로 지엽적인 정보라도 꼼꼼하게 챙기도록 하자.

(2) 기존의 지식

선택지를 읽다 보면 제시문에서는 언급되어 있지 않지만 우리가 흔히 알고 있는 지식을 이용한 것들을 종종 만나게 된다. 이는 대부분 함정이며, 제시문을 벗어난 기존의 지식을 응용한 선택지는 오답이라고 봐도 무방하다. 물론, 극소수의 문제에서 기존의 지식을 활용하는 것이 도움이 되는 경우도 있지만 이것은 예외에 불과하다.

(3) 선택지로 구성되지 않은 것들

내용일치형 문제의 경우는 단순히 문제를 맞고 틀리고만 체크할 것이 아니라 파생 가능한 선택지까지

TOPIC

02 추론하기

01 유형의 이해

'내용일치' 유형의 문제는 제시문의 문장만으로 선택지의 정오를 판별할 수 있다. 반면, '추론하기' 유형은 제시문에서 주어진 정보의 해석에 그치지 않고 이를 토대로 논리적 추리를 요구하므로 체감적으로 난이도가 높기 마련이다. 문제 외형적으로 '추론할 수 있는 것은?' 혹은 '유추할 수 있는 것은?'과 같이 '내용일치' 유형과는 다른 뉘앙스를 풍기는 문구들이 들어있는 경우가 대부분이다.

02 접근법

(1) 주제와는 무관하다.

흔히 실수하는 것 중 하나가 추론형 문제를 만나게 되면 주제와 연결된 선택지를 우선적으로 찾으려고 하는 것이다. 이것은 대단히 위험하다. 오히려 대부분의 정답은 주제와는 상당히 거리가 먼 내용들 – 심지어 주제와 반대되는 내용이 정답이 되는 경우도 있다 – 에서 출제되고 있다.

(2) 강약조절을 반대로 해야 한다.

추론형 문제의 가장 큰 특징은 제시문을 읽어나갈 때에는 크게 중요하지 않다고 판단했던 문장들이 선택지의 정오를 판단할 때에 결정적인 역할을 하는 반면, 제시문의 뼈대를 이루는 문장들은 의외로 선택지에서 언급조차 되지 않는 경우가 많다는 것이다. 이는 추론형 문제의 경우는 결론이 아니라 결론으로 나아가기 위한 중간 과정에 더 무게를 두기 때문이다. 따라서 제시문을 읽을 때에는 구체적인 사례, 인용문 등과 같이 양념으로 느껴지는 부분들에 더 무게를 실어야 한다.

▸ NCS 의사소통능력 필수토픽 50개의 유형을 분석하고, 문제 유형별로 필요한 접근법을 확인할 수 있도록 하였다.

3 대표예제 + 연습문제로 실전 연습

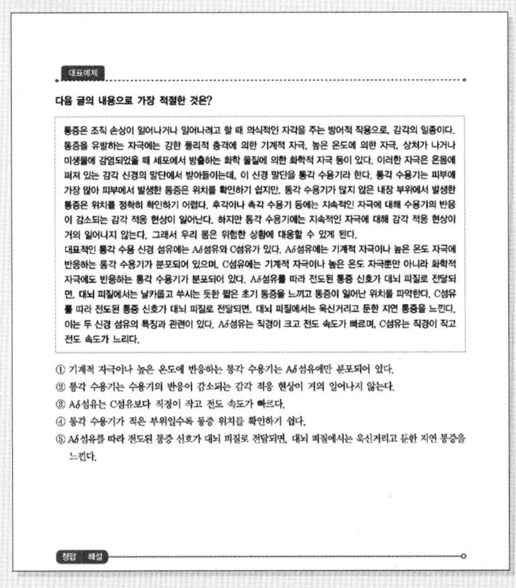
대표예제

다음 글의 내용으로 가장 적절한 것은?

통증은 조직 손상이 일어나거나 일어나려고 할 때 의식적인 자각을 주는 방어적 작용으로, 감각의 일종이다. 통증을 유발하는 자극에는 강한 물리적 충격에 의한 기계적 자극, 높은 온도에 의한 자극, 상처가 나거나 미생물에 감염되었을 때 세포에서 방출하는 화학 물질에 의한 화학적 자극 등이 있다. 이러한 자극은 온몸에 퍼져 있는 감각 신경의 말단에서 받아들이는데, 이 신경 말단을 통각 수용기라 한다. 통각 수용기는 피부에 가장 많아 피부에서 발생한 통증은 위치를 확인하기 쉽지만, 통각 수용기가 많지 않은 내장 부위에서 발생한 통증은 위치를 정확히 확인하기 어렵다. 후각이나 촉각 수용기 등에는 지속적인 자극에 대해 수용기의 반응이 감소되는 감각 적응 현상이 일어난다. 하지만 통각 수용기에는 지속적인 자극에 대해 감각 적응 현상이 거의 일어나지 않는다. 그래서 우리 몸은 위험한 상황에 대응할 수 있게 된다.
대표적인 통각 수용 신경 섬유에는 Aδ섬유와 C섬유가 있다. Aδ섬유에는 기계적 자극이나 높은 온도 자극에 반응하는 통각 수용기가 분포되어 있으며, C섬유에는 기계적 자극이나 높은 온도 자극뿐만 아니라 화학적 자극에도 반응하는 통각 수용기가 분포되어 있다. Aδ섬유를 따라 전도된 통증 신호가 대뇌 피질로 전달되면, 대뇌 피질에서는 날카롭고 쑤시는 듯한 짧은 초기 통증을 느끼고 통증이 일어난 위치를 파악한다. C섬유를 따라 전도된 통증 신호가 대뇌 피질로 전달되면, 대뇌 피질에서는 욱신거리고 둔한 지연 통증을 느낀다. 이는 두 신경 섬유의 특징과 관련이 있다. Aδ섬유는 직경이 크고 전도 속도가 빠르며, C섬유는 직경이 작고 전도 속도가 느리다.

① 기계적 자극이나 높은 온도에 반응하는 통각 수용기는 Aδ섬유에만 분포되어 있다.
② 통각 수용기는 수용기의 반응이 감소되는 감각 적응 현상이 거의 일어나지 않는다.
③ Aδ섬유는 C섬유보다 직경이 작고 전도 속도가 빠르다.
④ 통각 수용기가 적은 부위일수록 통증 위치를 확인하기 쉽다.
⑤ Aδ섬유를 따라 전도된 통증 신호가 대뇌 피질로 전달되면, 대뇌 피질에서는 욱신거리고 둔한 지연 통증을 느낀다.

정답 해설

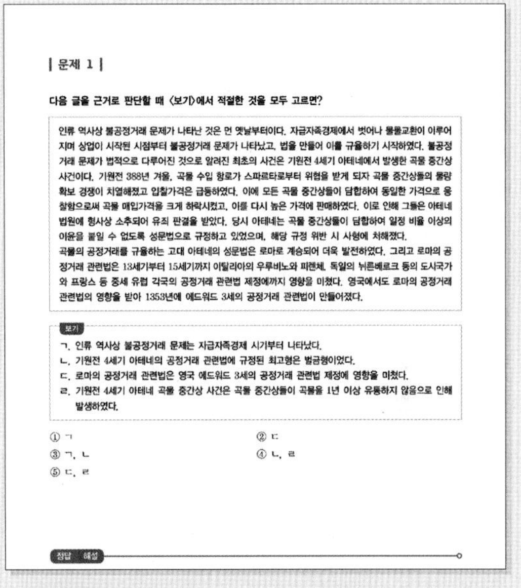
| 문제 1 |

다음 글을 근거로 판단할 때 〈보기〉에서 적절한 것을 모두 고르면?

인류 역사상 불공정거래 문제가 나타난 것은 먼 옛날부터이다. 자급자족경제에서 벗어나 물물교환이 이루어지며 상업이 시작된 시점부터 불공정거래 문제가 나타났고, 법을 만들어 이를 규율하기 시작하였다. 불공정거래 문제가 법적으로 다루어진 것으로 알려진 최초의 사건은 기원전 4세기 아테네에서 발생한 곡물 중간상 사건이다. 기원전 388년 겨울, 곡물 수입 항로가 스파르타로부터 위협을 받게 되자 곡물 중간상들의 물량 확보 경쟁이 치열해졌고 입찰가격은 급등하였다. 이에 모든 곡물 중간상들이 담합하여 동일한 가격으로 응찰함으로써 곡물 매입가격을 크게 하락시켰고, 이를 다시 높은 가격에 판매하였다. 이로 인해 그들은 아테네 법원에 형사상 소추되어 유죄 판결을 받았다. 당시 아테네는 곡물 중간상들이 담합하여 일정 비율 이상의 이윤을 붙일 수 없도록 성문법으로 규정하고 있었으며, 해당 규정 위반 시 사형에 처해졌다.
곡물의 공정거래를 규율하는 고대 아테네의 성문법은 로마로 계승되어 더욱 발전하였다. 그리고 로마의 공정거래 관련법은 13세기부터 15세기까지 이탈리아의 우루비노와 피렌체, 독일의 뉘른베르크 등의 도시국가와 프랑스 등 중세 유럽 각국의 공정거래 관련법 제정에까지 영향을 미쳤다. 영국에서도 로마의 공정거래 관련법의 영향을 받아 1353년에 에드워드 3세의 공정거래 관련법이 만들어졌다.

보기
ㄱ. 인류 역사상 불공정거래 문제는 자급자족경제 시기부터 나타났다.
ㄴ. 기원전 4세기 아테네의 공정거래 관련법에 규정된 최고형은 벌금형이었다.
ㄷ. 로마의 공정거래 관련법은 영국 에드워드 3세의 공정거래 관련법 제정에 영향을 미쳤다.
ㄹ. 기원전 4세기 아테네 곡물 중간상 사건은 곡물 중간상들이 곡물을 1년 이상 유통하지 않음으로 인해 발생하였다.

① ㄱ
② ㄷ
③ ㄱ, ㄴ
④ ㄴ, ㄹ
⑤ ㄷ, ㄹ

정답 해설

▸ 토픽별 대표예제를 선정하여 문제를 푸는 방법을 소개하고, 접근 방식을 체득할 수 있도록 하였다.
▸ 토픽을 응용한 연습문제를 수록하여 자신의 실력을 점검할 수 있도록 하였다.

4 상세한 해설로 정답과 오답을 완벽하게 이해

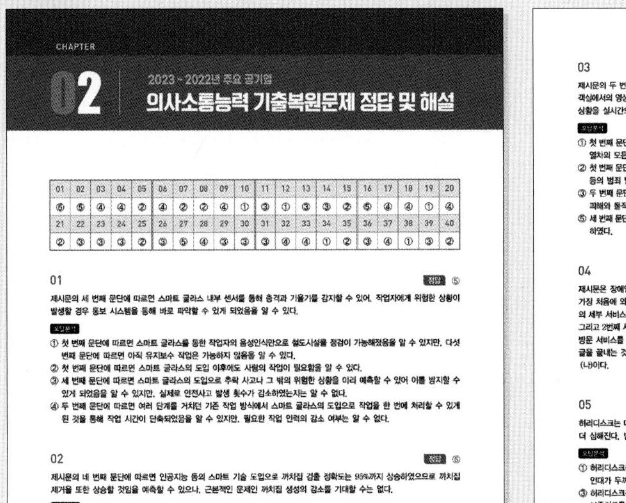
CHAPTER 02
2023 ~ 2022년 주요 공기업
의사소통능력 기출복원문제 정답 및 해설

01	02	03	04	05	06	07	08	09	10	11	12	13	14	15	16	17	18	19	20
⑤	⑤	④	④	②	④	②	②	④	①	③	①	③	③	②	⑤	④	④	①	④
21	22	23	24	25	26	27	28	29	30	31	32	33	34	35	36	37	38	39	40
②	③	③	③	②	③	⑤	④	③	③	③	④	④	①	②	③	④	①	③	②

01 정답 ⑤
제시문의 세 번째 문단에 따르면 스마트 글라스 내부 센서를 통해 충격과 기울기를 감지할 수 있어, 작업자에게 위험한 상황이 발생할 경우 통보 시스템을 통해 바로 파악할 수 있게 되었음을 알 수 있다.

오답분석
① 첫 번째 문단에 따르면 스마트 글라스를 통한 작업자의 음성인식만으로 철도시설물 점검이 가능해졌음을 알 수 있지만, 다섯 번째 문단에 따르면 아직 유지보수 작업은 가능하지 않음을 알 수 있다.
② 첫 번째 문단에 따르면 스마트 글라스의 도입 이후에도 사람의 작업이 필요함을 알 수 있다.
③ 세 번째 문단에 따르면 스마트 글라스의 도입으로 추락 사고나 그 밖의 위험한 상황을 미리 예측할 수 있어 이를 방지할 수 있게 되었음을 알 수 있지만, 실제로 안전사고 발생 횟수가 감소하였는지는 알 수 없다.
④ 두 번째 문단에 따르면 여러 단계를 거치던 기존 작업 방식에서 스마트 글라스의 도입으로 작업을 한 번에 처리할 수 있게 된 것을 통해 작업 시간이 단축되었음을 알 수 있지만, 필요한 작업 인력의 감소 여부는 알 수 없다.

02 정답 ⑤
제시문의 네 번째 문단에 따르면 인공지능 등의 스마트 기술 도입으로 까치집 검출 정확도는 95%까지 상승하였으므로 까치집 제거율 또한 상승할 것임을 예측할 수 있으나, 근본적인 문제인 까치집 생성의 감소를 기대할 수는 없다.

오답분석
① 세 번째 문단과 네 번째 문단에 따르면 정확도가 65%에 불과했던 인공지능의 까치집 식별 능력이 딥러닝 방식의 도입으로 95%까지 상승했음을 알 수 있다.
② 세 번째 문단의 시속 150km로 빠르게 달리는 열차에서의 까치집 식별 정확도는 65%에 불과하다는 내용으로 보아, 빠른 속도에서는 인공지능의 사물 식별 정확도가 낮음을 알 수 있다.

03 정답 ④
제시문의 두 번째 문단에 따르면 CCTV는 열차 종류에 따라 운전실에서 실시간으로 상황을 파악할 수 있는 네트워크 방식과 각 객실에서의 영상을 저장하는 개별 독립 방식으로 설치된다고 하였다. 따라서 개별 독립 방식으로 설치된 일부 열차에서는 각 객실의 상황을 실시간으로 파악하지 못할 수 있다.

오답분석
① 첫 번째 문단에 따르면 2023년까지 현재 운행하고 있는 열차의 모든 객실에 CCTV를 설치하겠다고 하였다. 따라서 현재 모든 열차의 모든 객실에 CCTV가 설치되지 않았음을 유추할 수 있다.
② 첫 번째 문단에 따르면 2023년까지 모든 열차 승무원에게 바디캠을 지급하겠다고 하였다. 이에 따라 승객이 승무원을 폭행하는 등의 범죄 발생 시 해당 상황을 녹화한 바디캠 영상이 있어 수사의 증거자료로 사용할 수 있게 되었다.
③ 두 번째 문단에 따르면 CCTV는 사각지대 없이 설치되며 일부는 휴대 물품 보관대 주변에도 설치된다고 하였다. 따라서 인적 피해와 물적 피해 모두 예방할 수 있게 되었다.
⑤ 세 번째 문단에 따르면 CCTV 제품 품평회의 시험을 통해 제품의 형태와 색상, 재질, 진동과 충격 등에 대한 적합성을 고려한다고 하였다.

04 정답 ④
제시문은 장애인 건강주치의 시범사업을 소개하며 3단계 시범사업에서 기존과 달라지는 내용을 위주로 설명하고 있다. 따라서 가장 처음에 와야 할 문단은 3단계 장애인 건강주치의 시범사업을 소개하는 (마) 문단이다. 이어서 장애인 건강주치의 시범사업의 세부 서비스를 소개하는 문단이 와야 하는데, 서비스 종류를 소개하는 문장이 있는 (다) 문단이 이어지는 것이 가장 적절하다. 그리고 2번째 서비스인 주장애관리를 소개하는 (가) 문단이 와야 하며, 그 다음으로 3번째 서비스인 통합관리 서비스와 추가적으로 방문 서비스를 소개하는 (라) 문단이 오는 것이 적절하다. 마지막으로 장애인 건강주치의 시범사업에 신청하는 방법을 소개하며 글을 끝내는 것이 적절하므로 (나) 문단이 이어져야 한다. 따라서 문단을 순서대로 바르게 나열하면 (마) – (다) – (가) – (라) – (나)이다.

05 정답 ②
허리디스크는 디스크의 수핵이 탈출하여 생긴 질환이므로 허리를 굽히거나 앉아 있을 때 디스크에 가해지는 압력이 높아져 통증이 더 심해진다. 반면 척추관협착증의 경우 서 있을 때 척추관이 더욱 좁아지게 되어 통증이 더욱 심해진다.

오답분석
① 허리디스크는 디스크의 탄력 손실이나 갑작스런 충격으로 인해 균열이 생겨 발생하고, 척추관협착증은 오랜 기간 동안 황색 인대가 두꺼워져 척추관에 변형이 일어나 발생하므로 허리디스크가 더 급작스럽게 증상이 나타난다.
③ 허리디스크는 자연치유가 가능하지만, 척추관협착증은 불가능하다. 따라서 허리디스크는 주로 통증을 줄이고 안정을 취하는 보존치료를 하지만, 척추관협착증은 변형된 부분을 제거하는 외과적 수술을 한다.
④ 허리디스크와 척추관협착증 모두 척추 중앙의 신경 다발(척수)이 압박받을 수 있으며, 심할 경우 하반신 마비 증세를 보일 수 있으므로 빠른 치료를 받는 것이 중요하다.

▸ 정답과 오답에 대한 상세한 해설을 수록하여 혼자서도 충분히 학습할 수 있도록 하였다.

이 책의 차례 CONTENTS

Add+ | 특별부록

PART 1 | 내용의 이해

PART 2 | 구조의 추론

PART 3 | 정형화된 문제

PART 4 | 논증의 심화

PART 5 | 모듈형

PART 6 | 의사표현능력

Add+

특별부록

CHAPTER

01 2023 ~ 2022년 주요 공기업 의사소통능력 기출복원문제

정답 및 해설 p.032

▎코레일 한국철도공사(2023년)

01 다음 글의 내용으로 가장 적절한 것은?

> 한국철도공사는 철도시설물 점검 자동화에 '스마트 글라스'를 활용하겠다고 밝혔다. 스마트 글라스란 안경처럼 착용하는 스마트 기기로, 검사와 판독, 데이터 송수신과 보고서 작성까지 모든 동작이 음성인식을 바탕으로 작동한다. 이를 활용하여 작업자는 스마트 글라스 액정에 표시된 내용에 따라 철도 시설물을 점검하고, 음성 명령을 통해 시설물의 사진을 촬영한 후 해당 정보와 검사 결과를 전송해 보고서로 작성한다.
> 작업자들은 스마트 글라스의 사용을 통해 직접 자료를 조사하고 측정한 내용을 바탕으로 시스템 속에서 여러 단계를 거쳐 수기 입력하던 기존 방식으로부터 벗어날 수 있게 되었고, 이 일련의 과정들을 중앙 서버를 통해 한 번에 처리할 수 있게 되었다.
> 이와 같은 스마트 기기의 도입은 중앙 서버의 효율적 종합 관리를 가능하게 할 뿐만 아니라 작업자의 안전성 향상에도 크게 기여하였다. 이는 작업자들이 음성인식이 가능한 스마트 글라스를 사용함으로써 두 손이 자유로워져 추락 사고를 방지할 수 있게 되었기 때문이며, 스마트 글라스 내부 센서가 충격과 기울기를 감지할 수 있어 작업자에게 위험한 상황이 발생하면 지정된 컴퓨터에 위험 상황을 바로 통보하는 시스템을 갖추었기 때문이다.
> 한국철도공사는 주요 거점 현장을 시작으로 스마트 글라스를 보급하여 성과 분석을 거치고 내년부터는 보급 현장을 확대하겠다고 밝혔으며, 국내 철도 환경에 맞춰 스마트 글라스 시스템을 개선하기 위해 현장 검증을 진행하고 스마트 글라스를 통해 측정된 데이터를 총괄 제어할 수 있도록 안전점검 플랫폼망도 마련할 예정이다.
> 이와 더불어 스마트 글라스를 통해 기존의 인력 중심 시설점검을 간소화하여 효율성과 안전성을 향상시키고, 나아가 철도 맞춤형 스마트 기술을 도입하여 시설물 점검뿐만 아니라 유지보수 작업도 가능하도록 철도기술 고도화에 힘쓰겠다고 전했다.

① 작업자의 음성인식을 통해 철도시설물의 점검 및 보수 작업이 가능해졌다.
② 스마트 글라스의 도입으로 철도시설물 점검의 무인작업이 가능해졌다.
③ 스마트 글라스의 도입으로 철도시설물 점검 작업 시 안전사고 발생 횟수가 감소하였다.
④ 스마트 글라스의 도입으로 철도시설물 작업 시간 및 인력이 감소하고 있다.
⑤ 스마트 글라스의 도입으로 작업자의 안전사고 발생을 바로 파악할 수 있게 되었다.

02 다음 글에 대한 설명으로 적절하지 않은 것은?

> 2016년 4월 27일 오전 7시 20분경 임실역에서 익산역으로 향하던 열차가 전기 공급 중단으로 멈추는 사고가 발생해 약 50분간 열차 운행이 중단되었다. 바로 전차선에 지어진 까치집 때문이었는데, 까치가 집을 지을 때 사용하는 젖은 나뭇가지나 철사 등이 전선과 닿거나 차로에 떨어져 합선과 단전을 일으킨 것이다.
> 비록 이번 사고는 단전에서 끝났지만, 고압 전류가 흐르는 전차선인 만큼 철사와 젖은 나뭇가지만으로도 자칫하면 폭발사고로 이어질 우려가 있다. 지난 5년간 까치집으로 인한 단전사고는 한 해 평균 3 ~ 4건 발생해 왔으며, 한국철도공사는 사고방지를 위해 까치집 방지 설비를 설치하고 설비가 없는 구간은 작업자가 육안으로 까치집 생성 여부를 확인해 제거하고 있는데, 이렇게 제거해 온 까치집 수가 연평균 8,000개에 달한다. 하지만 까치집은 빠르면 불과 4시간 만에 완성되어 작업자들에게 큰 곤욕을 주고 있다.
> 이에 한국철도공사는 전차선로 주변 까치집 제거의 효율성과 신속성을 높이기 위해 인공지능(AI)과 사물인터넷(IoT) 등 첨단 기술을 활용하기에 이르렀다. 열차 운전실에 영상 장비를 설치해 달리는 열차에서 전차선을 촬영한 화상 정보를 인공지능으로 분석함으로써 까치집 등의 위험 요인을 찾아 해당 위치와 현장 이미지를 작업자에게 실시간으로 전송하는 '실시간 까치집 자동 검출 시스템'을 개발한 것이다. 하지만 시속 150km로 빠르게 달리는 열차에서 까치집 등의 위험 요인을 실시간으로 판단해 전송하는 것이다 보니 그 정확도는 65%에 불과했다.
> 이에 한국철도공사는 전차선과 까치집을 정확하게 식별하기 위해 인공지능이 스스로 학습하는 '딥러닝' 방식을 도입했고, 전차선을 구성하는 복잡한 구조 및 까치집과 유사한 형태를 빅데이터로 분석해 이미지를 구분하는 학습을 실시한 결과 까치집 검출 정확도는 95%까지 상승했다. 또한 해당 이미지를 실시간 문자메시지로 작업자에게 전송해 위험 요소와 위치를 인지시켜 현장에 적용할 수 있다는 사실도 확인했다. 현재는 이와 더불어 정기열차가 운행하지 않거나 작업자가 접근하기 쉽지 않은 차량 정비 시설 등에 드론을 띄워 전차선의 까치집을 발견 및 제거하는 기술도 시범 운영하고 있다.

① 인공지능도 학습을 통해 그 정확도를 향상시킬 수 있다.
② 빠른 속도에서 인공지능의 사물 식별 정확도는 낮아진다.
③ 사람의 접근이 불가능한 곳에 위치한 까치집의 제거도 가능해졌다.
④ 까치집 자동 검출 시스템을 통해 실시간으로 까치집 제거가 가능해졌다.
⑤ 인공지능 등의 스마트 기술 도입으로 까치집 생성의 감소를 기대할 수 있다.

03 다음 글을 이해한 내용으로 적절하지 않은 것은?

열차 내에서의 범죄가 급격하게 증가함에 따라 한국철도공사는 열차 내 범죄 예방과 안전 확보를 위해 2023년까지 현재 운행하고 있는 열차의 모든 객실에 CCTV를 설치하고, 모든 열차 승무원에게 바디캠을 지급하겠다고 밝혔다.

CCTV는 열차 종류에 따라 운전실에서 비상시 실시간으로 상황을 파악할 수 있는 '네트워크 방식'과 각 객실에서의 영상을 저장하는 '개별 독립 방식'이라는 2가지 방식으로 사용 및 설치가 진행될 예정이며, 객실에는 사각지대를 없애기 위해 4대가량의 CCTV가 설치된다. 이 중 2대는 휴대 물품 도난 방지 등을 위해 휴대 물품 보관대 주변에 위치하게 된다.

이에 따라 한국철도공사는 CCTV 제품 품평회를 가져 제품의 형태와 색상, 재질 등에 대한 의견을 나누고 각 제품이 실제로 열차 운행 시 진동과 충격 등에 적합한지 시험을 거친 후 도입할 예정이다.

① 현재는 모든 열차의 객실 전부에 CCTV가 설치되어 있진 않을 것이다.
② 과거에 비해 승무원에 대한 승객의 범죄행위 증거 취득이 유리해질 것이다.
③ CCTV 설치를 통해 인적 피해와 물적 피해 모두 예방할 수 있을 것이다.
④ CCTV 설치를 통해 실시간으로 모든 객실을 모니터링할 수 있을 것이다.
⑤ CCTV의 내구성뿐만 아니라 외적인 디자인도 제품 선택에 영향을 줄 수 있을 것이다.

04 다음 문단을 논리적 순서대로 바르게 나열한 것은?

(가) 주장애관리는 장애정도가 심한 장애인이 의원뿐만 아니라 병원 및 종합병원급에서 장애 유형별 전문의에게 전문적인 장애관리를 받을 수 있는 서비스이다. 이전에는 대상 관리 유형이 지체장애, 시각장애, 뇌병변장애로 제한되어 있었으나, 3단계부터는 지적장애, 정신장애, 자폐성장애까지 확대되어 더 많은 중증장애인들이 장애관리를 받을 수 있게 되었다.

(나) 이와 같이 3단계 장애인 건강주치의 시범사업은 기존 1·2단계 시범사업보다 더욱 확대되어 많은 중증장애인들의 참여를 예상하고 있다. 장애인 건강주치의 시범사업에 신청하기 위해서는 국민건강보험공단 홈페이지의 건강IN에서 장애인 건강주치의 의료기관을 찾은 후 해당 의료기관에 방문하여 장애인 건강주치의 이용 신청사실 통지서를 작성하면 신청할 수 있다.

(다) 장애인 건강주치의 제도가 제공하는 서비스는 일반건강관리, 주(主)장애관리, 통합관리로 나누어진다. 일반건강관리 서비스는 모든 유형의 중증장애인이 만성질환 등 전반적인 건강관리를 받을 수 있는 서비스로, 의원급에서 원하는 의사를 선택하여 참여할 수 있다. 1·2단계까지의 사업에서는 만성질환관리를 위해 장애인 본인이 검사비용의 30%를 부담해야 했지만, 3단계부터는 본인부담금 없이 질환별 검사바우처로 제공한다.

(라) 마지막으로 통합관리는 일반건강관리와 주장애관리를 동시에 받을 수 있는 서비스로, 동네에 있는 의원급 의료기관에 속한 지체·뇌병변·시각·지적·정신·자폐성 장애를 진단하는 전문의가 주장애관리와 만성질환관리를 모두 제공한다. 이 3가지 서비스들은 거동이 불편한 환자를 위해 의사나 간호사가 직접 집으로 방문하는 방문 서비스를 제공하고 있으며 기존까지는 연 12회였으나, 3단계 시범사업부터 연 18회로 증대되었다.

(마) 보건복지부와 국민건강보험공단은 2021년 9월부터 3단계 장애인 건강주치의 시범사업을 진행하였다. 장애인 건강주치의 제도는 중증장애인이 인근 지역에서 주치의로 등록 신청한 의사 중 원하는 의사를 선택하여 장애로 인한 건강문제, 만성질환 등 건강상태를 포괄적이고 지속적으로 관리 받을 수 있는 제도로, 2018년 5월 1단계 시범사업을 시작으로 2단계 시범사업까지 완료되었다.

① (다) – (가) – (마) – (나) – (라)
② (다) – (마) – (라) – (가) – (나)
③ (마) – (가) – (라) – (나) – (다)
④ (마) – (다) – (가) – (라) – (나)

※ 다음 글을 읽고 이어지는 질문에 답하시오. [5~6]

척추는 신체를 지탱하고, 뇌로부터 이어지는 중추신경인 척수를 보호하는 중요한 뼈 구조물이다. 보통 사람들은 허리에 심한 통증이 느껴지면 허리디스크(추간판탈출증)를 떠올리는데, 디스크 이외에도 통증을 유발하는 척추 질환은 다양하다. 특히 노인 인구가 증가하면서 척추관협착증(요추관협착증)의 발병 또한 늘어나고 있다. 허리디스크와 척추관협착증은 사람들이 혼동하기 쉬운 척추 질환으로, 발병 원인과 치료법이 다르기 때문에 두 질환의 차이를 이해하고 통증 발생 시 질환에 맞춰 적절하게 대응할 필요가 있다.

허리디스크는 척추 뼈 사이에 쿠션처럼 완충 역할을 해주는 디스크(추간판)에 문제가 생겨 발생한다. 디스크는 찐득찐득한 수핵과 이를 둘러싸는 섬유륜으로 구성되는데, 나이가 들어 탄력이 떨어지거나, 젊은 나이에도 급격한 충격에 의해서 섬유륜에 균열이 생기면 속의 수핵이 빠져나오면서 주변 신경을 압박하거나 염증을 유발한다. 허리디스크가 발병하면 초기에는 허리 통증으로 시작되어 점차 허벅지에서 발까지 찌릿하게 저리는 방사통을 유발하고, 디스크에서 수핵이 흘러나오는 상황이기 때문에 허리를 굽히거나 앉아 있으면 디스크에 가해지는 압력이 높아져 통증이 더욱 심해진다. 허리디스크는 통증이 심한 질환이지만, 흘러나온 수핵은 대부분 대식세포에 의해 제거되고, 자연치유가 가능하기 때문에 병원에서는 주로 통증을 줄이고, 안정을 취하는 방법으로 보존치료를 진행한다. 하지만 염증이 심해져 중앙 척수를 건드리게 되면 하반신 마비 등의 증세가 나타날 수 있는데, 이러한 경우에는 탈출된 디스크 조각을 물리적으로 제거하는 수술이 필요하다.

반면, 척추관협착증은 대표적인 척추 퇴행성 질환으로, 주변 인대(황색 인대)가 척추관을 압박하여 발생한다. 척추관은 척추 가운데 신경 다발이 지나갈 수 있도록 속이 빈 공간인데, 나이가 들면서 척추가 흔들리게 되면 흔들리는 척추를 붙들기 위해 인대가 점차 두꺼워지고, 척추 뼈에 변형이 생겨 결과적으로 척추관이 좁아지게 된다. 이렇게 오랜 기간 동안 변형된 척추 뼈와 인대가 척추관 속의 신경을 눌러 발생하는 것이 척추관협착증이다. 척추관 속의 신경이 눌리게 되면 통증과 함께 저리거나 당기게 되어 보행이 힘들어지며, 지속적으로 압박받을 경우 척추 신경이 경색되어 하반신 마비 증세로 악화될 수 있다. 일반적으로 서 있을 경우보다 허리를 구부렸을 때 척추관이 더 넓어지므로 허리디스크 환자와 달리 앉아 있을 때 통증이 완화된다. 척추관협착증은 자연치유가 되지 않고 척추관이 다시 넓어지지 않으므로 발병 초기를 제외하면 일반적으로 변형된 부분을 제거하는 수술을 하게 된다.

이와 같이 허리디스크와 척추관협착증은 똑같이 허리 통증을 유발하지만 원인과 증상, 치료법이 상이하다. 비교적 고령인 60대 이상의 사람이 만성적으로 서 있을 때 통증이 나타난다면 ___㉠___을/를 의심해야 하며, 비교적 젊은 20 ~ 50대의 사람이 앉아 있을 때 통증이 급작스럽게 나타날 때는 ___㉡___을/를 의심해야 한다. 척추는 우리의 몸을 지탱하는 중요한 골격이며, 신경계와 밀접한 관련이 있으므로 통증이 발생한다면 자신의 몸 상태를 잘 파악하고, 초기에 치료를 받는 것이 중요하다.

| 국민건강보험공단(2023년)

05 다음 중 윗글의 내용으로 적절하지 않은 것은?

① 일반적으로 허리디스크는 척추관협착증에 비해 급작스럽게 증상이 나타난다.
② 허리디스크는 서 있을 때 통증이 더 심해진다.
③ 허리디스크에 비해 척추관협착증은 외과적 수술 빈도가 높다.
④ 허리디스크와 척추관협착증 모두 증세가 심해지면 하반신 마비의 가능성이 있다.

| 국민건강보험공단(2023년)

06 다음 중 빈칸 ㉠과 ㉡에 들어갈 단어가 바르게 연결된 것은?

	㉠	㉡
①	허리디스크	추간판탈출증
②	허리디스크	척추관협착증
③	척추관협착증	요추관협착증
④	척추관협착증	허리디스크

| 건강보험심사평가원(2023년)

07 다음 글의 주제로 가장 적절한 것은?

> 현재 우리나라의 진료비 지불제도 중 가장 주도적으로 시행되는 지불제도는 행위별수가제이다. 행위별수가제는 의료기관에서 의료인이 제공한 의료서비스(행위, 약제, 치료 재료 등)에 대해 서비스별로 가격(수가)을 정하여 사용량과 가격에 의해 진료비를 지불하는 제도로, 의료보험 도입 당시부터 채택하고 있는 지불제도이다. 그러나 최근 관련 전문가들로부터 이러한 지불제도를 개선해야 한다는 목소리가 많이 나오고 있다.
> 조사에 의하면 우리나라의 국민의료비를 증대시키는 주요 원인은 고령화로 인한 진료비 증가와 행위별수가제로 인한 비용의 무한 증식이다. 현재 우리나라의 국민의료비는 OECD 회원국 중 최상위를 기록하고 있으며 앞으로 더욱 심화될 것으로 예측된다. 특히 행위별수가제는 의료행위를 할수록 지불되는 진료비가 증가하므로 CT, MRI 등 영상검사를 중심으로 의료 남용이나 과다 이용 문제가 발생하고 있고, 병원의 이익 증대를 위하여 환자에게는 의료비 부담을, 의사에게는 업무 부담을, 건강보험에는 재정 부담을 증대시키고 있다.
> 이러한 행위별수가제의 문제점을 개선하기 위해 일부 질병군에서는 환자가 입원해서 퇴원할 때까지 발생하는 진료에 대하여 질병마다 미리 정해진 금액을 내는 제도인 포괄수가제를 시행 중이며, 요양병원, 보건기관에서는 입원 환자의 질병, 기능 상태에 따라 입원 1일당 정액수가를 적용하는 정액수가제를 병행하여 실시하고 있지만 비용 산정의 경직성, 의사 비용과 병원 비용의 비분리 등 여러 가지 문제점이 있어 현실적으로 효과를 내지 못하고 있다는 지적이 나오고 있다.
> 기획재정부와 보건복지부는 시간이 지날수록 건강보험 적자가 계속 증대되어 머지않아 고갈될 위기에 있다고 발표하였다. 당장 행위별수가제를 전면적으로 폐지할 수는 없으므로 기존의 다른 수가제의 문제점을 개선하여 확대하는 등 의료비 지불방식의 다변화가 구조적으로 진행되어야 할 것이다.

① 신포괄수가제의 정의
② 행위별수가제의 한계점
③ 의료비 지불제도의 역할
④ 건강보험의 재정 상황
⑤ 다양한 의료비 지불제도 소개

| 건강보험심사평가원(2023년)

08 다음 중 제시된 단어와 그 뜻이 바르게 연결되지 않은 것은?

① 당위(當爲) : 마땅히 그렇게 하거나 되어야 하는 것
② 구상(求償) : 자연적인 재해나 사회적인 피해를 당하여 어려운 처지에 있는 사람을 도와줌
③ 명문(明文) : 글로 명백히 기록된 문구 또는 그런 조문
④ 유기(遺棄) : 어떤 사람이 종래의 보호를 거부하여 그를 보호받지 못하는 상태에 두는 일
⑤ 추계(推計) : 일부를 가지고 전체를 미루어 계산함

09 다음 글에서 언급되지 않은 내용은?

전 세계적인 과제로 탄소중립이 대두되자 친환경적 운송수단인 철도가 주목받고 있다. 특히 국제에너지기구는 철도를 에너지 효율이 가장 높은 운송 수단으로 꼽으며, 철도 수송을 확대하면 세계 수송 부문에서 온실가스 배출량이 그렇지 않을 때보다 약 6억 톤이 줄어들 수 있다고 하였다.

특히 철도의 에너지 소비량은 도로의 22분의 1이고, 온실가스 배출량은 9분의 1에 불과해, 탄소 배출이 높은 도로 운행의 수요를 친환경 수단인 철도로 전환한다면 수송 부문 총배출량이 획기적으로 감소될 것이라 전망하고 있다.

이에 발맞춰 우리나라의 S철도공단도 '녹색교통'인 철도 중심 교통체계를 구축하기 위해 박차를 가하고 있으며, 정부 역시 '2050 탄소중립 실현' 목표에 발맞춰 저탄소 철도 인프라 건설·관리로 탄소를 지속적으로 감축하고자 노력하고 있다.

S철도공단은 철도 인프라 생애주기 관점에서 탄소를 감축하기 위해 먼저 철도 건설 단계에서부터 친환경·저탄소 자재를 적용해 탄소 배출을 줄이고 있다. 실제로 중앙선 안동 ~ 영천 간 궤도 설계 당시 철근 대신에 저탄소 자재인 유리섬유 보강근을 콘크리트 궤도에 적용했으며, 이를 통한 탄소 감축효과는 약 6,000톤으로 추정된다. 이 밖에도 저탄소 철도 건축물 구축을 위해 2025년부터 모든 철도건축물을 에너지 자립률 60% 이상(3등급)으로 설계하기로 결정했으며, 도심의 철도 용지는 지자체와 협업을 통해 도심 속 철길 숲 등 탄소 흡수원이자 지역민의 휴식처로 철도부지 특성에 맞게 조성되고 있다.

S철도공단은 이와 같은 철도로의 수송 전환으로 약 20%의 탄소 감축 목표를 내세웠으며, 이를 위해서는 정부의 노력도 필요하다고 강조하였다. 특히 수송 수단 간 공정한 가격 경쟁이 이루어질 수 있도록 도로 차량에 집중된 보조금 제도를 화물차의 탄소배출을 줄이기 위한 철도 전환교통 보조금으로 확대하는 등 실질적인 방안의 필요성을 제기하고 있다.

① 녹색교통으로 철도 수송이 대두된 배경
② 철도 수송 확대를 통해 기대할 수 있는 효과
③ 국내의 탄소 감축 방안이 적용된 설계 사례
④ 정부의 철도 중심 교통체계 구축을 위해 시행된 조치
⑤ S철도공단의 철도 중심 교통체계 구축을 위한 방안

10 다음 글의 주제로 가장 적절한 것은?

지난 5월 아이슬란드에 각종 파이프와 열교환기, 화학물질 저장탱크, 압축기로 이루어져 있는 '조지 올라 재생 가능 메탄올 공장'이 등장했다. 이곳은 이산화탄소로 메탄올을 만드는 첨단 시설로, 과거 2011년 아이슬란드 기업 '카본리사이클링인터내셔널(CRI)'이 탄소 포집・활용(CCU) 기술의 실험을 위해서 지은 곳이다.
이곳에서는 인근 지열발전소에서 발생하는 적은 양의 이산화탄소(CO_2)를 포집한 뒤 물을 분해해 조달한 수소(H_2)와 결합시켜 재생 메탄올(CH_3OH)을 제조하였으며, 이때 필요한 열과 냉각수 역시 지열발전소의 부산물을 이용했다. 이렇게 만들어진 메탄올은 자동차, 선박, 항공 연료는 물론 플라스틱 제조 원료로 활용되는 등 여러 곳에서 활용되었다.
하지만 이렇게 메탄올을 만드는 것이 미래 원료 문제의 근본적인 해결책이 될 수는 없었다. 왜냐하면 메탄올이 만드는 에너지보다 메탄올을 만드는 데 들어가는 에너지가 더 필요하다는 문제점에 더하여 액화천연가스(LNG)를 메탄올로 변환할 경우 이전보다 오히려 탄소배출량이 증가하고, 탄소배출량을 감소시키기 위해서는 태양광과 에너지 저장장치를 활용해 메탄올 제조에 필요한 에너지를 모두 조달해야만 하기 때문이다.
또한 탄소를 포집해 지하에 영구 저장하는 탄소포집 저장방식과 달리, 탄소를 포집해 만든 연료나 제품은 사용 중에 탄소를 다시 배출할 가능성이 있어 이에 대한 논의가 분분한 상황이다.

① 탄소 재활용의 득과 실
② 재생 에너지 메탄올의 다양한 활용
③ 지열발전소에서 탄생한 재활용 원료
④ 탄소 재활용을 통한 미래 원료의 개발
⑤ 미래의 에너지 원료로 주목받는 재활용 원료, 메탄올

11 다음 글과 같이 한자어 및 외래어를 순화한 내용으로 적절하지 않은 것은?

> 열차를 타다 보면 한 번쯤은 다음과 같은 안내방송을 들어 봤을 것이다.
> "○○역 인근 '공중사상사고' 발생으로 KTX 열차가 지연되고 있습니다."
> 이때 들리는 안내방송 중 한자어인 '공중사상사고'를 한 번에 알아듣기란 일반적으로 쉽지 않다. 실제로 S교통공사 관계자는 승객들로부터 안내방송 문구가 적절하지 않다는 지적을 받아 왔다고 밝혔으며, 이에 S교통공사는 국토교통부와 협의를 거쳐 보다 이해하기 쉬운 안내방송을 전달하기 위해 문구를 바꾸는 작업에 착수하기로 결정하였다고 전했다.
> 우선 가장 먼저 수정하기로 한 것은 한자어 및 외래어로 표기된 철도 용어이다. 그중 대표적인 것이 '공중사상사고'이다. S교통공사 관계자는 이를 '일반인의 사상사고'나 '열차 운행 중 인명사고' 등과 같이 이해하기 쉬운 말로 바꿀 예정이라고 밝혔다. 이 외에도 열차 지연 예상 시간, 사고복구 현황 등 열차 내 안내방송을 승객에게 좀 더 알기 쉽고 상세하게 전달할 것이라고 전했다.

① 열차시격 → 배차간격
② 전차선 단전 → 선로 전기 공급 중단
③ 우회수송 → 우측 선로로 변경
④ 핸드레일(Handrail) → 안전손잡이
⑤ 키스 앤 라이드(Kiss and Ride) → 환승정차구역

※ 다음 글을 읽고 이어지는 질문에 답하시오. [12~13]

우리나라에서 500MW 규모 이상의 발전설비를 보유한 발전사업자(공급의무자)는 신재생에너지 공급의무화 제도(RPS; Renewable Portfolio Standard)에 의해 의무적으로 일정 비율 이상을 기존의 화석연료를 변환시켜 이용하거나 햇빛·물·지열·강수·생물유기체 등 재생 가능한 에너지를 변환시켜 이용하는 에너지인 신재생에너지로 발전해야 한다. 이에 따라 공급의무자는 매년 정해진 의무공급비율에 따라 신재생에너지를 사용하여 전기를 공급해야 하는데 의무공급비율은 매년 확대되고 있으므로 여기에 맞춰 태양광, 풍력 등 신재생에너지 발전설비를 추가로 건설하기에는 여러 가지 한계점이 있다. ___㉠___ 공급의무자는 의무공급비율을 외부 조달을 통해 충당하게 되는데 이를 인증하는 것이 신재생에너지 공급인증서(REC; Renewable Energy Certificates)이다. 공급의무자는 신재생에너지 발전사에서 판매하는 REC를 구매하는 것으로 의무공급비율을 달성하게 되며, 이를 이행하지 못할 경우 미이행 의무량만큼 해당 연도 평균 REC 거래가격의 1.5배 이내에서 과징금이 부과된다.

신재생에너지 공급자가 공급의무자에게 REC를 판매하기 위해서는 먼저 「신에너지 및 재생에너지 개발·이용·보급 촉진법(신재생에너지법)」 제12조의7에 따라 공급인증기관(에너지관리공단 신재생에너지센터, 한국전력거래소 등)으로부터 공급 사실을 증명하는 공급인증서를 신청해야 한다. 인증 신청을 받은 공급인증기관은 신재생에너지 공급자, 신재생에너지 종류별 공급량 및 공급기간, 인증서 유효기간을 명시한 공급인증서를 발급해 주는데, 여기서 공급인증서의 유효기간은 발급받은 날로부터 3년이며, 공급량은 발전방식에 따라 실제 공급량에 가중치를 곱해 표기한다. 이렇게 발급받은 REC는 공급인증기관이 개설한 거래시장인 한국전력거래소에서 거래할 수 있으며, 거래시장에서 공급의무자가 구매하여 의무공급량에 충당한 공급인증서는 효력을 상실하여 폐기하게 된다.

RPS 제도를 통한 REC 거래는 최근 더욱 확대되고 있다. 시행 초기에는 전력거래소에서 신재생에너지 공급자와 공급의무자 간 REC를 거래하였으나, 2021년 8월 이후 에너지관리공단에서 운영하는 REC 거래시장을 통해 한국형 RE100에 동참하는 일반기업들도 신재생에너지 공급자로부터 REC를 구매할 수 있게 되었고 여기서 구매한 REC는 기업의 온실가스 감축실적으로 인정되어 인센티브 등 다양한 혜택을 받을 수 있게 된다.

| 한국남동발전(2023년)

12 다음 중 윗글의 내용으로 적절하지 않은 것은?

① 공급의무자는 의무공급비율 달성을 위해 반드시 신재생에너지 발전설비를 건설해야 한다.
② REC 거래를 위해서는 먼저 공급인증기관으로부터 인증서를 받아야 한다.
③ 일반기업도 REC 구매를 통해 온실가스 감축실적을 인정받을 수 있다.
④ REC에 명시된 공급량은 실제 공급량과 다를 수 있다.

| 한국남동발전(2023년)

13 다음 중 빈칸 ㉠에 들어갈 접속부사로 가장 적절한 것은?

① 한편　　② 그러나
③ 그러므로　　④ 예컨대

※ 다음 기사를 읽고 이어지는 질문에 답하시오. [14~15]

N전력공사가 밝힌 에너지 공급비중을 살펴보면 2022년 우리나라의 발전비중 중 가장 높은 것은 석탄(32.51%)이고, 두 번째는 액화천연가스(27.52%) 즉 LNG 발전이다. LNG의 경우 석탄에 비해 탄소 배출량이 적어 화석연료와 신재생에너지의 전환단계인 교량 에너지로서 최근 크게 비중이 늘었지만, 여전히 많은 양의 탄소를 배출한다는 문제점이 있다. 지구 온난화 완화를 위해 어떻게든 탄소 배출량을 줄여야 하는 상황에서 이에 대한 현실적인 대안으로 수소혼소 발전이 주목받고 있다. ______(가)______
수소혼소 발전이란 기존의 화석연료인 LNG와 친환경에너지인 수소를 혼합 연소하여 발전하는 방식이다. 수소는 지구에서 9번째로 풍부하여 고갈될 염려가 없고, 연소 시 탄소를 배출하지 않는 친환경에너지이다. 발열량 또한 1kg당 142MJ로, 다른 에너지원에 비해 월등히 높아 같은 양으로 훨씬 많은 에너지를 생산할 수 있다. ______(나)______
그러나 수소를 발전 연료로서 그대로 사용하기에는 여러 가지 문제점이 있다. 수소는 LNG에 비해 7~8배 빠르게 연소되므로 제어에 실패하면 가스 터빈에서 급격하게 발생한 화염이 역화하여 폭발할 가능성이 있다. 또한 높은 온도로 연소되므로 그만큼 공기 중의 질소와 반응하여 많은 질소산화물(NOx)을 발생시키는데, 이는 미세먼지와 함께 대기오염의 주요 원인이 된다. 마지막으로 연료로 사용할 만큼 정제된 수소를 얻기 위해서는 물을 전기분해해야 하는데, 여기에는 많은 전력이 들어가므로 수소 생산 단가가 높아진다는 단점이 있다. ______(다)______
이러한 수소의 문제점을 해결하기 위한 대안이 바로 수소혼소 발전이다. 인프라적인 측면에서 기존의 LNG 발전설비를 활용할 수 있기 때문에 수소혼소 발전은 친환경에너지로 전환하는 사회적·경제적 충격을 완화할 수 있다. 또한 수소를 혼입하는 비율이 많아질수록 그만큼 LNG를 대체하게 되므로 기술발전으로 인해 혼입하는 수소의 비중이 높아질수록 발전으로 인한 탄소의 발생을 줄일 수 있다. 아직 많은 기술적·경제적 문제점이 남아있지만, 세계의 많은 나라들은 탄소 배출량 저감을 위해 수소혼소 발전 기술에 적극적으로 뛰어들고 있다. 우리나라 또한 2024년 세종시에 수소혼소 발전이 가능한 열병합발전소가 들어설 예정이며, 한화, 포스코 등 많은 기업들이 수소혼소 발전 실현을 위해 사업을 추진하고 있다. ______(라)______

| 한국남동발전(2023년)

14 다음 중 윗글의 내용으로 적절하지 않은 것은?

① 수소혼소 발전은 기존 LNG 발전설비를 활용할 수 있다.
② 수소를 연소할 때에도 공해물질은 발생한다.
③ 수소혼소 발전은 탄소를 배출하지 않는 발전 기술이다.
④ 수소혼소 발전에서 수소를 더 많이 혼입할수록 탄소 배출량은 줄어든다.

| 한국남동발전(2023년)

15 다음 중 〈보기〉의 문장이 들어갈 위치로 가장 적절한 곳은?

보기
따라서 수소는 우리나라의 2050 탄소중립을 실현하기 위한 최적의 에너지원이라 할 수 있다.

① (가)
② (나)
③ (다)
④ (라)

※ 다음 글을 읽고 이어지는 질문에 답하시오. [16~18]

SF 영화나 드라마에서만 나오던 3D 푸드 프린터를 통해 음식을 인쇄하여 소비하는 모습은 더 이상 먼 미래의 모습이 아니게 되었다. 2023년 3월 21일 미국의 컬럼비아 대학교에서는 3D 푸드 프린터와 땅콩버터, 누텔라, 딸기잼 등 7가지의 반죽형 식용 카트리지로 7겹 치즈케이크를 만들었다고 국제학술지 'NPJ 식품과학'에 소개하였다. (가) 특히 이 치즈케이크는 베이킹 기능이 있는 레이저와 식물성 원료를 사용한 비건식 식용 카트리지를 통해 만들어졌다. ㉠ 그래서 이번 발표는 대체육과 같은 다른 관련 산업에서도 많은 주목을 받게 되었다.

3D 푸드 프린터는 산업 현장에서 사용되는 일반적인 3D 프린터가 사용자가 원하는 대로 3차원의 물체를 만드는 것처럼 사람이 섭취가 가능한 페이스트, 반죽, 분말 등을 카트리지로 사용하여 사용자가 원하는 디자인으로 압출・성형하여 음식을 만들어 내는 것이다. (나) 현재 3D 푸드 프린터는 산업용 3D 프린터처럼 페이스트를 층층이 쌓아서 만드는 FDM(Fused Deposition Modeling) 방식, 분말형태로 된 재료를 접착제로 굳혀 찍어내는 PBF(Powder Bed Fusion), 레이저로 굳혀 찍어내는 SLS(Selective Laser Sintering) 방식이 주로 사용된다.

(다) 3D 푸드 프린터는 아직 대중화되지 않았지만, 많은 장점을 가지고 있어 미래에 활용가치가 아주 높을 것으로 예상되고 있다. ㉡ 예를 들어 증가하는 노령인구에 맞춰 씹고 삼키는 것이 어려운 사람을 위해 질감과 맛을 조정하거나, 개인별로 필요한 영양소를 첨가하는 등 사용자의 건강관리를 수월하게 해 준다. ㉢ 또한 우주 등 음식을 조리하기 어려운 곳에서 평소 먹던 음식을 섭취할 수 있게 하는 등 활용도는 무궁무진하다. 특히 대체육 부분에서 주목받고 있는데, 3D 푸드 프린터로 육류를 제작하게 된다면 동물을 키우고 도살하여 고기를 얻는 것보다 환경오염을 줄일 수 있다. (라) 대체육은 식물성 원료를 소재로 하는 것이므로 일반적인 고기보다 맛은 떨어지게 된다. 실제로 대체육 전문 기업인 리디파인 미트(Redefine Meat)에서는 대체육이 축산업에서 발생하는 일반 고기보다 환경오염을 95% 줄일 수 있다고 밝히고 있다.

㉣ 따라서 3D 푸드 프린터는 개발 초기 단계이므로 아직 개선해야 할 점이 많다. 가장 중요한 것은 맛이다. 3D 푸드 프린터에 들어가는 식용 카트리지의 주원료는 식물성 재료이므로 실제 음식의 맛을 내기까지는 아직 많은 노력이 필요하다. (마) 디자인의 영역도 간과할 수 없는데, 길쭉한 필라멘트(3D 프린터에 사용되는 플라스틱 줄) 모양으로 성형된 음식이 '인쇄'라는 인식과 함께 음식을 섭취하는 데 심리적인 거부감을 주는 것도 해결해야 하는 문제이다. ㉤ 게다가 현재 주로 사용하는 방식은 페이스트, 분말을 레이저나 압출로 성형하는 것이므로 만들 수 있는 요리의 종류가 매우 제한적이며, 전력 소모 또한 많다는 것도 해결해야 하는 문제이다.

| LH 한국토지주택공사(2023년)

16 다음 중 윗글의 내용에 대한 추론으로 적절하지 않은 것은?

① 설탕케이크 장식 제작은 SLS 방식의 3D 푸드 프린터가 적절하다.
② 3D 푸드 프린터는 식감 등으로 발생하는 편식을 줄일 수 있다.
③ 3D 푸드 프린터는 사용자 맞춤 식단을 제공할 수 있다.
④ 현재 3D 푸드 프린터로 제작된 음식은 거부감을 일으킬 수 있다.
⑤ 컬럼비아 대학교에서 만들어 낸 치즈케이크는 PBF 방식으로 제작되었다.

| LH 한국토지주택공사(2023년)

17 윗글의 (가) ~ (마) 중 삭제해야 할 문장으로 가장 적절한 것은?

① (가)
② (나)
③ (다)
④ (라)
⑤ (마)

| LH 한국토지주택공사(2023년)

18 윗글의 접속부사 ㉠ ~ ㉤ 중 문맥상 적절하지 않은 것은?

① ㉠
② ㉡
③ ㉢
④ ㉣
⑤ ㉤

| 경기도 공공기관(2023년)

19 다음 중 올바른 경청방법에 대한 설명으로 적절하지 않은 것은?

① 상대를 정면으로 마주하는 자세는 상대방이 자칫 위축되거나 부담스러워할 수 있으므로 지양한다.
② 손이나 다리를 꼬지 않는 개방적인 자세는 상대에게 마음을 열어놓고 있음을 알려주는 신호이다.
③ 우호적인 눈의 접촉(Eye – contact)은 자신이 상대방에게 관심을 가지고 있음을 알려준다.
④ 비교적 편안한 자세는 전문가다운 자신만만함과 아울러 편안한 마음을 상대방에게 전할 수 있다.

| 경기도 공공기관(2023년)

20 다음 중 밑줄 친 단어의 표기가 옳지 않은 것은?

① 철수는 지금까지 해왔던 일에 <u>싫증</u>이 났다.
② 매년 10만여 명의 <u>뇌졸중</u> 환자가 발생하고 있다.
③ 수영이가 하는 변명이 조금 <u>꺼림직</u>했으나 우선 믿기로 했다.
④ 그는 일을 하는 <u>틈틈히</u> 공부를 했다.

| 경기도 공공기관(2023년)

21 다음의 K사장이 저지른 오류에 대한 설명으로 옳은 것은?

> A건설의 K사장은 새 리조트 건설을 위해 적합한 지역을 물색하던 중 비무장지대 인근 지역이 지가(地價) 부담이 적어 리조트 건설에 최적지라는 보고를 받았다. K사장은 검토 후, 그 지역이 적지라고 판단하여 리조트 건설지역으로 결정하였다. 그러나 환경보호단체 등 시민단체에서 환경영향평가 등의 자료를 근거로 많은 비판을 하였고, A건설에 대한 여론 역시 악화되었다.

① 타인의 평가에 자신의 감정이나 경향을 투사시켰다.
② 부분적 정보만을 받아들여 전체에 대한 판단을 내렸다.
③ 한 사람에 대한 평가가 다른 사람에 대한 평가에 영향을 주었다.
④ 소속 집단에 대한 고정관념을 가지고 있었다.

| 코레일 한국철도공사(2022년)

22 다음 글을 참고할 때, 문법적 형태소가 가장 많이 포함된 문장은?

> 문법형태소(文法形態素)는 문법적 의미가 있는 형태소로, 어휘형태소와 함께 쓰여 그들 사이의 관계를 나타내는 기능을 하는 형태소를 말한다. 한국어에서는 조사와 어미가 이에 해당한다. 의미가 없고 문장의 형식 구성을 보조한다는 의미에서 형식형태소(形式形態素)라고도 한다.

① 동생이 나 몰래 사탕을 먹었다.
② 우리 오빠는 키가 작았다.
③ 봄이 오니 산과 들에 꽃이 피었다.
④ 나는 가게에서 김밥과 돼지고기를 샀다.
⑤ 지천에 감자꽃이 가득 피었다.

| 코레일 한국철도공사(2022년)

23 다음 문장 중 어법상 옳은 것은?

① 오늘은 날씨가 추우니 옷의 지퍼를 잘 잠거라.
② 우리 집은 매년 김치를 직접 담궈 먹는다.
③ 그는 다른 사람의 만류에도 서슴지 않고 악행을 저질렀다.
④ 염치 불구하고 이렇게 부탁드리겠습니다.
⑤ 우리집 뒷뜰에 개나리가 예쁘게 피었다.

| 코레일 한국철도공사(2022년)

24 다음 중 밑줄 친 단어가 문맥상 적절하지 않은 것은?

① 효율적인 회사 운영을 위해 회의를 정례화(定例化)해야 한다는 주장이 나왔다.
② 그 계획은 아무래도 중장기적(中長期的)으로 봐야 할 필요가 있다.
③ 그 문제를 해결하기 위해서는 표면적이 아닌 피상적(皮相的)인 이해가 필요하다.
④ 환경을 고려한 신제품을 출시하는 기업들의 친환경(親環境) 마케팅이 유행이다.
⑤ 인생의 중대사를 정할 때는 충분한 숙려(熟慮)가 필요하다.

| 코레일 한국철도공사(2022년)

25 다음 문단을 논리적 순서대로 바르게 나열한 것은?

(가) 천일염 안전성 증대 방안 5가지가 '2022 K – 농산어촌 한마당'에서 소개됐다. 첫째, 함수(농축한 바닷물)의 청결도를 높이기 위해 필터링(여과)을 철저히 하고, 둘째, 천일염전에 생긴 이끼 제거를 위해 염전의 증발지를 목제 도구로 완전히 뒤집는 것이다. 그리고 셋째, 염전의 밀대・운반 도구 등을 식품 용기에 사용할 수 있는 소재로 만들고, 넷째, 염전 수로 재료로 녹 방지 기능이 있는 천연 목재를 사용하는 것이다. 마지막으로 다섯째, 염전 결정지의 바닥재로 장판 대신 타일(타일염)이나 친환경 바닥재를 쓰는 것이다.

(나) 한편, 천일염과 찰떡궁합인 김치도 주목을 받았다. 김치를 담글 때 천일염을 사용하면 김치의 싱싱한 맛이 오래 가고 식감이 아삭아삭해지는 등 음식궁합이 좋다. 세계김치연구소는 '발효과학의 중심, 김치'를 주제로 관람객을 맞았다. 세계김치연구소 소속 박사는 "김치는 중국・일본 등 다른 나라의 채소 절임 식품과 채소를 절이는 단계 외엔 유사성이 전혀 없는 매우 독특한 식품이자 음식 문화"라고 설명했다.

(다) K – 농산어촌 한마당은 헬스경향・K농수산식품유통공사에서 공동 주최한 박람회이다. 해양수산부 소속 국립수산물품질관리원은 천일염 부스를 운영했다. 대회장을 맡은 국회 농림축산식품해양수산위원회 소속 의원은 "갯벌 명품 천일염 생산지인 전남 신안을 비롯해 우리나라의 천일염 경쟁력은 세계 최고 수준"이라며 "이번 한마당을 통해 국산 천일염의 우수성이 더 많이 알려지기를 기대한다."라고 말했다.

① (가) – (나) – (다)
② (가) – (다) – (나)
③ (나) – (다) – (가)
④ (다) – (가) – (나)
⑤ (다) – (나) – (가)

26 다음 글을 읽고 추론할 수 있는 내용으로 적절하지 않은 것은?

현재 화성을 탐사 중인 미국의 탐사 로버 '퍼시비어런스'는 방사성 원소인 플루토늄이 붕괴하면서 내는 열을 전기로 바꿔 에너지를 얻는다. 하지만 열을 전기로 바꾸는 변환 효율은 4 ~ 5%에 머물고 있다. 전기를 생산하기 어려운 화성에서는 충분히 쓸만하지만 지구에서는 효율적인 에너지원이 아니다. 그러나 최근 국내 연구팀이 오랫동안 한계로 지적된 열전 발전의 효율을 20% 이상으로 끌어올린 소재를 개발했다. 지금까지 개발된 열전 소재 가운데 세계에서 가장 효율이 높다는 평가다. 서울대 화학생물공학부 교수팀은 메르쿠리 카나치디스 미국 노스웨스턴대 화학부 교수 연구팀과 공동으로 주석과 셀레늄을 이용한 다결정 소재를 이용해 세계 최초로 열전성능지수(zT) 3을 넘기는 데 성공했다고 밝혔다.

전 세계적으로 생산된 에너지의 65% 이상은 사용되지 못하고 열로 사라진다. 온도차를 이용해 전기를 생산하는 열전 기술은 이러한 폐열을 전기에너지로 직접 변환할 수 있다. 하지만 지금까지 개발된 소재들은 유독한 납과 지구상에서 8번째로 희귀한 원소인 텔루늄을 활용하는 등 상용화에 어려움이 있었다. 발전 효율이 낮은 것도 문제였다. 때문에 퍼시비어런스를 비롯한 화성탐사 로버에 탑재된 열전소재도 낮은 효율을 활용할 수밖에 없었다.

카나치디스 교수팀은 이를 대체하기 위한 소재를 찾던 중 2014년 셀레늄화주석 단결정 소재로 zT 2.6을 달성해 국제학술지 '네이처'에 소개했다. 그러나 다이아몬드처럼 만들어지는 단결정 소재는 대량 생산이 어렵고 가공도 힘들어 상용화가 어렵다는 점이 문제로 꼽혔다. 이를 다결정으로 만들면 열이 결정 사이를 오가면서 방출돼 열전효율이 낮아지는 문제가 있었다. 또 결과가 재현되지 않아 네이처에 셀레늄화 주석 소재의 열전성능에 대해 반박하는 논문이 나오기도 했다.

연구팀은 셀레늄화주석의 구조를 분석해 원인을 찾았다. 주석을 활용하는 소재인 페로브스카이트 전고체 태양전지를 세계 처음으로 만든 교수팀은 순도 높은 주석이라도 표면이 산화물로 덮인다는 점을 주목했다. 열이 전도성 물질인 산화물을 따라 흐르면서 열전효율이 떨어진 것이다. 연구팀은 주석의 산화물을 제거한 후 셀레늄과 반응시키고 이후로도 추가로 순도를 높이는 공정을 개발해 문제를 해결했다.

연구팀이 개발한 주석셀레늄계(SnSe) 신소재는 기존 소재보다 월등한 성능을 보였다. 신소재는 섭씨 510도에서 zT가 3.1인 것으로 나타났고 소재 중 처음으로 3을 돌파했다. 납 텔루늄 소재 중 지금까지 최고 성능을 보인 소재의 zT가 2.6이었던 것을 감안하면 매우 높은 수치다. 에너지 변환효율 또한 기존 소재들이 기록한 5 ~ 12%보다 높은 20% 이상을 기록했다. 연구팀은 "지도교수였던 카나치디스 교수에게도 샘플을 보내고 열전도도를 측정하는 회사에도 소재를 보내 교차검증을 통해 정확한 수치를 얻었다."라고 말했다.

① 화성 탐사 로버 '퍼시비어런스'는 열을 전기로 바꿔 에너지원으로 삼지만, 그 효율은 5% 정도에 그쳤다.

② 현재까지 한국에서 개발한 열전소재가 가장 열전효율이 높다.

③ 주석셀레늄계 신소재는 어떤 환경에서든 열전발전의 효율 지수(zT)가 3.1을 넘는다.

④ 열전소재에 전기가 통하는 물질이 있다면 열전효율이 저하될 수 있다.

⑤ 주석셀레늄계 신소재는 열전발전의 효율이 기존보다 4배 이상 높다.

27 다음 문단을 논리적 순서대로 바르게 나열한 것은?

(가) 이 플랫폼은 IoT와 클라우드 기반의 빅데이터 시스템을 통해 수소경제 전 주기의 데이터를 수집・활용해 안전관련 디지털 트윈 정보와 인프라 감시, EMS, 수소・전력 예측 서비스 등을 제공하는 '통합 안전관리 시스템'과 수집된 정보를 한전KDN이 운영하는 마이크로그리드 전력관리시스템(MG－EMS)과 에너지 집중 원격감시 제어시스템(SCADA; Supervisory Control and Data Acquisition)으로부터 제공받아 실시간 인프라 감시정보를 관리자에게 제공하는 '에너지 통합감시 시스템'으로 구성된 솔루션이다. 특히, 수소도시의 주요 설비를 최상의 상태로 운영하고자 안전 포털 서비스, AI 예측 서비스, 에너지 SCADA, 디지털트윈, 수소설비 데이터 수집 및 표준화 기능을 제공하는 것이 특징이다. 한전KDN 관계자는 "한전KDN은 에너지 ICT 전문 공기업의 역할을 성실히 수행하며 올해 창립 30주년이 됐다."면서 "안정적 전력산업 운영 경험을 통한 최신 ICT 기술력을 국제원자력산업전 참가로 널리 알리고 사업 다각화를 통한 기회의 장으로 삼을 수 있도록 노력할 것"이라고 밝혔다.

(나) 국내 유일의 에너지 ICT 공기업인 한전KDN은 이번 전시회에 원전 전자파 감시시스템, 수소도시 통합관리 플랫폼 등 2종의 솔루션을 출품・전시했다. 원전 전자파 감시시스템은 올해 새롭게 개발되고 있는 신규솔루션으로, 국내 전자파 관련 규제 및 지침 법규에 따라 원자력발전소 내 무선통신 기반 서비스 운영설비의 전자파를 감시・분석해 안정성을 확보하고 이상 전자파로부터 원자력의 안전 운용을 지원하는 시스템이다. 특히, 이상 전자파 검증기준에 따라 지정된 배제구역(출입통제구역)에 설치된 민감기기의 경우 무단 출입자에 따른 안정을 확보하기 어렵다는 점을 극복하고자 현장 무선기기의 전자파 차단과 함께 실시간으로 민감기기 주변 전자파를 감시해 이상 전자파 감지 시 사용자 단말기에 경보 알람을 발생시키는 등 안정적인 발전소 관리에 기여할 것으로 기대된다. 한전KDN이 함께 전시하는 수소도시 통합관리 플랫폼은 정부가 추진하는 수소시범도시의 안전관리를 위한 것으로, 수소 생산시설, 충전소, 파이프라인, 튜브 트레일러, 연료전지, 수소버스까지 다양한 수소도시의 설비운영과 안전관리를 위해 개발된 솔루션이다.

(다) 한전KDN이 4월 부산 벡스코(BEXCO)에서 열리는 2022 부산 국제원자력산업전에 참가했다. 올해 6회째를 맞는 국내 최대 원자력분야 전문 전시회인 부산 국제원자력산업전은 국내외 주요 원자력발전사업체들이 참가해 원전 건설, 원전 기자재, 원전 해체 등 원자력 산업 관련 전반과 함께 전기・전자통신 분야의 새로운 기술과 제품을 선보이며, 12개국 126개사 356부스 규모로 개최됐다.

① (가)－(나)－(다)
② (나)－(가)－(다)
③ (나)－(다)－(가)
④ (다)－(가)－(나)
⑤ (다)－(나)－(가)

28 다음 글의 내용으로 적절하지 않은 것은?

전남 나주시가 강소연구개발특구 운영 활성화를 위해 한국전력, 특구기업과의 탄탄한 소통 네트워크 구축에 나섰다.
나주시는 혁신산업단지에 소재한 에너지신기술연구원에서 전라남도, 한국전력공사, 강소특구 44개 기업과 전남 나주 강소연구개발특구 기업 커뮤니티 협약을 체결했다고 밝혔다.
이번 협약은 각 주체 간 정보 교류, 보유 역량 활용 등을 위해 특구기업의 자체 커뮤니티 구성에 목적을 뒀다. 협약 주체들은 강소특구 중장기 성장모델과 전략수립 시 공동으로 노력을 기울이고, 적극적인 연구개발(R&D) 참여를 통해 상호 협력의 밸류체인(Value Chain)을 강화하기로 했다.
커뮤니티 구성에는 총 44개 기업이 참여해 강소특구 주력사업인 지역특성화육성사업에 부합하는 에너지효율화, 특화사업, 지능형 전력그리드 등 3개 분과로 운영된다. 또한 ㈜한국항공조명, ㈜유진테크노, ㈜미래이앤아이가 분과 리더기업으로 각각 지정돼 커뮤니티 활성화를 이끌 예정이다.
나주시와 한국전력공사는 협약을 통해 기업 판로 확보와 에너지산업 수요·공급·연계 지원 등 특구기업과의 동반성장 플랫폼 구축에 힘쓸 계획이다.
한국전력공사 기술기획처장은 "특구사업의 선택과 집중을 통한 차별화된 지원을 추진하고, 기업 성장단계에 맞춘 효과적 지원을 통해 오는 2025년까지 스타기업 10개사를 육성하겠다."라는 계획을 밝혔다.
또한, 나주시장 권한대행은 "이번 협약을 통해 기업 수요 기반 통합정보 공유로 각 기업의 성장단계별 맞춤형 지원을 통한 기업 경쟁력 확보와 동반성장 인프라 구축에 힘쓰겠다."라고 말했다.

① 나주시와 한국전력공사는 협약을 통해 기업의 판로 확보와 에너지산업 연계 지원 등을 꾀하고 있다.
② 나주시의 에너지신기술연구원은 혁신산업단지에 위치해 있다.
③ 협약 주체들은 한국전력공사와 강소특구의 여러 기업들이다.
④ 협약의 커뮤니티 구성은 총 3개 분과로 이루어져 있고, 분과마다 2개의 리더 그룹이 분과를 이끌어갈 예정이다.
⑤ 협약에 참여한 기업들은 연구개발 활동에 적극적으로 참여해야 한다.

| 한국전력공사(2022년)

29 다음 글을 읽고 추론할 수 있는 내용으로 적절하지 않은 것은?

> 해외여행을 떠날 때, 필수품 중의 하나는 여행용 멀티 어댑터라고 볼 수 있다. 나라마다 사용 전압과 콘센트 모양이 다르기 때문에 여행자들은 어댑터를 이용해 다양한 종류의 표준전압에 대처하고 있다. 일본·미국·대만은 110V를 사용하고, 유럽은 220 ~ 240V를 사용하는 등 나라마다 이용 전압도 다르고, 주파수, 플러그 모양, 크기도 제각각으로 형성되어 있다. 그렇다면 왜 세계 여러 나라는 전압을 통합해 사용하지 않고, 우리나라는 왜 220V를 사용할까?
> 한국도 처음 전기가 보급될 때는 11자 모양 콘센트의 110V를 표준전압으로 사용했다. 1973년부터 2005년까지 32년에 걸쳐 1조 4,000억 원을 들여 220V로 표준전압을 바꾸는 작업을 진행했다. 어렸을 때, 집에서 일명 '도란스(Trance)'라는 변압기를 사용했던 기억이 있다.
> 한국전력공사 승압 작업으로 인해 110V의 가전제품을 220V의 콘센트에 이용했다. 220V 승압 작업을 진행했던 이유는 전력 손실을 줄이고 같은 굵기의 전선으로 많은 전력을 보내기 위함이었다. 전압이 높을수록 저항으로 인한 손실도 줄어들고 발전소에서 가정으로 보급하는 데까지의 전기 전달 효율이 높아진다. 쉽게 말해서 수도관에서 나오는 물이 수압이 높을수록 더욱더 강하게 나오는 것에 비유하면 되지 않을까 싶다.
> 한국전력공사에 따르면 110V에서 220V로 전압을 높임으로써 설비의 증설 없이 기존보다 2배 정도의 전기 사용이 가능해지고, 전기 손실도 줄어 세계 최저 수준의 전기 손실률을 기록하게 됐다고 한다. 물론 220V를 이용할 때 가정에서 전기에 노출될 경우 위험성은 더 높을 수 있다.
> 110V를 표준전압으로 사용하는 일본과 미국은 비교적 넓은 대지와 긴 송전선로로 인해 220V로 전압을 높이려면 전력설비 교체 비용과 기존의 전자제품 이용으로 엄청난 비용과 시간이 소요되므로 승압이 어려운 상황이다. 또 지진이나 허리케인과 같은 천재지변으로 인한 위험성이 높고 유지 관리가 어려운 점, 다수의 민영 전력회사로 운영된다는 점도 승압이 어려운 이유라고 생각한다.
> 국가마다 표준전압이 달라서 조심해야 할 사항도 있다. 콘센트 모양만 맞추면 사용할 수 있겠다고 생각하겠지만 110V 가전제품을 우리나라로 가져와서 220V의 콘센트에 연결한 후 사용하면 제품이 망가지고 화재나 폭발이 일어날 수도 있다. 반대로 220V 가전제품을 110V에 사용하면 낮은 전압으로 인해 정상적으로 작동되지 않는다. 해외에 나가서 가전제품을 이용하거나 해외 제품을 직접 구매해 가정에서 이용할 때는 꼭 주의하여 사용하기 바란다.

① 한국에 처음 전기가 보급될 때는 110V를 사용했었다.
② 일본과 미국에서는 전력을 공급하는 사기업들이 있을 것이다.
③ 1조 4,000억 원 가량의 예산을 들여 220V로 전환한 이유는 가정에서의 전기 안전성을 높이기 위함이다.
④ 220V로 전압을 높이면 전기 전달 과정에서 발생하는 손실을 줄여 효율적으로 가정에 전달할 수 있다.
⑤ 전압이 다른 가전제품을 변압기 없이 사용하면 위험하거나 제품의 고장을 초래할 수 있다.

30 다음 글에서 말하는 '넛지효과'의 예시로 적절하지 않은 것은?

> 우리 대다수는 이메일을 일상적으로 사용하면서 가끔 첨부 파일을 깜빡 잊는 실수를 종종 범한다. 만약 이메일 서비스 제공 업체가 제목이나 본문에 '파일 첨부'란 단어가 있음에도 사용자가 파일을 첨부하지 않을 경우 '혹시 첨부해야 할 파일은 없습니까?'라고 발송 전 미리 알려주면 어떨까? 예시로 안전벨트 미착용 문제를 해결하기 위해 지금처럼 경찰이 단속하고 과태료를 물리는 것보다 애초에 안전벨트를 착용하지 않으면 주행이 되지 않게 설계하는 것은 어떨까? 이처럼 우리 인간의 선택과 행동을 두고 규제, 단속, 처벌보다 부드럽게 개입하는 방식은 어떨까?
>
> 넛지(Nudge)는 강압적이지 않은 방법으로 사람들의 행동을 바꾸는 현상을 의미한다. 넛지의 사전적 의미는 '팔꿈치로 슬쩍 찌르다.', '주위를 환기하다.'인데, 시카고대 교수인 행동경제학자 리처드 탈러(Richard H. Thaler)와 하버드대 로스쿨 교수 캐스 선스타인(Cass R. Sunstein)은 2008년 『Nudge; Improving Decisions about Health, Wealth, and Happiness』라는 책을 내놓으면서 넛지를 '사람들의 선택을 유도하는 부드러운 개입'이라고 정의하였다. 이 책은 세계 여러 나라에서 번역되었는데, 특히 한국에서는 2009년 봄 『넛지; 똑똑한 선택을 이끄는 힘』이라는 제목으로 출간된 이후 대통령이 여름휴가 때 읽고 청와대 직원들에게 이 책을 선물하면서 화제가 되었다.
>
> 부드러운 간섭을 통한 넛지효과를 활용해 변화를 이끌어낸 사례는 많다. 그중에서 기업마케팅 전략으로 '넛지마케팅'이 최근 각광받고 있다. 예를 들어, 제품을 효율적으로 재배치만 해도 특정 상품의 판매를 늘릴 수 있다는 연구결과가 속속 나오고 있다. 그렇다면 설탕을 줄인 제품을 잘 보이는 곳에 진열하면 어떨까? 최근 각국에서 비만의 사회적 비용을 줄이기 위한 설탕세(Soda Tax, Sugar Tax, Sugary Drinks Tax) 도입을 두고 찬반 논쟁이 치열한데 징벌적 성격의 세금부과보다 넛지효과를 이용해 설탕 소비 감소를 유도하는 것은 어떤가? 우리나라 미래를 이끌 20 ~ 30대 청년의 초고도비만이 가파르게 증가하는 현실에서 소아비만과 청년비만 대응책으로 진지하게 생각해 볼 문제이다.
>
> 이처럼 공익적 목적으로 넛지효과를 사용하는 현상을 '넛지 캠페인'이라 한다. 특히 개인에게 '넛지'를 가할 수 있는 '선택 설계자(Choice Architecture)'의 범위를 공공영역으로 확대하는 것은 공공선을 달성하기 위해 매우 중요하다.

① 계단을 이용하면 10원씩 기부금이 적립되어 계단 이용을 장려하는 '기부 계단'
② 쓰레기통에 쓰레기를 집어넣도록 유도하기 위해 농구 골대 형태로 만든 '농구대 쓰레기통'
③ 금연율을 높이기 위해 직접적이고 재미있는 'No담배' 문구를 창작한 캠페인
④ 계단을 오르내리면 피아노 소리가 나와 호기심으로 계단 이용을 장려하는 '피아노 계단'
⑤ 아이들의 손씻기를 장려하기 위해 비누 안에 장난감을 집어넣은 '희망 비누'

31 다음 글의 내용으로 적절하지 않은 것은?

> 국토교통부에서 부동산 관련 직무를 맡고 있는 공무원은 이달부터 토지, 건물 등 부동산 신규 취득이 제한된다. 주택정책 담당 공무원은 조정대상지역 내 집을 살 수 없고, 토지정책 담당 공무원은 토지거래허가구역과 택지개발지구 내 주택 구매가 금지된다.
> 5일 국토부에 따르면 이와 같은 내용이 담긴 '국토부 공무원의 부동산 신규취득 제한에 대한 지침'이 지난달 25일 국토부 훈령으로 제정돼 이달 1일부터 시행됐다. 해당 지침에는 '국토부 소속 공무원은 직무상 알게 된 부동산에 대한 정보를 이용해 재물이나 재산상 이익을 취득하거나 그 이해관계자에게 재물이나 재산상 이익을 취득하게 해서는 안 된다.'라고 명시되었다.
> 따라서 제한대상 부서에 근무하는 국토부 소속 공무원과 그 업무를 지휘·감독하는 상급감독자, 배우자와 직계존비속 등 이해관계자들은 앞으로 직무 관련 부동산을 새로 취득할 수 없다. 다만 이해관계자 중 관련법에 따라 재산등록사항의 고지거부 허가를 받은 사람은 제외한다. 제한부서는 국토도시실 국토정책관 소속 지역정책과·산업입지정책과·복합도시정책과와 건축정책관 소속 건축정책과, 주택토지실 주택정책관 소속 주택정책과 등 총 29개다. 제한부동산의 범위는 소관법령에 따라 국토부 장관이 지정하는 지역·지구·구역 내의 건물, 토지 등 모든 부동산이다.
> 부서별로 제한받는 부동산은 다르다. 주택정책과는 분양가상한제적용지역, 투기과열지구, 조정대상지역 내 주택, 준주택 및 부속토지가 대상이다. 토지정책과는 토지거래허가구역 내, 부동산개발정책과는 택지개발지구 내 부동산 취득이 제한된다. 도로정책과는 도로구역 내 부동산, 철도정책과는 역세권 개발구역 내 부동산 취득이 금지된다. 감사담당관은 제한대상자의 직무 관련 부동산 취득 사실을 조사 과정에서 적발할 경우 6개월 이내 자진 매각 권고, 직위 변경 및 전보 등 조치 요구, 이해충돌 방지에 필요한 조치를 할 수 있다. 다만 증여나 담보권 행사 및 대물변제 수령, 근무 또는 결혼 등 일상생활에 필요한 부동산은 취득이 예외적으로 허용된다.

① 동일하게 국토교통부에서 부동산 업무를 맡은 공무원이더라도 근무 부서가 다르면 부동산 관련 다른 제재를 받을 수 있다.
② 결혼으로 인한 부동산 마련은 일상생활에 필요한 부동산 취득으로 인정을 하고 있다.
③ 국토교통부 소속 부동산 관련 업무를 담당하는 공무원 본인은 제재의 대상이지만, 공무원의 가족은 제재 대상에 해당되지 않는다.
④ 이 같은 훈령이 시행된 것은 공무원이 업무 중 알게 된 사실을 통해 이익을 얻는 것이 부당하다는 판단이 전제된 것이다.
⑤ 감사담당관은 공무원의 부당한 부동산 이익 취득을 적발할 경우 옳은 조치를 취할 권한이 있다.

32 다음 글에서 용어와 그 설명이 바르게 연결되지 적절한 것은?

완전경쟁시장은 다수의 수요자와 공급자가 존재하고 상품의 동질성을 전제로 하기 때문에 공급자와 수요자는 시장 전체의 수요와 공급에 의해 결정된 가격을 그대로 받아들이게 된다. 이와 달리 독점시장은 한 재화나 용역의 공급이 단일 기업에 의하여 이루어지는 시장을 말한다. 이 경우 독점기업은 시장 전체에서 유일한 공급자이기에 공급량 조절을 통해 가격 결정을 할 수 있어 시장 지배력이 크다. 독점기업이 동일한 조건에서 생산된 똑같은 상품을 서로 다른 소비자에게 서로 다른 가격으로 판매하는 것을 '가격차별'이라고 하는데, 이는 기업이 이익을 극대화하기 위하여 가격을 설정하는 방법이다.
1급 가격차별은 독점기업이 어떤 재화에 대하여 개별 소비자들이 지불할 수 있는 금액인 지불용의금액을 알고 있어 소비자 각각에게 최대 가격을 받고 판매를 하는 것을 말한다. 이 경우 소비자잉여까지 모두 독점기업에게 귀속된다. 하지만 현실에서 독점기업이 개별 소비자의 지불용의금액에 대한 정확한 정보를 알기가 어렵기 때문에 1급 가격차별을 실시하는 독점기업을 발견하는 것은 불가능하다.
2급 가격차별은 독점기업이 소비자에게 몇 가지 대안을 제시하여 소비자 스스로 자신의 지불용의금액에 따라 하나를 선택하게 함으로써 가격차별을 하는 것이다. 예를 들어 구입량을 몇 개의 구간으로 나누고, 구간별로 다른 가격을 부과하여 소비자가 그중 하나를 선택하게 하는 경우이다. 또한 소비자가 상품을 소량 구매할 때보다 대량 구매할 때 단위당 가격을 깎아주는 방식이 2급 가격차별에 해당한다.
3급 가격차별은 소비자의 특징에 따라 소비자를 2개 이상의 그룹으로 구분하여 가격차별을 실시하는 것이다. 이 방법은 각 소비자 그룹의 수요곡선을 예측하여 가격차별을 하는 것이다. 소비자들을 특징에 따라 몇 개의 그룹으로 나눈다는 것은 곧 시장을 몇 개로 분할한다는 것을 의미하므로 이는 시장 분할에 의한 가격차별이라고 할 수 있다.

① 완전경쟁시장 : 동질성을 띠는 상품을 판매하는 공급자와 수요자가 다수 존재하는 시장이다.
② 1급 가격차별 : 소비자 개개인의 지불용의 금액을 기업에서 모두 파악하고 개개인의 지불용의 최대 금액으로 판매하는 것이다.
③ 2급 가격차별 : 소비자가 대량 구매할 때, 소량 구매할 때보다 가격을 낮춰서 판매하는 것이다.
④ 3급 가격차별 : 기업이 고객을 상대로 몇 가지 대안을 제시하는 것이다.
⑤ 독점기업 : 공급자인 기업이 공급량 조절을 스스로 할 수 있는 유일한 공급자의 위치에 있는 것이다.

33 다음 글의 밑줄 친 부분에 대한 답변으로 가장 적절한 것은?

한 장의 종이를 반으로 계속해서 접어 나간다면 과연 몇 번이나 접을 수 있을까? 얼핏 생각하면 수없이 접을 수 있을 것 같지만, 실제로는 그럴 수 없다. <u>그 이유는 무엇일까?</u>
먼저, 종이를 접는 횟수에 따라 종이의 넓이와 두께의 관계가 어떻게 변하는지를 생각해 보자. 종이를 한 방향으로 접을 경우, 한 번, 두 번, 세 번 접어 나가면 종이의 넓이는 계속해서 반으로 줄어들게 되고, 두께는 각각 2겹, 4겹, 8겹으로 늘어나 두꺼워진다. 이런 식으로 두께 0.1mm의 종이를 10번 접으면 1,024겹이 되어 그 두께는 약 10cm나 되고, 42번을 접는다면 그 두께는 439,805km로 지구에서 달에 이를 수 있는 거리에 이르게 된다. 물론 이때 종이를 접으면서 생기는 종이의 두께는 종이의 길이를 초과할 수 없으므로 종이 접기의 횟수 역시 무한할 수 없다.
다음으로, 종이를 접는 횟수에 따라 종이의 길이와 종이가 접힌 모서리 부분에서 만들어지는 반원의 호 길이가 어떻게 변하는지 알아보자. 종이의 두께가 t이고 길이가 L인 종이를 한 번 접으면, 접힌 모서리 부분이 반원을 이루게 된다. 이때 이 반원의 반지름 길이가 t이면 반원의 호 길이는 πt가 된다. 결국 두께가 t인 종이를 한 번 접기 위해서는 종이의 길이가 최소한 πt보다는 길어야 한다. 예를 들어 두께가 1cm인 종이를 한 번 접으려면, 종이의 길이가 최소 3.14cm보다는 길어야 한다는 것이다.
그런데 종이를 한 방향으로 두 번 접는 경우에는 접힌 모서리 부분에 반원이 3개 나타난다. 그래서 모서리에 생기는 반원의 호 길이를 모두 합하면, 가장 큰 반원의 호 길이인 $2\pi t$와 그 반원 속의 작은 반원의 호 길이인 πt, 그리고 처음 접힌 반원의 호 길이인 πt의 합, 즉 $4\pi t$가 된다. 그러므로 종이를 한 방향으로 두 번 접으려면 종이는 최소한 $4\pi t$보다는 길어야 한다. 종이를 한 번 더 접었을 뿐이지만 모서리에 생기는 반원의 호 길이의 합은 이전보다 훨씬 커진다. 결국, 종이 접는 횟수는 산술적으로 늘어나는 데 비해 이로 인해 생기는 반원의 호 길이의 합은 기하급수적으로 커지기 때문에 종이의 길이가 한정되어 있다면 계속해서 종이를 접는 것은 불가능하다는 것을 알 수 있다.

① 종이의 면에 미세하게 존재하는 입자들이 종이를 접는 것을 방해하기 때문이다.
② 종이에도 미약하지만 탄성이 있어 원래 모양대로 돌아가려고 하기 때문이다.
③ 종이가 충분히 접힐 수 있도록 힘을 가하는 것이 힘들기 때문이다.
④ 접는 종이의 길이는 제한되어 있는데, 접은 부분에서 생기는 반원의 길이가 너무 빠르게 증가하기 때문이다.

※ 다음 글을 읽고 추론할 수 있는 내용으로 적절하지 않은 것을 고르시오. [34~35]

| K-water 한국수자원공사(2022년)

34

다음은 부동산 경매 중에서 강제 경매 절차의 진행 과정에 대한 설명이다.

- 채권자가 경매 신청을 하면 법원은 경매개시결정을 하여 매각할 부동산을 압류하고 관할 등기소에 경매개시결정의 기입등기를 촉구하여 경매개시결정 사실을 등기 기록에 기입하도록 한다. 이 과정에서 법원은 경매개시결정 정본을 채무자에게 송달한다.
- 매각할 부동산이 압류되면, 집행 법원은 채권자들이 배당 요구를 할 수 있는 기간을 첫 매각 기일 이전으로 정한다. 법원은 경매개시결정에 따른 압류의 효력이 생긴 때부터 일주일 안에 경매개시결정을 한 취지와 배당 요구의 종기를 법원 경매정보 홈페이지의 법원 경매공고란 또는 법원 게시판에 게시하는 방법으로 공고한다.
- 법원은 집행관에게 매각할 부동산의 현상, 점유관계, 차임 또는 보증금의 액수, 기타 현황에 관하여 조사를 명하고, 감정인에게 매각할 부동산을 평가하게 한다. 법원은 감정인의 평가액을 참작하여 최저 매각 가격을 결정한다.
- 매각 방법으로는 크게 두 가지가 있는데, 매수 신청인이 매각 기일에 매각 장소에서 입찰표를 제출하는 기일입찰방법과 매수 신청인이 지정된 입찰 기간 안에 직접 또는 우편으로 입찰표를 제출하는 기간입찰방법이 있다. 법원은 두 방법 중 하나를 선택하여 매각 기일 등을 지정하여 통지, 공고한다.
- 기일입찰의 경우, 집행관이 미리 지정된 매각 기일에 매각 장소에서 입찰을 실시하여 최고가 매수 신고인과 차순위 매수 신고인을 정한다. 기간입찰의 경우, 집행관이 입찰 기간 동안 입찰 봉투를 접수하여 보관하다가 매각 기일에 입찰 봉투를 개봉하여 최고가 매수 신고인과 차순위 매수 신고인을 정한다. 기일입찰과 달리 매각 기일에는 입찰을 실시하지 않는다.
- 매각 허가 결정이 확정되면 법원은 매각 대금의 지급기한을 정하여 매수인에게 매각 대금의 납부를 명령한다. 매수인은 지정된 지급 기한 안에는 언제든지 매각 대금을 납부할 수 있다. 매수인이 지정된 지급 기한까지 매각 대금을 모두 납부하지 않으면, 법원은 차순위 매수 신고인이 있는 때는 그에 대해 매각을 허가할 것인지 여부를 결정하고 차순위 매수 신고인이 없는 때에는 재매각을 명한다.
- 매수인이 대금을 모두 납부한 시점에서 부동산의 소유권을 취득할 수 있다. 법원은 매수인 명의의 소유권 이전 등기를 촉구할 수 있다. 매수인은 대금을 모두 납부하면 부동산의 인도명령을 신청할 수 있다.

① 강제 부동산 경매는 채권자의 신청과 채무자의 동의로 시작될 수 있다.

② 채무자에게 경매가 개시되었음을 알리는 과정이 없었다면, 경매 절차가 제대로 진행되고 있다고 보기 어렵다.

③ 법원이 기일입찰방법을 채택하였다면, 매수하고자 하는 신청인은 지정된 장소로 가서 경매에 참여해야 할 것이다.

④ 법원이 기간입찰방법을 채택하였다면, 매수 신청인이 매각 기일에 특정 장소로 이동할 필요는 없다.

35

혈액을 통해 운반된 노폐물이나 독소는 주로 콩팥의 사구체를 통해 일차적으로 여과된다. 사구체는 모세 혈관이 뭉쳐진 덩어리로, 보먼주머니에 담겨 있다. 사구체는 들세동맥에서 유입되는 혈액 중 혈구나 대부분의 단백질은 여과시키지 않고 날세동맥으로 흘려보내며, 물・요소・나트륨・포도당 등과 같이 작은 물질들은 사구체막을 통과시켜 보먼주머니를 통해 세뇨관으로 나가게 한다. 이 과정을 '사구체 여과'라고 한다.

사구체 여과가 발생하기 위해서는 사구체로 들어온 혈액을 사구체막 바깥쪽으로 밀어주는 힘이 필요한데, 이 힘은 주로 들세동맥과 날세동맥의 직경 차이에서 비롯된다. 사구체로 혈액이 들어가는 들세동맥의 직경보다 사구체로부터 혈액이 나오는 날세동맥의 직경이 작다. 이에 따라 사구체로 유입되는 혈류량보다 나가는 혈류량이 적기 때문에 자연히 사구체의 모세 혈관에는 다른 신체 기관의 모세 혈관보다 높은 혈압이 발생하고, 이 혈압으로 인해 사구체의 모세 혈관에서 사구체 여과가 이루어진다. 사구체의 혈압은 동맥의 혈압에 따라 변화가 일어날 수 있지만 생명 유지를 위해 일정하게 유지된다.

사구체막은 사구체 여과가 발생하기 위한 적절한 구조를 갖추고 있다. 사구체막은 모세 혈관 벽과 기저막, 보먼주머니 내층으로 구성되어 있다. 모세 혈관 벽은 편평한 내피세포 한 층으로 이루어져 있다. 이 내피세포들에는 구멍이 있으며 내피세포들 사이에도 구멍이 있다. 이 때문에 사구체의 모세 혈관은 다른 신체 기관의 모세 혈관에 비해 동일한 혈압으로도 100배 정도 높은 투과성을 보인다. 기저막은 내피세포와 보먼주머니 내층 사이의 비세포성 젤라틴 층으로, 콜라겐과 당단백질로 구성된다. 콜라겐은 구조적 강도를 높이고, 당단백질은 내피세포의 구멍을 통과할 수 있는 알부민과 같이 작은 단백질들의 여과를 억제한다. 이는 알부민을 비롯한 작은 단백질들이 음전하를 띠는데 당단백질 역시 음전하를 띠기 때문에 가능한 것이다. 보먼주머니 내층은 문어처럼 생긴 발세포로 이루어지는데, 각각의 발세포에서는 돌기가 나와 기저막을 감싸고 있다. 돌기 사이의 좁은 틈을 따라 여과액이 빠져나오면 보먼주머니 내강에 도달하게 된다.

① 내피세포에 나있는 구멍보다 입자가 작은 단백질은 전하의 성질을 이용하여 여과할 수 있다.
② 효율적인 여과를 위해서는 사구체의 혈압이 혈액 속 성분에 따라 유동적으로 변화하는 것이 필요하다.
③ 사구체를 통과하는 혈류는 신체의 다른 부분보다 높은 압력을 받게 될 것이다.
④ 콩팥의 사구체라는 기관이 우리 몸의 여과를 전적으로 담당하는 것은 아니다.

36 다음 문단을 논리적 순서대로 바르게 나열한 것은?

(가) 한편 지난 1월에 개최된 '제1회 물벗 나눔장터'는 안동, 영주, 영천, 장수, 청송, 충주 등 6개 댐 주변 지역이 참여해 사과 및 사과 가공품을 판매했으며 약 5,000만 원 가량의 제품이 판매되는 등 성황리에 진행됐다. 한국수자원공사는 "코로나19 장기화로 어려움을 겪는 지역 농가를 돕고 지역사회 이웃들에게 온정을 전달하기 위해 임직원이 함께 나섰다."라며 "앞으로도 한국수자원공사는 다양한 지역사회와의 상생활동을 지속하고 K-ESG 경영을 실천해 공기업의 사회적 책임을 다하다."라고 말했다.

(나) 한국수자원공사는 7일 대전시 대덕구 본사에서 딸기 농가와 함께 '제2회 물벗 나눔 장터, 딸기 팝업 스토어' 행사를 진행했다. '물벗 나눔장터'는 한국수자원공사가 2022년 창립 55주년을 맞이해 새롭게 추진 중인 지역상생형 K-ESG 경영 실천 프로젝트이다. 온·오프라인 장터 운영을 통해 사업장이 위치한 전국 각지의 농가에서 생산하는 주요 농산물 판로 확보에 기여하고 일부는 직접 구매 후 취약계층에게 전달하는 적극적 나눔을 실천하는 연간 프로젝트이다.

(다) 이번 행사는 지난겨울 작황 부진과 재배면적 감소 등으로 어려움을 겪은 금강유역 대표 딸기 산지인 충남 논산시와 전북 완주군의 딸기 재배 농가를 돕기 위한 직거래 장터로 진행했다. 이번 장터에서 딸기 재배 농가는 대표적 국산 품종인 '설향' 뿐만 아니라 하이베리, 비타베리, 킹스베리 등 최근 개발된 우수한 국산 품종 딸기를 저렴한 가격으로 판매해 행사 참가자들의 호응을 얻었다. 또한, 한국수자원공사는 이번 행사와 연계해 총 400만 원 상당의 딸기를 추가로 구매해 논산시와 전북 사회복지공동모금회의 협조를 통해 지역사회 이웃들에게 전달돼 지역 상생 및 나눔을 이어갈 계획이다.

① (가) – (나) – (다)
② (나) – (가) – (다)
③ (나) – (다) – (가)
④ (다) – (가) – (나)

37 다음 글의 내용으로 적절하지 않은 것은?

습관의 힘은 아무리 강조해도 지나치지 않죠. 사소한 습관 하나가 미래를 달라지게 합니다. 그러니 많은 부모들이 어려서부터 자녀에게 좋은 습관을 들이게 하려고 노력하는 것이겠죠. 공부두뇌연구원장 박사는 '잘' 하는 것보다 조금이라도 '매일'하는 게 중요하다고 강조합니다. 그러면 싫증을 잘 내는 사람도 습관 만들기를 통해 '스스로 끝까지 하는 힘'을 체득할 수 있다고 말이죠.
'물건 관리'라는 말을 들었을 때, 어떤 의미부터 떠올리셨나요? 혹시 정리 정돈 아니었나요? 하지만 물건 관리란 단지 정리의 의미에 한정되어 있지 않습니다.
물건을 구매할 때는 '필요'와 '욕심'을 구분할 줄 알아야 한다는 의미입니다. 지금 사려는 그 물건이 꼭 필요한 물건인지, 그냥 갖고 싶은 욕심이 드는 물건인지 명확하게 구분해야 한다는 거죠. 물건을 구매하기 전 스스로에게 질문하는 것을 습관화하면 충동구매를 줄일 수 있습니다. 만약 저녁 늦게 쇼핑을 많이 한다면, 바로 결제하지 말고 장바구니에 담아두고, 다음날 아침에 한 번 더 생각해 보는 것도 좋은 방법입니다.
돈이 모이는 습관 두 번째는 '생활습관 관리'입니다. 아무리 돈을 모으고 있다고 해도 한쪽에서 돈이 줄줄 새는 습관을 바로잡지 못한다면 돈을 모으는 의미가 없어지니까요. 혹시 보상심리로 스스로에게 상을 주거나 스트레스를 해소하기 위해 돈을 썼던 경험이 있으신가요?
돈을 쓰면서 스트레스를 풀고 싶어지고, 음식을 먹으면서 스트레스를 푼다면 돈을 모으기 쉽지 않습니다. 사회생활은 스트레스의 연속이니까요. 야식이나 외식 빈도가 잦은 것도 좋지 않은 소비 습관입니다. 특히 요즘에는 배달음식을 많이 시켜 먹게 되죠.
필요하다면 스트레스 소비 금액이나 외식 금액의 한도를 정해 놓아 보세요. 단, 실현 가능한 한도를 정하는 것이 중요합니다. 예를 들어, '다음 주부터 배달음식 안 먹을 거야'라고 하면, 오히려 역효과가 나게 됩니다. 이번 주에 배달음식을 4번 먹었다면, 다음 주에는 3번으로 줄이는 등 실천할 수 있도록 조정해 가는 것이 필요합니다.
돈을 모으는 것이 크게 어렵지 않을 수도 있습니다. 절약을 이기는 투자는 없다고 하죠. 소액 적금은 수입 규모와 상관없이 절약하는 것만으로도 성공할 수 있는 작은 목표입니다.
확고한 목표와 끈기를 가지고 끝까지 저축을 하는 것이 중요합니다. 소액 적금이 성공적으로 진행된다면 규모를 조금씩 늘려 저축하는 습관을 기르면 됩니다. 이자가 크지는 않아도 일정 기간 동안 차곡차곡 납입해 계획한 금액이 모두 모이는 기쁨을 맛보는 것이 중요합니다.

① 돈을 모으는 습관을 만들기 위해서는 꾸준히 하는 것이 중요하다.
② 사고자 하는 물건을 바로 결제하지 않는 것만으로도 충동구매를 어느 정도 막을 수 있다.
③ 소액 적금이라도 돈을 저금하는 습관을 들이는 것이 중요하다.
④ 돈을 모으는 생활 습관을 만들기 위해서는 점진적으로 소비 습관을 개선하기보다는 행동을 완전히 바꾸는 것이 도움이 된다.
⑤ 스트레스를 해소하기 위해 소비를 하는 행동은 돈을 모으는 데는 좋지 않은 행동이다.

❙ 한전KPS(2022년)

38 **다음 중 토론의 정의에 대한 설명으로 가장 적절한 것은?**

① 주어진 주제에 대하여 찬반을 나누어, 서로 논리적인 의견을 제시하면서 상대방의 의견이 이치에 맞지 않다는 것을 명확하게 하는 논의이다.
② 주어진 주제에 대하여 찬반을 나누어, 서로의 주장에 대한 논리적인 근거를 제시하면서 상호 간의 타협점을 찾아가는 논의 방식이다.
③ 주어진 주제에 대한 자신의 의견을 밝히고 이에 대한 추론적인 근거를 들어가면서 상대방과 청중을 설득하는 말하기 방식이다.
④ 주어진 주제에 대하여 찬성하는 측과 반대하는 측이 다양한 의견을 제시하고, 제시된 의견에 대해 분석하면서 해결방안을 모색하는 말하기 방식이다.
⑤ 주어진 주제에 대하여 제시된 다양한 의견을 인정하고 존중하되, 자신의 의견에 대한 논리적인 근거를 제시하며 말하는 논의이다.

❙ 경기도 공공기관(2022년)

39 **다음 〈보기〉 중 공문서 작성 방법에 대한 설명으로 적절하지 않은 것은 모두 몇 개인가?**

보기

ㄱ. 회사 외부 기관에 송달되는 문서인 만큼 육하원칙에 따라 명확하게 작성하여야 한다.
ㄴ. 날짜의 연도와 월일을 함께 작성하며, 날짜 다음에 마침표를 반드시 찍는다.
ㄷ. 내용이 복잡하게 얽혀 있는 경우, '-다음-' 또는 '-아래-'와 같은 표기를 통해 항목을 나누어 서술하도록 한다.
ㄹ. 대외 문서인 공문서는 특성상 장기간 보관되므로 정확한 기술을 위해 여러 장을 사용하여 세부적인 내용까지 기술하도록 한다.
ㅁ. 공문서 작성 후 마지막에는 '내용 없음'이라는 문구를 표기하여 마무리하도록 한다.

① 1개 ② 2개
③ 3개 ④ 4개

40 다음 글을 읽고 추론할 수 있는 내용으로 적절하지 않은 것은?

한국중부발전이 2025년까지 재생에너지 전력중개자원을 4GW까지 확보하겠다는 목표를 세웠다. 한국중부발전에 따르면, 재생에너지 발전사업자 수익 향상과 전력계통 안정화를 위해 100MW 새만금세빛발전소(태양광)를 비롯해 모두 130개소 230MW규모 전력중개자원을 확보하는 등 에너지플랫폼 신시장을 개척하고 있다.
전력중개사업은 가상발전소(VPP; Virtual Power Plant)의 첫걸음으로, 중개사업자가 전국에 분산되어 있는 태양광이나 풍력자원을 모아 전력을 중개거래하면서 발전량 예측제도에 참여하고 수익을 창출하는 에너지플랫폼 사업이다. 설비용량 20MW 이하 소규모 전력자원은 집합자원으로, 20MW초과 개별자원은 위탁을 통한 참여가 각각 가능하다.
앞서 지난해 한국중부발전은 전력중개사업 및 발전량 예측제도 시행에 맞춰 분산자원 통합관리시스템을 도입했고, 분산에너지 통합 관제를 위한 신재생모아센터를 운영하고 있다. 특히 날씨 변동이 심해 발전량 예측이 어려운 제주지역에서 발전사 최초로 중개자원을 모집해 발전량 예측제도에 참여하고 있으며, 향후 제주지역의 태양광자원 모집에 역량을 집중할 계획이다. 올해 1월부터는 전력중개 예측제도에 참여한 발전사업자 대상으로 첫 수익을 지급하였으며, 기대수익은 1MW 발전사업자 기준 연간 약 220만 원씩 20년간 약 4,400만 원이다.
한국중부발전은 2025년까지 소규모 태양광 자원 및 풍력 발전량 예측성 향상을 통해 약 4GW의 VPP자원을 모집하는 한편 빅데이터 플랫폼이나 신재생통합관제센터를 활용한 신사업 영역을 확대한다고 발표했다. 한국중부발전 사장은 "전력중개사업은 VPP 사업의 기초모델로, 재생에너지 자원 확보와 기술개발을 통해 에너지전환을 리드하고 새로운 비즈니스 모델이 창출될 수 있도록 최선을 다할 예정이다."라고 말했다.

① 올해 전력중개 예측제도에 참여한 발전사업자들은 수익을 받을 수 있을 것이다.
② 올해에는 분산되어 있는 에너지를 통합하여 관리할 수 있는 센터를 신설할 예정이다.
③ 제주 지역은 날씨 변동이 심해 에너지 생산량을 예측하기가 쉽지 않다.
④ 전력중개를 통해 수익을 창출하는 사업은 기본적으로 에너지플랫폼에 기반하고 있다.

CHAPTER

02 2023 ~ 2022년 주요 공기업 의사소통능력 기출복원문제 정답 및 해설

01	02	03	04	05	06	07	08	09	10	11	12	13	14	15	16	17	18	19	20
⑤	⑤	④	④	②	④	②	②	④	①	③	①	③	③	②	⑤	④	④	①	④
21	22	23	24	25	26	27	28	29	30	31	32	33	34	35	36	37	38	39	40
②	③	③	③	②	③	⑤	④	③	③	③	④	④	①	②	③	④	①	③	②

01

정답 ⑤

제시문의 세 번째 문단에 따르면 스마트 글라스 내부 센서를 통해 충격과 기울기를 감지할 수 있어, 작업자에게 위험한 상황이 발생할 경우 통보 시스템을 통해 바로 파악할 수 있게 되었음을 알 수 있다.

오답분석

① 첫 번째 문단에 따르면 스마트 글라스를 통한 작업자의 음성인식만으로 철도시설물 점검이 가능해졌음을 알 수 있지만, 다섯 번째 문단에 따르면 아직 유지보수 작업은 가능하지 않음을 알 수 있다.
② 첫 번째 문단에 따르면 스마트 글라스의 도입 이후에도 사람의 작업이 필요함을 알 수 있다.
③ 세 번째 문단에 따르면 스마트 글라스의 도입으로 추락 사고나 그 밖의 위험한 상황을 미리 예측할 수 있어 이를 방지할 수 있게 되었음을 알 수 있지만, 실제로 안전사고 발생 횟수가 감소하였는지는 알 수 없다.
④ 두 번째 문단에 따르면 여러 단계를 거치던 기존 작업 방식에서 스마트 글라스의 도입으로 작업을 한 번에 처리할 수 있게 된 것을 통해 작업 시간이 단축되었음을 알 수 있지만, 필요한 작업 인력의 감소 여부는 알 수 없다.

02

정답 ⑤

제시문의 네 번째 문단에 따르면 인공지능 등의 스마트 기술 도입으로 까치집 검출 정확도는 95%까지 상승하였으므로 까치집 제거율 또한 상승할 것임을 예측할 수 있으나, 근본적인 문제인 까치집 생성의 감소를 기대할 수는 없다.

오답분석

① 세 번째 문단과 네 번째 문단에 따르면 정확도가 65%에 불과했던 인공지능의 까치집 식별 능력이 딥러닝 방식의 도입으로 95%까지 상승했음을 알 수 있다.
② 세 번째 문단의 시속 150km로 빠르게 달리는 열차에서의 까치집 식별 정확도는 65%에 불과하다는 내용으로 보아, 빠른 속도에서는 인공지능의 사물 식별 정확도가 낮음을 알 수 있다.
③ 네 번째 문단에 따르면 작업자의 접근이 어려운 곳에는 드론을 띄워 까치집을 발견 및 제거하는 기술도 시범 운영하고 있다고 하였다.
④ 세 번째 문단에 따르면 실시간 까치집 자동 검출 시스템 개발로 실시간으로 위험 요인의 위치와 이미지를 작업자에게 전달할 수 있게 되었다.

03

정답 ④

제시문의 두 번째 문단에 따르면 CCTV는 열차 종류에 따라 운전실에서 실시간으로 상황을 파악할 수 있는 네트워크 방식과 각 객실에서의 영상을 저장하는 개별 독립 방식으로 설치된다고 하였다. 따라서 개별 독립 방식으로 설치된 일부 열차에서는 각 객실의 상황을 실시간으로 파악하지 못할 수 있다.

오답분석

① 첫 번째 문단에 따르면 2023년까지 현재 운행하고 있는 열차의 모든 객실에 CCTV를 설치하겠다고 하였다. 따라서 현재 모든 열차의 모든 객실에 CCTV가 설치되지 않았음을 유추할 수 있다.
② 첫 번째 문단에 따르면 2023년까지 모든 열차 승무원에게 바디캠을 지급하겠다고 하였다. 이에 따라 승객이 승무원을 폭행하는 등의 범죄 발생 시 해당 상황을 녹화한 바디캠 영상이 있어 수사의 증거자료로 사용할 수 있게 되었다.
③ 두 번째 문단에 따르면 CCTV는 사각지대 없이 설치되며 일부는 휴대 물품 보관대 주변에도 설치된다고 하였다. 따라서 인적 피해와 물적 피해 모두 예방할 수 있게 되었다.
⑤ 세 번째 문단에 따르면 CCTV 제품 품평회와 시험을 통해 제품의 형태와 색상, 재질, 진동과 충격 등에 대한 적합성을 고려한다고 하였다.

04

정답 ④

제시문은 장애인 건강주치의 시범사업을 소개하며 3단계 시범사업에서 기존과 달라지는 내용을 위주로 설명하고 있다. 따라서 가장 처음에 와야 할 문단은 3단계 장애인 건강주치의 시범사업을 소개하는 (마) 문단이다. 이어서 장애인 건강주치의 시범사업의 세부 서비스를 소개하는 문단이 와야 하는데, 서비스 종류를 소개하는 문장이 있는 (다) 문단이 이어지는 것이 가장 적절하다. 그리고 2번째 서비스인 주장애관리를 소개하는 (가) 문단이 와야 하며, 그 다음으로 3번째 서비스인 통합관리 서비스와 추가적으로 방문 서비스를 소개하는 (라) 문단이 오는 것이 적절하다. 마지막으로 장애인 건강주치의 시범사업에 신청하는 방법을 소개하며 글을 끝내는 것이 적절하므로 (나) 문단이 이어져야 한다. 따라서 문단을 순서대로 바르게 나열하면 (마) – (다) – (가) – (라) – (나)이다.

05

정답 ②

허리디스크는 디스크의 수핵이 탈출하여 생긴 질환이므로 허리를 굽히거나 앉아 있을 때 디스크에 가해지는 압력이 높아져 통증이 더 심해진다. 반면 척추관협착증의 경우 서 있을 때 척추관이 더욱 좁아지게 되어 통증이 더욱 심해진다.

오답분석

① 허리디스크는 디스크의 탄력 손실이나 갑작스런 충격으로 인해 균열이 생겨 발생하고, 척추관협착증은 오랜 기간 동안 황색 인대가 두꺼워져 척추관에 변형이 일어나 발생하므로 허리디스크가 더 급작스럽게 증상이 나타난다.
③ 허리디스크는 자연치유가 가능하지만, 척추관협착증은 불가능하다. 따라서 허리디스크는 주로 통증을 줄이고 안정을 취하는 보존치료를 하지만, 척추관협착증은 변형된 부분을 제거하는 외과적 수술을 한다.
④ 허리디스크와 척추관협착증 모두 척추 중앙의 신경 다발(척수)이 압박받을 수 있으며, 심할 경우 하반신 마비 증세를 보일 수 있으므로 빠른 치료를 받는 것이 중요하다.

06

정답 ④

고령인 사람이 서 있을 때 통증이 나타난다면 퇴행성 척추질환인 척추관협착증(요추관협착증)일 가능성이 높다. 반면 허리디스크(추간판탈출증)는 젊은 나이에도 디스크에 급격한 충격이 가해지면 발생할 수 있고, 앉아 있을 때 통증이 심해진다. 따라서 ㉠에는 척추관협착증, ㉡에는 허리디스크가 들어가야 한다.

07

정답 ②

제시문은 행위별수가제에 대한 글로 환자, 의사, 건강보험 재정 등 많은 곳에서 한계점이 있다고 설명하면서 건강보험 고갈을 막기 위해 다양한 지불방식을 도입하는 등 구조적인 개편이 필요함을 설명하고 있다. 따라서 글의 주제로 '행위별수가제의 한계점'이 가장 적절하다.

08

정답 ②

• 구상(求償) : 무역 거래에서 수량 · 품질 · 포장 따위에 계약 위반 사항이 있는 경우, 매주(賣主)에게 손해 배상을 청구하거나 이의를 제기하는 일
• 구제(救濟) : 자연적인 재해나 사회적인 피해를 당하여 어려운 처지에 있는 사람을 도와줌

09

정답 ④

세 번째 문단을 통해 정부가 철도 중심 교통체계 구축을 위해 노력하고 있음을 알 수는 있으나, 구체적으로 시행된 조치는 언급되지 않았다.

오답분석

① 첫 번째 문단을 통해 전 세계적으로 탄소중립이 주목받자 이에 대한 방안으로 등장한 것이 철도 수송임을 알 수 있다.
② 첫 번째 문단과 두 번째 문단을 통해 철도 수송의 확대가 온실가스 배출량의 획기적인 감축을 가져올 것임을 알 수 있다.
③ 네 번째 문단을 통해 '중앙선 안동 ~ 영천 간 궤도' 설계 시 탄소 감축 방안으로 저탄소 자재인 유리섬유 보강근이 철근 대신 사용되었음을 알 수 있다.
⑤ 네 번째 문단을 통해 S철도공단은 철도 중심 교통체계 구축을 위해 건설 단계에서부터 친환경 · 저탄소 자재를 적용하였고, 탄소 감축을 위해 2025년부터는 모든 철도건축물을 일정한 등급 이상으로 설계하기로 결정하였음을 알 수 있다.

10

정답 ①

제시문을 살펴보면 먼저 첫 번째 문단에서는 이산화탄소로 메탄올을 만드는 곳이 있다며 관심을 유도하고, 두 번째 문단에서 메탄올을 어떻게 만들고 어디에서 사용하는지 구체적으로 설명함으로써 탄소 재활용의 긍정적인 측면을 부각하고 있다. 하지만 세 번째 문단에서는 앞선 내용과 달리 이렇게 만들어진 메탄올의 부정적인 측면을 설명하고, 네 번째 문단에서는 이와 같은 이유로 탄소 재활용에 대한 결론이 나지 않았다며 글을 마무리하고 있다. 따라서 글의 주제로 가장 적절한 것은 탄소 재활용의 이면을 모두 포함하는 내용인 ①이다.

오답분석

② 두 번째 문단에 한정된 내용이므로 제시문 전체를 다루는 주제로 보기에는 적절하지 않다.
③ 지열발전소의 부산물을 통해 메탄올이 만들어진 것은 맞지만, 새롭게 탄생된 연료로 보기는 어려우며, 글의 전체를 다루는 주제로 보기에도 적절하지 않다.
④ · ⑤ 제시문의 첫 번째 문단과 두 번째 문단에서는 버려진 이산화탄소 및 부산물의 재활용을 통해 '메탄올'을 제조함으로써 미래 원료를 해결할 수 있을 것처럼 보이지만, 이어지는 세 번째 문단과 네 번째 문단에서는 이렇게 만들어진 '메탄올'이 과연 미래 원료로 적합한지 의문점이 제시되고 있다. 따라서 글의 주제로 보기에는 적절하지 않다.

11

정답 ③

'우회수송'은 사고 등의 이유로 직통이 아닌 다른 경로로 우회하여 수송한다는 뜻이기 때문에 '우측 선로로 변경'은 순화로 적절하지 않다.

오답분석

① '열차시격'에서 '시격'이란 '사이에 뜬 시간'이라는 뜻의 한자어로, 열차와 열차 사이의 간격, 즉 '배차간격'으로 순화할 수 있다.
② '전차선'이란 선로를 의미하고, '단전'은 전기의 공급이 중단됨을 말한다. 따라서 바르게 순화되었다.
④ '핸드레일(Handrail)'은 난간을 뜻하는 영어 단어로, 우리말로는 '안전손잡이'로 순화할 수 있다.
⑤ '키스 앤 라이드(Kiss and Ride)'는 헤어질 때 키스를 하는 영미권 문화에서 비롯된 용어로, '환승정차구역'을 지칭한다.

12

정답 ①

RPS 제도 이행을 위해 공급의무자는 일정 비율 이상(의무공급비율)을 신재생에너지로 발전해야 한다. 하지만 의무공급비율은 매년 확대되고 있고, 여기에 맞춰 신재생에너지 발전설비를 계속 추가하는 것은 시간적, 물리적으로 어려우므로 공급의무자는 신재생에너지 공급자로부터 REC를 구매하여 의무공급비율을 달성한다.

오답분석

② 신재생에너지 공급자가 공급의무자에게 REC를 판매하기 위해서는 에너지관리공단 신재생에너지센터, 한국전력거래소 등 공급인증기관으로부터 공급 사실을 증명하는 공급인증서를 신청해 발급받아야 한다.
③ 2021년 8월 이후 에너지관리공단에서 운영하는 REC 거래시장을 통해 일반기업도 REC를 구매하여 온실가스 감축실적으로 인정받을 수 있게 되었다.
④ REC에 명시된 공급량은 발전방식에 따라 가중치를 곱해 표기하므로 실제 공급량과 다를 수 있다.

13

정답 ③

빈칸 ㉠의 앞 문장은 공급의무자가 신재생에너지 발전설비 확대를 통한 RPS 달성에는 한계점이 있음을 설명하고, 뒷 문장은 이에 대한 대안으로서 REC 거래를 설명하고 있다. 따라서 빈칸에 들어갈 접속부사는 '그러므로'가 가장 적절하다.

14

정답 ③

수소는 연소 시 탄소를 배출하지 않는 친환경 에너지이지만, 수소혼소 발전은 수소와 함께 액화천연가스(LNG)를 혼합하여 발전하므로 기존 LNG 발전에 비해 탄소 배출량은 줄어들지만, 여전히 탄소를 배출한다.

오답분석

① 수소혼소 발전은 기존의 LNG 발전설비를 활용할 수 있기 때문에 화석연료 발전에서 친환경에너지 발전으로 전환하는 데 발생하는 사회적·경제적 충격을 완화할 수 있다.
② 높은 온도로 연소되는 수소는 공기 중의 질소와 반응하여 질소산화물(NOx)을 발생시키며, 이는 미세먼지와 함께 대기오염의 주요 원인으로 작용한다.
④ 수소혼소 발전에서 수소를 혼입하는 양이 많아질수록 발전에 사용하는 LNG를 많이 대체하므로 탄소 배출량은 줄어든다.

15

정답 ②

보기에 주어진 문장은 접속부사 '따라서'로 시작하므로 수소가 2050 탄소중립 실현을 위한 최적의 에너지원이 되는 이유 뒤에 와야 한다. 따라서 보기는 수소 에너지의 장점과 이어지는 (나)에 들어가는 것이 가장 적절하다.

16

정답 ⑤

미국 컬럼비아 대학교에서 만들어낸 치즈케이크는 7겹으로, 7가지의 반죽형 식용 카트리지로 만들어졌다. 따라서 페이스트를 층층이 쌓아서 만드는 FDM 방식을 사용하여 제작하였음을 알 수 있다.

오답분석

① PBF / SLS 방식 3D 푸드 프린터는 설탕 같은 분말 형태의 재료를 접착제나 레이저로 굳혀 제작하는 것이므로 설탕케이크 장식을 제작하기에 적절한 방식이다.
② 3D 푸드 프린터는 질감을 조정하거나, 맛을 조정하여 음식을 제작할 수 있으므로 식감 등으로 발생하는 편식을 줄일 수 있다.
③ 3D 푸드 프린터는 음식을 제작할 때 개인별로 필요한 영양소를 첨가하는 등 사용자 맞춤 식단을 제공할 수 있다는 장점이 있다.
④ 네 번째 문단에서 현재 3D 푸드 프린터의 한계점을 보면 디자인적·심리적 요소로 인해 3D 푸드 프린터로 제작된 음식에 거부감이 들 수 있다고 하였다.

17

 ④

(라) 문장이 포함된 문단은 3D 푸드 프린터의 장점에 대해 설명하는 문단이며, 특히 대체육 프린팅의 장점에 대해 소개하고 있다. 그러나 (라) 문장은 대체육의 단점에 대해 서술하고 있으므로 네 번째 문단에 추가로 서술하거나 삭제하는 것이 적절하다.

오답분석

① (가) 문장은 컬럼비아 대학교에서 3D 푸드 프린터로 만들어 낸 치즈케이크의 특징을 설명하는 문장이므로 적절하다.
② (나) 문장은 현재 주로 사용되는 3D 푸드 프린터의 작동 방식을 설명하는 문장이므로 적절하다.
③ (다) 문장은 3D 푸드 프린터의 장점을 소개하는 세 번째 문단의 중심내용이므로 적절하다.
⑤ (마) 문장은 3D 푸드 프린터의 한계점인 '디자인으로 인한 심리적 거부감'을 서술하고 있으므로 적절하다.

18

 ④

네 번째 문단은 3D 푸드 프린터의 한계 및 개선점을 설명한 문단으로, 3D 푸드 프린터의 장점을 설명한 세 번째 문단과 역접관계에 있다. 따라서 ㉣에는 '그러나'가 적절한 접속부사이다.

오답분석

① ㉠ 앞에서 서술된 치즈케이크의 특징이 대체육과 같은 다른 관련 산업에서 주목하게 된 이유가 되므로 '그래서'는 적절한 접속부사이다.
② ㉡ 앞의 문장은 3D 푸드 프린터의 장점을 소개하는 세 번째 문단의 중심내용이고 뒤의 문장은 이에 대한 예시를 설명하고 있으므로 '예를 들어'는 적절한 접속부사이다.
③ ㉢의 앞과 뒤는 다른 내용이지만 모두 3D 푸드 프린터의 장점을 나열한 것이므로 '또한'은 적절한 접속부사이다.
⑤ ㉤의 앞과 뒤는 다른 내용이지만 모두 3D 푸드 프린터의 단점을 나열한 것이므로 '게다가'는 적절한 접속부사이다.

19

 ①

상대를 정면으로 마주하는 자세는 자신이 상대방과 함께 의논할 준비가 되어있다는 것을 알리는 자세이므로 경청을 하는 데 있어 올바른 자세이다.

20

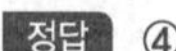 ④

한글맞춤법 제 51항의 "부사의 끝음절이 분명히 '이'로만 나는 것은 '-이'로 적고, '히'로만 나거나 '이'나 '히'로 나는 것은 '-히'로 적는다."라는 규정에 따라 '틈틈이'로 적는 것이 옳다.

21

 ②

제시문의 K사장은 예산절감이라는 측면만을 고려하여 환경에 대한 영향, 그리고 그것에 따른 부정적 여론 형성 등의 부정적 영향을 간과하는 선택적 지각(Selective Perception)의 오류를 범하였다.

오답분석

① 투사(Projection)의 오류에 대한 설명이다.
③ 대비 효과(Contrast Effect)에 대한 설명이다.
④ 상동적 태도(Stereotyping)에 대한 설명이다.

22

정답 ③

문장의 형태소 중에서 조사나 선어말어미, 어말어미 등으로 쓰인 문법적 형태소의 개수를 파악해야 한다.
이, 니, 과, 에, 이, 었, 다 → 총 7개

오답분석

① 이, 을, 었, 다 → 총 4개
② 는, 가, 았, 다 → 총 4개
④ 는, 에서, 과, 를, 았, 다 → 총 6개
⑤ 에, 이, 었, 다 → 총 4개

23

정답 ③

'서슴다'는 '행동이 선뜻 결정되지 않고 머뭇대며 망설이다. 또는 선뜻 결정하지 못하고 머뭇대다.'는 뜻으로, '서슴치 않다'가 아닌 '서슴지 않다'가 어법상 옳다.

오답분석

① '잠거라'가 아닌 '잠가라'가 되어야 어법상 옳은 문장이다.
② '담궈'가 아니라 '담가'가 되어야 어법상 옳은 문장이다.
④ '염치 불구하고'가 아니라 '염치 불고하고'가 되어야 어법상 옳은 문장이다.
⑤ '뒷뜰'이 아니라 '뒤뜰'이 되어야 어법상 옳은 문장이다.

24

정답 ③

'피상적(皮相的)'은 '사물의 판단이나 파악 등이 본질에 이르지 못하고 겉으로 나타나 보이는 현상에만 관계하는 것'을 의미한다. 제시된 문장에서는 '표면적(表面的)'과 반대되는 뜻의 단어를 써야 하므로 '본질적(本質的)'이 적절하다.

오답분석

① 정례화(定例化) : 어떤 일이 일정하게 정하여진 규칙이나 관례에 따르도록 하게 하는 것
② 중장기적(中長期的) : 길지도 짧지도 않은 중간쯤 되는 기간에 걸치거나 오랜 기간에 걸치는 긴 것
④ 친환경(親環境) : 자연환경을 오염하지 않고 자연 그대로의 환경과 잘 어울리는 일. 또는 그런 행위나 철학
⑤ 숙려(熟慮) : 곰곰이 잘 생각하는 것

25

정답 ②

제시문의 시작은 '2022 K – 농산어촌 한마당'에 대해 처음 언급하며 화두를 던지는 (가)가 적절하다. 이후 K – 농산어촌 한마당 행사에 대해 자세히 설명하는 (다)가 오고, 행사에서 소개된 천일염과 관련 있는 음식인 김치에 대해 언급하는 (나)가 오는 것이 자연스럽다.

26

정답 ③

섭씨 510도라는 환경에서 zT가 3.1이라고 하였으므로 '어떤 환경에서든'이라는 조건은 적절하지 않다.

오답분석

① 화성 탐사 로버 '퍼시비어런스'는 '열을 전기로 바꾸는 변환 효율은 4 ~ 5%에 머물고 있다.'라고 하였으므로 적절한 내용이다.
② '국내 연구팀이 오랫동안 한계로 지적된 열전 발전의 효율을 20% 이상으로 끌어올린 소재를 개발했다. 지금까지 개발된 열전 소재 가운데 세계에서 가장 효율이 높다는 평가다.'라고 하였으므로 적절한 내용이다.
④ '열이 전도성 물질인 산화물을 따라 흐르면서 열전효율이 떨어진 것이다.'라고 하였으므로 적절한 내용이다.
⑤ 주석셀레늄계 신소재는 발전의 효율을 20% 이상으로 끌어올려 기존의 4 ~ 5%보다 4배 이상 높다.

27

정답 ⑤

(다)에서 '부산 국제원자력산업전'에 대한 전반적인 설명과 함께 처음 언급한 후, (나)에서 한전KDN이 국제원자력산업전에 무엇을 출품했는지를 서술하고, (가)에서 플랫폼과 구체적인 내용에 대해 상세히 서술하는 것으로 글을 마무리하는 것이 가장 적절하다.

28

정답 ④

세 번째 문단에서 '에너지효율화, 특화사업, 지능형 전력그리드 등 3개 분과로 운영된다. 또한 ㈜한국항공조명, ㈜유진테크노, ㈜미래이앤아이가 분과 리더 기업으로 각각 지정돼 커뮤니티 활성화를 이끌 예정이다.'라고 하였으므로 분과별 2개의 리더 그룹이라는 내용은 적절하지 않다.

오답분석

① '나주시와 한국전력공사는 협약을 통해 기업 판로 확보와 에너지산업 수요·공급·연계 지원 등 특구기업과의 동반성장 플랫폼 구축에 힘쓸 계획이다.'라고 하였으므로 적절한 내용이다.
② '나주시는 혁신산업단지에 소재한 에너지신기술연구원에서'라고 하였으므로 적절한 내용이다.
③ '한국전력공사, 강소특구 44개 기업과 전남 나주 강소연구개발특구 기업 커뮤니티 협약을 체결했다.'라고 하였으므로 적절한 내용이다.
⑤ '협약 주체들은 강소특구 중장기 성장모델과 전략수립 시 공동으로 노력을 기울이고, 적극적인 연구개발(R&D) 참여를 통해'라고 하였으므로 적절한 내용이다.

29

정답 ③

220V 이용 시 가정에서 전기에 노출될 경우 위험성은 더 높을 수 있다고 언급하였다.

오답분석

① '한국도 처음 전기가 보급될 때는 11자 모양 콘센트의 110V를 표준전압으로 사용했다.'라고 하였으므로 적절한 내용이다.
② 일본과 미국이 220V로 전환하지 못하는 이유 중 하나가 다수의 민영 전력회사로 운영되기 때문이라고 하였기 때문에 적절한 내용이다.
④ '전압이 높을수록 저항으로 인한 손실도 줄어들고 발전소에서 가정으로 보급하는 데까지의 전기 전달 효율이 높아진다.'라고 하였으므로 적절한 내용이다.
⑤ 전압이 다른 콘센트와 제품을 연결해 사용하면 제품이 망가지고 화재나 폭발이 일어나거나, 정상적으로 작동하지 않는 문제가 있을 수 있다고 언급하였다.

30

정답 ③

제시문에 따르면 넛지효과란 직접적인 규제, 처벌 등을 제외하고 부드러운 개입으로 사람들의 변화를 유도하는 것을 말한다. 따라서 ③과 같이 직접적인 문구를 통해 사람들의 행동을 바꾸려는 것은 넛지효과의 예시로 적절하지 않다.

31

정답 ③

국토교통부 소속 공무원 본인뿐만 아니라 배우자, 직계존비속 등 이해관계에 얽힌 사람들도 일부 예외를 제외하고는 제재의 대상이라고 하였으므로 적절하지 않은 내용이다.

오답분석

① 부서별로 제한받는 부동산은 다르다고 하였으므로 적절한 내용이다.
② 근무 또는 결혼 등 일상생활에 필요한 부동산의 취득은 허용하고 있다고 하였으므로 결혼으로 인한 부동산 취득은 일상생활에 필요한 취득으로 보고 있음을 알 수 있다.
④ '국토부 소속 공무원은 직무상 알게 된 부동산에 대한 정보를 이용해 재물이나 재산상 이익을 취득하거나 그 이해관계자에게 재물이나 재산상 이익을 취득하게 해서는 안 된다.'고 지침에 명시되어 있으므로 적절한 내용이다.
⑤ 감사담당관은 부당한 부동산 취득을 적발했을 경우 6개월 이내 자진 매각 권고, 직위 변경 및 전보 등 조치 요구와 같은 적절한 조치를 취할 수 있다고 하였으므로 적절한 내용이다.

32

정답 ④

기업이 고객을 상대로 몇 가지의 대안을 미리 만들어 제시하는 것은 2급 가격차별의 방식에 해당한다.

오답분석

① '완전경쟁시장은 다수의 수요자와 공급자가 존재하고 상품의 동질성을 전제'한다고 하였으므로 적절한 설명이다.
② 1급 가격차별은 '개별 소비자들이 지불할 수 있는 금액인 지불용의 금액을 알고 있어 소비자 각각에게 최대 가격을 받고 판매를 하는 것'이라고 하였으므로 적절한 설명이다.
③ '소비자가 상품을 소량 구매할 때보다 대량 구매할 때 단위당 가격을 깎아주는 방식이 2급 가격차별에 해당한다.'라고 하였으므로 적절한 설명이다.
⑤ '독점기업은 시장 전체에서 유일한 공급자'라고 하였으므로 적절한 설명이다.

33

정답 ④

제시문에 따르면 종이 접는 횟수는 산술적으로 늘어나는 데 비해 이로 인해 생기는 반원의 호 길이의 합은 기하급수적으로 커지기 때문에 종이의 길이가 한정되어 있다면, 종이를 무한하게 접는 것은 불가능하다.

34

정답 ①

강제 부동산 경매는 채무자의 동의 과정 없이 채권자의 신청으로 시작된다. 다만 채무자에게 경매가 개시되었다는 사실을 알려야 한다는 내용만 언급되어 있다.

오답분석

② 강제 부동산 경매 절차에 경매개시결정 정본을 채무자에게 보내야 하는 과정이 있으므로 이 과정이 없다면, 제대로 진행되고 있다고 보기 어렵다.
③ 기일입찰방법은 매각 기일과 매각 장소가 모두 정해져 있기 때문에 적절한 내용이다.
④ 매각 기일에 매수 신청인이 정해진 장소로 가야 하는 것은 기일입찰방법에 대한 설명이며, 기간입찰방법에서는 정해진 장소에 가 있지 않아도 된다고 하였으므로 적절한 내용이다.

35

정답 ②

사구체의 혈압은 동맥의 혈압에 따라 변화가 있을 수 있지만, 생명 유지를 위해서 일정하게 유지된다고 하였으므로 혈액 속 성분에 따라 유동적으로 변화한다는 내용은 적절하지 않다.

오답분석

① 내피세포에 있는 구멍보다 작은 단백질은 단백질과 같이 음전하를 띠는 당단백질에 의해 여과된다.
③ 사구체의 모세 혈관에는 다른 신체 기관의 모세 혈관보다 높은 혈압이 발생한다고 하였으므로 적절한 내용이다.
④ 혈액을 통해 운반된 노폐물이나 독소는 주로 콩팥의 사구체를 통해 일차적으로 여과된다고 하였으므로 사구체가 우리 몸의 여과를 전적으로 담당하는 것은 아니다.

36

정답 ③

(나)에서 물벗 나눔 장터 행사에 대한 소개와 취지를 언급한 뒤, (다)에서 행사의 구체적인 내용을 설명하고, 마지막으로 (가)에서 지난 물벗 나눔 장터 행사에 대해 설명하며 글을 마무리하는 순서가 가장 적절하다.

37

정답 ④

돈을 모으는 생활 습관을 만들기 위해서는 '이번 주에 배달음식을 4번 먹었다면, 다음 주에는 3번으로 줄이는 등 실천할 수 있도록 조정해 가는 것이 필요합니다.'라고 하였으므로 행동을 완전히 바꾸는 것보다는 실천할 수 있는 방법으로 점진적인 개선을 하는 것이 도움이 된다.

오답분석

① 습관을 만들기 위해서는 잘 하는 것보다 매일 하는 것이 중요하다고 하였으므로 적절한 내용이다.
② 충동구매를 줄이기 위해 사려고 하는 물품을 장바구니에 담아두고 다음날 아침에 다시 생각해 보는 것도 좋은 방법이라고 하였으므로 적절한 내용이다.
③ 소액 적금으로 적은 돈이라도 저축하는 습관을 들이고 규모를 점차 늘리라고 하였으므로 적절한 내용이다.
⑤ 보상심리로 스스로에게 상을 주거나 스트레스 해소를 위해 사용하는 금액의 한도를 정해 줄여나가라고 하였으므로 적절한 내용이다.

38

정답 ①

토론이란 어떤 주제에 대하여 찬성하는 측과 반대하는 측이 서로 맞서 각자 해당 주제에 대한 논리적인 의견을 제시함으로써 상대방의 근거가 이치에 맞지 않다는 것을 증명하는 논의이다.

오답분석

② 토론은 상호 간의 주장에 대한 타협점을 찾아가는 것이 아니라 반대 측의 논리에 대한 오류를 증명해 내면서 자신의 의견이 논리적으로 타당함을 밝히는 말하기 방식이다.
③ 주어진 주제에 대한 자신의 의견을 밝히면서 상대방 또는 청중을 설득하는 것은 맞으나, 자신의 의견을 뒷받침할 추론적인 근거가 아닌 논리적인 근거를 제시하여야 한다.
④ 주어진 주제에 대하여 제시된 의견을 분석하면서 해결방안을 모색하는 말하기 방식은 토론이 아닌 토의에 해당하며, 승패가 없이 협의를 통해 결론을 내리는 토의와 달리 토론은 승패가 있고, 이때 패한 측은 상대방의 의견에 설득당한 측을 의미한다.
⑤ 토론은 반대 측의 의견을 인정하고 존중하기보다는 반대 측 의견이 논리적으로 타당하지 않음을 증명해 내는 말하기 방식이다.

39

정답 ③

ㄴ. 날짜 작성 시에는 연도와 월일을 함께 기입하고, 날짜 다음에 마침표를 찍되, 만일 날짜 다음에 괄호가 사용되는 경우 마침표는 찍지 않는다.
ㄹ. 공문서 작성 시에는 한 장에 담아내는 것을 원칙으로 한다.
ㅁ. 공문서 작성을 마친 후에는 '내용 없음'이 아닌 '끝'이라는 문구로 마무리하여야 한다.

오답분석

ㄱ. 회사 외부 기관에 송달되는 공문서는 누가, 언제, 어디서, 무엇을, 어떻게, 왜가 명확히 드러나도록 작성하여야 한다.
ㄷ. 복잡한 내용을 보다 정확히 전달하기 위해 항목별로 구분하여 작성하여야 하며, 이때에는 '-다음-' 또는 '-아래-'와 같은 표기를 사용할 수 있다.

40

정답 ②

제시문에 따르면 분산자원 통합 관리 시스템과 분산자원 관리 센터는 지난해에 마련했다고 하였으므로 올해 신설한다는 것은 적절하지 않다.

오답분석

① 올해 1월부터 전력중개 예측제도에 참여한 발전사업자들은 수익을 받을 수 있다고 하였으므로 적절한 내용이다.
③ '특히 날씨 변동이 심해 발전량 예측이 어려운 제주지역'이라고 하였으므로 적절한 내용이다.
④ 전력중개사업은 발전량 예측제도에 참여하고 수익을 창출하는 에너지플랫폼 사업이라고 하였으므로 적절한 내용이다.

PART 1

내용의 이해

TOPIC

01 내용일치

01 유형의 이해

내용일치는 의사소통능력에서 가장 많이 등장하지만 제재가 무엇인지에 따라 또 제시문의 난이도에 따라 천차만별의 문제가 만들어질 수 있는 유형이다. 이 유형은 단순히 꼼꼼하게 읽으면 누구나 맞힐 수 있다고 생각하지만 시간이 부족해서 정답률이 의외로 높지 않다는 점에 유의할 필요가 있다.

02 접근법

(1) 첫 부분에 주목

흔히들 제시문의 첫 부분에 나오는 구체적인 내용들은 중요하지 않은 정보라고 판단하여 넘기곤 한다. 하지만, 첫 부분에 등장하는 내용이 선택지로 구성되는 경우가 상당히 많은 편이다. 물론, 그 선택지가 답이 되는 경우는 드물지만 첫 번째 문단은 글 전체의 흐름을 알게 해주는 길잡이와 같은 역할도 하므로 지엽적인 정보라도 꼼꼼하게 챙기도록 하자.

(2) 기존의 지식

선택지를 읽다 보면 제시문에서는 언급되어 있지 않지만 우리가 흔히 알고 있는 지식을 이용한 것들을 종종 만나게 된다. 이는 대부분 함정이며, 제시문을 벗어난 기존의 지식을 응용한 선택지는 오답이라고 봐도 무방하다. 물론, 극소수의 문제에서 기존의 지식을 활용하는 것이 도움이 되는 경우도 있지만 이것은 예외에 불과하다.

(3) 선택지로 구성되지 않은 것들

내용일치형 문제의 경우는 단순히 문제를 맞고 틀리고만 체크할 것이 아니라 파생 가능한 선택지까지 예측해 보는 습관을 기르는 것이 특히 중요하다. 어차피 똑같은 제시문이 두 번 출제되지는 않지만 그 기본 아이디어는 반복해서 출제될 수 있기 때문이다.

대표예제

다음 글의 내용으로 가장 적절한 것은?

> 통증은 조직 손상이 일어나거나 일어나려고 할 때 의식적인 자각을 주는 방어적 작용으로, 감각의 일종이다. 통증을 유발하는 자극에는 강한 물리적 충격에 의한 기계적 자극, 높은 온도에 의한 자극, 상처가 나거나 미생물에 감염되었을 때 세포에서 방출하는 화학 물질에 의한 화학적 자극 등이 있다. 이러한 자극은 온몸에 퍼져 있는 감각 신경의 말단에서 받아들이는데, 이 신경 말단을 통각 수용기라 한다. 통각 수용기는 피부에 가장 많아 피부에서 발생한 통증은 위치를 확인하기 쉽지만, 통각 수용기가 많지 않은 내장 부위에서 발생한 통증은 위치를 정확히 확인하기 어렵다. 후각이나 촉각 수용기 등에는 지속적인 자극에 대해 수용기의 반응이 감소되는 감각 적응 현상이 일어난다. 하지만 통각 수용기에는 지속적인 자극에 대해 감각 적응 현상이 거의 일어나지 않는다. 그래서 우리 몸은 위험한 상황에 대응할 수 있게 된다.
> 대표적인 통각 수용 신경 섬유에는 Aδ섬유와 C섬유가 있다. Aδ섬유에는 기계적 자극이나 높은 온도 자극에 반응하는 통각 수용기가 분포되어 있으며, C섬유에는 기계적 자극이나 높은 온도 자극뿐만 아니라 화학적 자극에도 반응하는 통각 수용기가 분포되어 있다. Aδ섬유를 따라 전도된 통증 신호가 대뇌 피질로 전달되면, 대뇌 피질에서는 날카롭고 쑤시는 듯한 짧은 초기 통증을 느끼고 통증이 일어난 위치를 파악한다. C섬유를 따라 전도된 통증 신호가 대뇌 피질로 전달되면, 대뇌 피질에서는 욱신거리고 둔한 지연 통증을 느낀다. 이는 두 신경 섬유의 특징과 관련이 있다. Aδ섬유는 직경이 크고 전도 속도가 빠르며, C섬유는 직경이 작고 전도 속도가 느리다.

① 기계적 자극이나 높은 온도에 반응하는 통각 수용기는 Aδ섬유에만 분포되어 있다.
② 통각 수용기는 수용기의 반응이 감소되는 감각 적응 현상이 거의 일어나지 않는다.
③ Aδ섬유는 C섬유보다 직경이 작고 전도 속도가 빠르다.
④ 통각 수용기가 적은 부위일수록 통증 위치를 확인하기 쉽다.
⑤ Aδ섬유를 따라 전도된 통증 신호가 대뇌 피질로 전달되면, 대뇌 피질에서는 욱신거리고 둔한 지연 통증을 느낀다.

정답 해설

첫 번째 문단에 따르면 통각 수용기에는 감각 적응 현상이 거의 일어나지 않는다.

오답분석

① 두 번째 문단에서 Aδ섬유에는 기계적 자극이나 높은 온도 자극에 반응하는 통각 수용기가 분포되어 있고, C섬유에도 기계적 자극이나 높은 온도 자극에 반응하는 통각 수용기가 분포되어 있다고 했으므로 적절하지 않다.
③ 두 번째 문단에서 Aδ섬유는 직경이 크고 전도 속도가 빠르며, C섬유는 직경이 작고 전도 속도가 느리다고 했으므로 적절하지 않다.
④ 첫 번째 문단에서 통각 수용기는 피부에 가장 많아 피부에서 발생한 통증은 위치를 확인하기 쉽다고 했으므로 적절하지 않다.
⑤ 두 번째 문단에서 Aδ섬유를 따라 전도된 통증 신호가 대뇌 피질로 전달되면, 대뇌 피질에서는 날카롭고 쑤시는 듯한 짧은 초기 통증을 느끼고 통증이 일어난 위치를 파악한다고 하였으므로 적절하지 않다.

정답 ②

| 문제 1 |

다음 글을 근거로 판단할 때 〈보기〉에서 적절한 것을 모두 고르면?

> 인류 역사상 불공정거래 문제가 나타난 것은 먼 옛날부터이다. 자급자족경제에서 벗어나 물물교환이 이루어지며 상업이 시작된 시점부터 불공정거래 문제가 나타났고, 법을 만들어 이를 규율하기 시작하였다. 불공정거래 문제가 법적으로 다루어진 것으로 알려진 최초의 사건은 기원전 4세기 아테네에서 발생한 곡물 중간상 사건이다. 기원전 388년 겨울, 곡물 수입 항로가 스파르타로부터 위협을 받게 되자 곡물 중간상들의 물량 확보 경쟁이 치열해졌고 입찰가격은 급등하였다. 이에 모든 곡물 중간상들이 담합하여 동일한 가격으로 응찰함으로써 곡물 매입가격을 크게 하락시켰고, 이를 다시 높은 가격에 판매하였다. 이로 인해 그들은 아테네 법원에 형사상 소추되어 유죄 판결을 받았다. 당시 아테네는 곡물 중간상들이 담합하여 일정 비율 이상의 이윤을 붙일 수 없도록 성문법으로 규정하고 있었으며, 해당 규정 위반 시 사형에 처해졌다.
> 곡물의 공정거래를 규율하는 고대 아테네의 성문법은 로마로 계승되어 더욱 발전하였다. 그리고 로마의 공정거래 관련법은 13세기부터 15세기까지 이탈리아의 우루비노와 피렌체, 독일의 뉘른베르크 등의 도시국가와 프랑스 등 중세 유럽 각국의 공정거래 관련법 제정에까지 영향을 미쳤다. 영국에서도 로마의 공정거래 관련법의 영향을 받아 1353년에 에드워드 3세의 공정거래 관련법이 만들어졌다.

보기

ㄱ. 인류 역사상 불공정거래 문제는 자급자족경제 시기부터 나타났다.
ㄴ. 기원전 4세기 아테네의 공정거래 관련법에 규정된 최고형은 벌금형이었다.
ㄷ. 로마의 공정거래 관련법은 영국 에드워드 3세의 공정거래 관련법 제정에 영향을 미쳤다.
ㄹ. 기원전 4세기 아테네 곡물 중간상 사건은 곡물 중간상들이 곡물을 1년 이상 유통하지 않음으로 인해 발생하였다.

① ㄱ
② ㄷ
③ ㄱ, ㄴ
④ ㄴ, ㄹ
⑤ ㄷ, ㄹ

정답 해설

영국에서도 로마의 공정거래 관련법의 영향을 받아 1353년에 에드워드 3세의 공정거래 관련법이 만들어졌다고 하였으므로 적절한 내용이다.

오답분석

ㄱ. 인류 역사상 불공정거래 문제가 나타난 것은 자급자족경제에서 벗어나 물물교환이 이루어지고 상업이 시작된 시점부터라고 하였으므로 적절하지 않은 내용이다.
ㄴ. 아테네는 곡물 중간상들이 담합하여 일정 비율 이상의 이윤을 붙일 수 없도록 성문법으로 규정하고 있었으며, 해당 규정 위반 시 사형에 처해졌다고 하였으므로 사형까지도 규정되어 있었음을 알 수 있다.
ㄹ. 곡물 중간상 사건은 모든 곡물 중간상들이 담합하여 동일한 가격으로 응찰함으로써 곡물 매입가격을 크게 하락시킨 후에 이를 다시 높은 가격에 판매한 것을 말한다. 따라서 중간상들이 곡물을 1년 이상 유통하지 않은 것은 아니다.

정답 ②

| 문제 2 |

다음 글을 근거로 판단할 때 〈보기〉에서 적절한 것을 모두 고르면?

1493년 콜럼버스에 의해 에스파냐에 소개된 옥수수는 16세기 초에는 카스티야, 안달루시아, 카탈류냐, 포르투갈에서 재배되었고, 그 후에 프랑스, 이탈리아, 판노니아, 발칸 지역 등으로 보급되었다. 그러나 이 시기에는 옥수수를 휴경지에 심어 사료로 사용하거나 가끔 텃밭에서 재배하는 정도였다. 따라서 옥수수는 주곡의 자리를 차지하지 못했다.
감자는 1539년 페루에서 처음 눈에 띄었다. 이 무렵 에스파냐를 통해 이탈리아에 전해진 감자는 '타르투폴로'라는 이름을 가지게 되었다. 감자를 식용으로 사용한 초기 기록 중 하나는 1573년 세비야 상그레 병원의 물품 구입 목록이다. 이후 독일과 영국에서 감자를 식용으로 사용한 사례가 간혹 있었지만, 18세기에 이르러서야 주곡의 자리를 차지하였다.
한편 18세기 유럽에서는 인구가 크게 증가하였고, 정치, 경제, 문화 등 모든 면에서 활기가 넘쳤다. 늘어난 인구를 부양하는 데 감자와 옥수수 보급이 기여하는 바가 컸다. 18세기 기록을 보면 파종량 대 수확량은 호밀의 경우 1대 6인데 비해 옥수수는 무려 1대 80이었다. 그렇지만 감자와 옥수수는 하층민의 음식으로 알려졌고, 더욱이 구루병, 결핵, 콜레라 등을 일으킨다는 믿음 때문에 보급에 큰 어려움이 있었다. 그러나 대규모 기근을 계기로 감자와 옥수수는 널리 보급되었다. 굶어죽기 직전의 상황에서 전통적인 미각을 고집할 이유가 없었으니, 감자와 옥수수 같은 고수확작물 재배의 증가는 필연적이었다.

보기

ㄱ. 유럽에는 감자보다 옥수수가 먼저 들어왔을 것이다.
ㄴ. 유럽에서 감자와 옥수수를 처음으로 재배한 곳은 이탈리아였다.
ㄷ. 18세기에는 옥수수의 파종량 대비 수확량이 호밀보다 10배 이상 높았을 것이다.
ㄹ. 감자와 옥수수는 인구 증가와 기근으로 유럽 전역에 확산되어 16세기에 주곡의 자리를 차지하였다.

① ㄱ, ㄴ
② ㄱ, ㄷ
③ ㄴ, ㄹ
④ ㄱ, ㄷ, ㄹ
⑤ ㄴ, ㄷ, ㄹ

정답 해설

ㄱ. 옥수수가 유럽에 소개된 것은 1493년이고, 감자가 소개된 것은 1539년 무렵이므로 감자보다 옥수수가 먼저 유럽에 들어왔다. 따라서 적절한 내용이다.
ㄷ. 18세기 기록에서 호밀의 파종량 대 수확량의 비율이 1대 6인데 비해, 옥수수는 1대 80이라고 하였으므로 옥수수의 비율이 10배 이상 높다는 것을 알 수 있다.

오답분석

ㄴ. 옥수수는 콜럼버스에 의해 에스파냐에 소개되었다고 하였고, 감자도 에스파냐를 통해 이탈리아에 전해졌다고 하였으므로 두 작물 모두 에스파냐에서 처음 재배한 것으로 볼 수 있다. 따라서 적절하지 않은 내용이다.
ㄹ. 인구의 증가와 기근이 발생한 것은 18세기 이후의 사실이다. 따라서 두 작물이 주곡의 자리를 차지한 것은 16세기가 아니라 18세기라고 볼 수 있다.

정답 ②

TOPIC

02 추론하기

01 유형의 이해

'내용일치' 유형의 문제는 제시문의 문장만으로 선택지의 정오를 판별할 수 있다. 반면, '추론하기' 유형은 제시문에서 주어진 정보의 해석에 그치지 않고 이를 토대로 논리적 추리를 요구하므로 체감적으로 난이도가 높기 마련이다. 문제 외형적으로 '추론할 수 있는 것은?' 혹은 '유추할 수 있는 것은?'과 같이 '내용일치' 유형과는 다른 뉘앙스를 풍기는 문구들이 들어있는 경우가 대부분이다.

02 접근법

(1) 주제와는 무관하다.

흔히 실수하는 것 중 하나가 추론형 문제를 만나게 되면 주제와 연결된 선택지를 우선적으로 찾으려고 하는 것이다. 이것은 대단히 위험하다. 오히려 대부분의 정답은 주제와는 상당히 거리가 먼 내용들 – 심지어 주제와 반대되는 내용이 정답이 되는 경우도 있다 – 에서 출제되고 있다.

(2) 강약조절을 반대로 해야 한다.

추론형 문제의 가장 큰 특징은 제시문을 읽어나갈 때에는 크게 중요하지 않다고 판단했던 문장들이 선택지의 정오를 판단할 때에 결정적인 역할을 하는 반면, 제시문의 뼈대를 이루는 문장들은 의외로 선택지에서 언급조차 되지 않는 경우가 많다는 것이다. 이는 추론형 문제의 경우는 결론이 아니라 결론으로 나아가기 위한 중간 과정에 더 무게를 두기 때문이다. 따라서 제시문을 읽을 때에는 구체적인 사례, 인용문 등과 같이 양념으로 느껴지는 부분들에 더 무게를 실어야 한다.

대표예제

다음 글을 읽고 추론할 수 있는 내용이 아닌 것은?

'정보 파놉티콘(Panopticon)'은 사람에 대한 직접적 통제와 규율에 정보 수집이 합쳐진 것이다. 정보 파놉티콘에서의 '정보'는 벤담의 파놉티콘에서의 시선(視線)을 대신하여 규율과 통제의 메커니즘으로 작동한다. 작업장에서 노동자들을 통제하고 이들에게 규율을 강제한 메커니즘은 시선에서 정보로 진화했다. 19세기에는 사진 기술을 이용하여 범죄자 프로파일링을 했는데, 이 기술이 20세기의 폐쇄회로 텔레비전이나 비디오 카메라와 결합한 통계학으로 이어진 것도 그러한 맥락에서 이해할 수 있다. 더 극단적인 예를 들자면, 미국은 발목에 채우는 전자기기를 이용하여 죄수를 자신의 집 안과 같은 제한된 공간에 가두어 감시하면서 교화하는 프로그램을 운용하고 있다. 이 경우 개인의 집이 교도소로 변하고, 국가가 관장하던 감시가 기업이 판매하는 전자기기로 대체됨으로써 전자기술이 파놉티콘에서의 간수의 시선을 대신한다.

컴퓨터나 전자기기를 통해 얻은 정보가 간수의 시선을 대체했지만, 벤담의 파놉티콘에 갇힌 죄수가 자신이 감시를 당하는지 아닌지를 모르듯이, 정보 파놉티콘에 노출된 사람들 또한 자신의 행동이 국가나 직장의 상관에 의해 열람될지의 여부를 확신할 수 없다. 한 관료가 "그들이 감시당하는지 모를 때도 우리가 그들을 감시하고 있다고 생각하도록 만든다."라고 논평했는데, 이는 파놉티콘과 전자 감시의 유사성을 뚜렷하게 보여준다.

전자 감시는 파놉티콘의 감시 능력을 전 사회로 확장했다. 무엇보다 시선에는 한계가 있지만 컴퓨터를 통한 정보 수집은 국가적이고 전 지구적이기 때문이다. "컴퓨터화된 정보 시스템이 작은 지역 단위에서만 효과적으로 작동했을 파놉티콘을 근대 국가에 의한 일상적인 대규모 검열로 바꾸었는가?"라고 한 정보사회학자 롭 클링은 시선의 국소성과 정보의 보편성 사이의 차이를 염두에 두고 있었다. 철학자 들뢰즈는 이러한 인식을 한 단계 더 높은 차원으로 일반화하여, 지금 우리가 살고 있는 사회는 푸코의 규율 사회를 벗어난 새로운 통제 사회라고 주장했다.

그에 의하면 규율 사회는 증기 기관과 공장이 지배하고 요란한 구호에 의해 통제되는 사회이지만, 통제 사회는 컴퓨터와 기업이 지배하고 숫자와 코드에 의해 통제되는 사회이다.

① 정보 파놉티콘은 범죄자만 감시 대상에 해당하는 것이 아니다.
② 정보 파놉티콘이 종국에는 감시 체계 자체를 소멸시킬 것이다.
③ 정보 파놉티콘은 교정 시설의 체계를 효율적으로 바꿀 수 있다.
④ 정보 파놉티콘이 발달할수록 개인의 사생활은 보장될 수 없을 것이다.
⑤ 정보 파놉티콘은 기술이 발달할수록 더욱 정교해질 것이다.

정답 해설

세 번째 문단에서 전자 감시는 파놉티콘의 감시 능력을 전 사회로 확장했다고 말하고 있으므로, 정보 파놉티콘은 발전된 감시 체계라고 할 수 있다. 따라서 정보 파놉티콘이 종국에는 감시 체계 자체를 소멸시킬 것이라는 추론은 적절하지 않다.

정답 ②

| 문제 1 |

다음 글에서 추론할 수 있는 것을 〈보기〉에서 모두 고르면?

수학을 이해하기 위해서는 연역적인 공리적 증명 방법에 대해 정확히 이해할 필요가 있다. 우리는 2보다 큰 짝수들을 원하는 만큼 많이 조사하여 각각이 두 소수(素數)의 합이라는 것을 알아낼 수 있다. 그러나 이러한 과정을 통해 얻은 결과를 '수학적 정리'라고 말할 수 없다. 이와 비슷하게, 한 과학자가 다양한 크기와 모양을 가진 1,000개의 삼각형의 각을 측정하여, 측정 도구의 정확도 범위 안에서 그 각의 합이 180도라는 것을 알아냈다고 가정하자. 이 과학자는 임의의 삼각형의 세 각의 합이 180도가 확실하다고 결론 내릴 것이다. 그러나 이러한 측정의 결과는 근삿값일 뿐이라는 문제와 측정되지 않은 어떤 삼각형에서는 현저하게 다른 결과가 나타날지도 모른다는 의문이 남는다. 이러한 과학자의 증명은 수학적으로 받아들일 수 없다. 반면에, 수학자들은 모두 의심할 수 없는 공리들로부터 시작한다. 두 점을 잇는 직선을 하나만 그을 수 있다는 것을 누가 의심할 수 있는가? 이와 같이 의심할 수 없는 공리들을 참이라고 받아들이면, 이로부터 연역적 증명을 통해 나오는 임의의 삼각형의 세 각의 합이 180도라는 것이 참이라는 것을 받아들여야만 한다. 이런 식으로 증명된 결론을 수학적 정리라고 한다.

보기

ㄱ. 연역적으로 증명된 것은 모두 수학적 정리이다.
ㄴ. 연역적으로 증명된 수학적 정리를 거부하려면, 전제가 되는 공리 역시 거부해야 한다.
ㄷ. 어떤 삼각형의 세 각의 합이 오차 없이 측정되었다면, 그 결과는 수학적 정리로 받아들일 수 있다.

① ㄱ
② ㄴ
③ ㄱ, ㄷ
④ ㄴ, ㄷ
⑤ ㄱ, ㄴ, ㄷ

정답 해설

제시문에 따르면 어떠한 공리들이 의심할 수 없는 참이라고 한다면 필연적으로 그 공리에서 연역적으로 증명되는 수학적 정리가 참이 된다고 하였다. 따라서 이를 거부하기 위해서는 전제가 되는 공리들을 거부해야만 한다.

오답분석

ㄱ. 어떠한 명제가 수학적 정리라면 그 명제는 연역적으로 증명된 것이지만 그 역은 성립하지 않는다. 직관적으로 판단하더라도 연역으로 증명된 것들 중에는 수학 이외의 것들도 많기 때문이다.
ㄷ. 제시문에서 언급한 1,000개의 삼각형의 예와 같이 측정되지 않은 삼각형에서는 다른 결과가 나타날 수도 있다. 따라서 수학적 정리로 받아들일 수는 없다.

정답 ②

| 문제 2 |

다음 글에서 추론할 수 있는 것을 〈보기〉에서 모두 고르면?

20세기 초만 해도 전체 사망자 중 폐암으로 인한 사망자의 비율은 극히 낮았다. 그러나 20세기 중반에 들어서면서, 이 병으로 인한 사망률은 크게 높아졌다. 이러한 변화를 우리는 어떻게 설명할 수 있을까? 여러 가지 가설이 가능한 것으로 보인다. 예를 들어 자동차를 이용하면서 운동 부족으로 사람들의 폐가 약해졌을지도 모른다. 또는 산업화 과정에서 증가한 대기 중의 독성 물질이 도시 거주자들의 폐에 영향을 주었을지도 모른다.
하지만 담배가 그 자체로 독인 니코틴을 함유하고 있다는 것이 사실로 판명되면서 흡연이 폐암으로 인한 사망의 주요 요인이라는 가설은 다른 가설들보다 더 그럴듯해 보이기 시작한다. 담배 두 갑에 들어 있는 니코틴이 화학적으로 정제되어 혈류 속으로 주입된다면, 그것은 치사량이 된다. 이러한 가설을 지지하는 또 다른 근거는 담배 연기로부터 추출된 타르를 쥐의 피부에 바르면 쥐가 피부암에 걸린다는 사실에 기초해 있다. 이미 18세기 이후 영국에서는 타르를 함유한 그을음 속에서 일하는 굴뚝 청소부들이 다른 사람들보다 피부암에 더 잘 걸린다는 것이 정설이었다.
이러한 증거들은 흡연이 폐암의 주요 원인이라는 가설을 뒷받침해 주지만, 그것들만으로 이 가설을 증명하기에는 충분하지 않다. 의학자들은 흡연과 폐암을 인과적으로 연관시키기 위해서는 훨씬 더 많은 증거가 필요하다는 점을 깨닫고, 수십 가지 연구를 수행하고 있다.

보기

ㄱ. 화학적으로 정제된 니코틴은 폐암을 유발한다.
ㄴ. 19세기에 타르와 암의 관련성이 이미 보고되어 있었다.
ㄷ. 니코틴이 타르와 동시에 신체에 흡입될 경우 폐암 발생률은 급격히 증가한다.

① ㄱ
② ㄴ
③ ㄱ, ㄴ
④ ㄴ, ㄷ
⑤ ㄱ, ㄴ, ㄷ

정답 해설

18세기 이후 영국에서 타르를 함유한 그을음 속에서 일하는 굴뚝 청소부들이 피부암에 더 잘 걸린다는 것이 정설이라고 하였으므로 19세기에는 이와 같은 내용이 이미 보고된 상태였다고 할 수 있다.

오답분석

ㄱ. 담배 두 갑에 들어 있는 니코틴을 화학적으로 정제하여 혈류 속으로 주입한다면 치사량이 된다고 하였지만 니코틴과 폐암과의 관계에 대해서는 언급하고 있지 않다.
ㄷ. 제시문을 통해 니코틴과 타르가 암을 유발한다는 것까지는 알 수 있으나 니코틴과 타르가 동시에 작용할 경우 폐암의 발생률이 높아지는지에 대해서는 알 수 없다.

정답 ②

TOPIC

03 기사문의 이해

01 유형의 이해

제시문 자체만으로 보면 가장 낮은 난이도를 보이지만 그 느낌과는 달리 꽤 많은 시간을 투자해야 풀이가 가능한 유형이다. 신문기사형 제시문의 경우 제시되는 정보가 매우 많을 뿐만 아니라 인터뷰 형식으로 제시된 인용문을 선택지에 맞게 재해석하는 과정이 필요한 경우도 있기 때문이다. 또한, 수치자료가 등장하는 경우도 많으므로 이에 대한 대비도 필요하다.

02 접근법

(1) 첫 문장에 주목

신문기사형 제시문은 기본적으로 길이가 상당히 긴 편에 속하므로 이를 전략 없이 읽어서는 불필요한 시간을 낭비할 가능성이 높다. 여기서 유용하게 활용되는 것이 첫 문장이다. 대부분의 신문기사는 두괄식으로 작성되므로 첫 문장에서 그 기사의 핵심 내용을 요약하여 보여준다. 특히 정책의 방향이나 가장 중요한 수치가 제시되는 경우가 많으므로 첫 문장의 내용은 확실하게 정리해 두도록 하자.

(2) 인용문

신문기사에서 빼놓을 수 없는 요소가 인용문이다. 이는 사실의 나열에 더해 관계자의 말을 인용하여 신뢰도를 높이기 위한 장치인데 그만큼 인용문은 첫 문장과 더불어 기사의 전체 내용을 정리하기 좋은 도구가 된다. 첫 문장에서는 제시문 전체를 아우르는 내용을 포괄하고 있다면, 인용문에서는 해당 기사문의 구체적인 결론 내지는 방향을 나타내는 경우가 많다.

(3) 수치자료

수리능력에서 출제되는 유형과는 다르게 단순히 해당 수치를 제시문에서 정확히 찾아내기만 하면 맞출 수 있는 것들이 대부분이다. 하지만 '절반으로 감소하였다.'와 같이 겉으로는 수치자료로 보이지 않는 것들도 종종 등장하므로 주의할 필요가 있다.

대표예제

다음은 전자정부 서비스 이용에 대한 실태를 조사한 기사이다. 기사의 내용으로 적절하지 않은 것은?

국민 10명 중 9명은 전자정부 서비스를 이용했고, 이용자의 96.6%가 서비스에 만족한 것으로 나타났다. 이용자들은 정부 관련 정보 검색 및 민원 신청과 교부 서비스를 주로 사용했다.
전자정부 서비스의 인지도는 전년 대비 0.3%p 상승해 90.7%였고, 특히 16 ~ 39세 연령층에서의 인지도는 100%에 달했다. 이들 중 51.5%는 인터넷에서 직접 검색해 전자정부 서비스를 알게 됐고, 49.2%는 지인, 42.1%는 언론매체를 통해 인지했다고 응답했다. 전자정부 서비스의 이용률은 전년 대비 0.9%p 상승해 86.7%를 기록했다. 이들 대부분(98.9%)이 향후에도 계속 이용할 의향이 있고 95.7%는 주위 사람들에게 이용을 추천할 의향이 있는 것으로 나타났다. 전자정부 서비스 이용자의 86.7%는 정보 검색 및 조회를, 83.6%는 행정·민원의 신청, 열람 및 교부를 목적으로 전자정부 서비스를 이용했다. 생활·여가 분야에서 날씨ON, 레츠코레일, 대한민국 구석구석, 국가교통정보센터, 인터넷우체국 등을 이용한 응답자도 많았다.
전자정부 서비스 만족도는 전년 대비 0.8%p가 상승해 96.6%를 기록했고, 전 연령층에서 90% 이상의 만족도가 나타났으며, 그 이유로는 '신속하게 처리할 수 있어서(55.1%)', '편리한 시간과 장소에서 이용할 수 있어서(54.7%)', '쉽고 간편해서(45.1%)' 등이 순서대로 높았다.
지난해 전자정부 서비스 이용 실태 조사결과에 따르면 고령층으로 갈수록 인지도와 이용률은 낮은 반면 만족도는 전 연령층에서 고르게 높았다. 60 ~ 74세 고령층의 경우 전자정부 서비스를 인지(62.4%)하고 이용(54.3%)하는 비율은 낮지만, 이용 경험이 있는 이용자의 만족도는 92.1%로 다른 연령층과 같이 높게 나타났다. 즉, 고령층의 전자정부 서비스 이용 활성화를 위해서는 전자정부 서비스 이용을 시도할 수 있도록 유도해 이용경험을 만드는 것이 중요한 것으로 분석됐다.

① 전자정부 서비스 이용 실태를 인지도와 이용률, 만족도로 분류하여 조사하였다.
② 전자정부 서비스 이용자의 86.7%가 '정보 검색 및 조회'를 목적으로 서비스를 이용했다.
③ 전자정부 서비스를 향후에도 계속 이용할 의향이 있다고 응답한 이용자는 98.9%이다.
④ 전자정부 서비스의 만족 이유는 '쉽고 간편해서'가 45.1%로 가장 높았다.
⑤ 전자정부 서비스는 고령층으로 갈수록 인지도와 이용률이 낮아진다.

정답 해설

전자정부 서비스 만족 이유에 대한 답변으로는 '신속하게 처리할 수 있어서(55.1%)', '편리한 시간과 장소에서 이용할 수 있어서(54.7%)', '쉽고 간편해서(45.1%)'가 있었으며, 그중 '신속하게 처리할 수 있어서'가 55.1%로 가장 만족도가 높았다.

오답분석

① 전자정부 서비스 이용 실태를 인지도와 이용률, 만족도로 분류하여 조사하였다.
② 두 번째 문단에 따르면 전자정부 서비스 이용 목적 중 '정보 검색 및 조회'가 86.7%를 차지했다.
③ 두 번째 문단에 따르면 전자정부 서비스를 이용하는 이들 98.9%가 향후에도 계속 이용할 의향이 있다고 답했다.
⑤ 마지막 문단에 따르면 고령층으로 갈수록 인지도와 이용률은 낮은 반면 만족도는 전 연령층에서 고르게 높았다.

정답 ④

| 문제 1 |

다음 기사의 내용으로 적절하지 않은 것은?

> 지난 해 충청남도에서 청년농업인의 맞춤형 스마트팜인 '온프레시팜 1호'가 문을 열었다. 이는 청년농업인이 안정적으로 농업을 경영하여 자리 잡아 살아갈 수 있는 영농 터전을 마련하기 위한 맞춤형 사업으로, 이를 통해 농작물 재배 능력이 낮고 영농 기반이 부족한 청년농업인들이 농촌 안에서 안정적으로 농작물을 생산하고 경제적으로 정착할 수 있을 것으로 기대되고 있다.
> 온프레시팜은 에어로포닉스와 수열에너지를 접목시켜 토양 없이 식물 뿌리와 줄기에 영양분이 가득한 물을 분사해 농작물을 생산하는 방식으로 화석연료 대비 경제적으로 우수할 뿐만 아니라 병해충의 발생이 적고 시설 적으로도 쾌적하다. 또한 토양이 없어 공간 활용에 유리하며 재배관리 자동화가 가능해 비교적 관리도 수월하다. 하지만 초기 시설비용이 많이 들고 재배 기술의 확보가 어려워 접근이 쉽지 않다.

① 온프레시팜 사업은 청년농업인들이 영농활동을 지속할 수 있도록 지원하는 사업이다.
② 온프레시팜은 기존 농업인이 아닌 농촌에 새로 유입되고 있는 청년농업인을 위한 사업이다.
③ 온프레시팜 방식은 같은 재배면적에서 기존 농업방식보다 더 많은 농작물의 재배를 가능하게 한다.
④ 청년농업인들은 기존의 농업방식보다는 자동화 재배관리가 가능한 온프레시팜 방식의 접근이 더 수월하다.
⑤ 온프레시팜 방식으로 농작물을 재배할 경우 흙 속에 살고 있는 병해충으로 인해 발생하는 피해는 예방할 수 있다.

정답 해설

제시된 기사에 따르면 농작물 재배 능력이 낮고 영농 기반이 부족한 청년농업인들에게는 기존의 농업방식보다는 자동화 재배관리가 가능한 온프레시팜 방식이 농작물재배에 더 용이할 수는 있으나, 초기 시설비용이 많이 들고 재배 기술의 확보가 어려우므로 접근이 더 수월하다고 볼 수는 없다.

오답분석

① 온프레시팜 지원 사업은 청년농업인들이 보다 쉽게 농작물을 재배하는 것은 물론 경제적으로도 정착할 수 있도록 도와주는 사업이다.
② 온프레시팜 방식은 농업에 이제 막 뛰어든 청년농업인들이 보다 수월하게 농업을 경영할 수 있도록 돕는 사업이다.
③·⑤ 온프레시팜 방식은 토양 없이 식물 뿌리와 줄기에 영양분이 가득한 물을 분사해 농작물을 생산하는 방식이기 때문에 흙 속에 살고 있는 병해충으로 인해 피해는 예방할 수 있을 뿐만 아니라 흙이 없어 다층으로의 재배도 가능해 동일한 면적에서 기존 농업방식보다 더 많은 농작물을 재배할 것으로 예상된다.

정답 ④

| 문제 2 |

다음 기사의 내용으로 적절하지 않은 것은?

> 이번 요양급여비(수가) 협상은 많은 기록을 경신했다. 법적 협상 기한 마지막 날인 5월 31일을 넘겨 이튿날 오전 8시 30분까지 17시간이 넘는 최장 시간 협상이 진행됐다. 또한, 수가 인상에 필요한 추가소요재정이 처음으로 1조 원을 넘었다.
> 이는 추가소요재정 증액에 부정적인 가입자단체 측과 관련되어 있다. 가입자단체로 구성된 K공단 재정운영위원회 소위원회가 건강보험 재정 악화 등을 우려해 추가소요재정을 너무 적게 책정하면서 1일 오전까지 줄다리기가 이어진 것이다.
> K공단 수가협상단은 수가협상 마지막 날 가입자단체를 설득하는 데 많은 시간을 할애했다. 그 결과 가장 늦게 끝난 협상이 되었지만, 5,000억 원이었던 추가소요재정은 1조 478억 원으로 증액됐다.
> K공단의 수가협상단장인 급여상임이사는 공급자단체와의 협상을 잠시 중단한 채 1일 오전 5시까지 재정운영위원회 소위원회 설득에 집중했던 이유를 건강보험 보장성 강화 정책 때문이라고 했다. 이번 수가협상 결과가 보장성 강화 정책 추진에도 영향을 미칠 수밖에 없다고 본 것이다. 급여상임이사는 "이번 수가협상에서 가입자단체와 공급자단체 간 시각차를 다시 한번 느꼈다."라고 밝히며, "가입자단체와 공급자단체를 오가며 간극을 줄이는 데 걸린 시간이 '17시간 30분'인 셈이다."라고 전했다. 또한 이번 수가협상을 통해 가입자단체와 공급자단체 모두 보장성 강화를 위해서는 '적정부담, 적정수가, 적정의료'가 필요하다는 인식을 가지길 바란다고 강조하며, 공급자단체들이 수가협상을 정치적으로 이용하지 않아야 한다고 밝혔다.

① 17시간 이상 진행된 이번 수가협상은 최장 협상 시간으로 기록됐다.
② 이번 수가협상은 최종적으로 6월 1일에 종료되었다.
③ 이번 수가협상 결과 추가소요재정은 5,000억 원 이상 증가하였다.
④ K공단의 수가협상단은 공급자단체 설득에 많은 시간을 사용하였다.
⑤ 가입자단체는 건강보험 재정 악화를 우려하여 추가소요재정을 적게 책정하였다.

정답 해설

K공단 수가협상단은 공급자단체가 아닌 가입자단체를 설득하는 데 많은 시간을 할애하였다.

오답분석

① 이번 수가협상은 17시간이 넘는 최장 시간 협상으로 진행되었다.
② 이번 수가협상은 협상 기한 마지막 날인 5월 31일을 넘겨 이튿날인 6월 1일까지 진행되었다.
③ 협상 결과 5,000억 원이었던 추가소요재정이 1조 478억 원으로 5,000억 원 이상 증가하였다.
⑤ 가입자단체로 구성된 K공단의 재정운영위원회 소위원회가 재정 악화 등을 우려해 추가소요재정을 너무 적게 책정하면서 수가협상에 많은 시간이 소요되었다.

정답 ④

TOPIC

04 설명문의 이해

01 유형의 이해

평소 잘 접하기 어려운 개념들을 2～3문단 정도의 짧은 글로 설명하는 유형이며, 생소한 개념을 이해해야 하므로 다른 유형들에 비해 시간 소모가 많은 편이다. 하지만 단지 익숙하지 않은 내용이어서 그런 것일 뿐, 논리적 함축을 담고 있는 경우가 거의 없으므로 제시문 자체만 잘 따라가면 문제는 쉽게 풀리는 경우가 많다.

02 접근법

(1) 두 번 읽기

설명문 유형에 과도하게 많은 시간을 투입하는 근본적인 원인은 해당 제시문을 처음부터 완벽하게 이해하려고 하기 때문인데 이는 매우 비효율적이다. 물론, 제시문을 연속해서 여러 번 읽으라는 것은 아니며, 첫 번째에는 큰 얼개를 잡는 느낌으로 읽고 두 번째에는 선택지를 보면서 해당 부분을 찾아가며 자세히 읽는 것이 바람직하다. 처음부터 모든 것을 다 얻으려고 하지 말자.

(2) 표시는 적게

의사소통능력의 제시문을 읽을 때에 중요한 문장 내지는 키워드에 자신만의 표시를 하며 읽어나가는 것이 일반적인데, 설명문 유형에서는 주의할 필요가 있다. 왜냐하면, 처음 읽는 상황에서는 모든 문장들이 다 중요해 보이고 극단적으로 말해 모든 명사들이 전부 키워드로 보이기 때문이다. 이를 해결하기 위한 정답은 사람마다 다르다. 스스로 문제를 풀어보면서 '처음 읽을 때에는 각 문장의 첫 명사에만 표시를 해 두고, 두 번째 읽을 때에는 해당 명사들의 관계를 파악하며 밑줄을 긋는다.'와 같은 자신만의 규칙을 세워두기 바란다.

대표예제

다음 글을 읽고 〈보기〉 중 적절하지 않은 것을 모두 고르면?

찬 공기가 따뜻한 공기 쪽으로 이동하면 상대적으로 밀도가 낮은 따뜻한 공기는 찬 공기 위로 상승하게 된다. 이때 상승하는 공기가 충분한 수분을 포함하고 있다면 공기 중의 수증기가 냉각되어 작은 물방울이나 얼음 알갱이로 응결되면서 구름이 형성된다. 이 과정에서 열이 외부로 방출된다. 이때 방출된 열이 상승하는 공기에 공급되어 공기가 더 높은 고도로 상승할 수 있게 한다. 그런데 공기에 포함된 수증기의 양이 충분하지 않으면 상승하던 공기는 더 이상 열을 공급받지 못하게 되면서 주변의 대기보다 차가워지게 되고 그렇게 되면 공기가 더 이상 상승하지 못하고 구름도 발달하기 어렵게 된다. 만일 상승하는 공기가 일반적인 공기에 비해 매우 따뜻하고 습한 공기일 경우에는 상승 과정에서 수증기가 냉각 응결하며 방출하는 열이 그 공기에 지속적으로 공급되면서 일반적인 공기보다 더 높은 고도에서도 계속 새로운 구름들을 만들어 낼 수 있다. 그렇기 때문에 따뜻하고 습한 공기는 상승하는 과정에서 구름을 생성하고 그 구름들이 아래쪽부터 연직으로 차곡차곡 쌓이게 되어 두터운 구름층을 형성하게 된다. 이렇게 형성된 구름을 적란운이라고 한다.

보기

ㄱ. 구름은 공기에 충분한 수분이 있을 때 생길 가능성이 높다.
ㄴ. 구름이 생성될 때 공기의 온도는 높아진다.
ㄷ. 공기가 따뜻하고 습할수록 구름을 생성하기 어렵다.
ㄹ. 적란운은 가로로 넓게 퍼진 형태를 띤다.

① ㄱ
② ㄹ
③ ㄱ, ㄴ
④ ㄴ, ㄷ
⑤ ㄷ, ㄹ

정답 해설

ㄷ. 공기가 따뜻하고 습할수록 구름이 많이 생성된다.
ㄹ. 적란운은 아래쪽부터 연직으로 차곡차곡 쌓이게 되어 두터운 구름층을 형성하는 형태의 구름이다.

오답분석

ㄱ. 공기가 충분한 수분을 포함하고 있다면 공기 중의 수증기가 냉각되어 작은 물방울이나 얼음 알갱이로 응결되면서 구름이 형성된다.
ㄴ. 구름이 생성되는 과정에서 열이 외부로 방출되고 이것이 공기의 온도를 높인다.

정답 ⑤

| 문제 1 |

다음 글을 근거로 판단할 때 가장 적절한 것은?

> 아파트를 분양받을 경우 전용면적, 공용면적, 공급면적, 계약면적, 서비스면적이라는 용어를 자주 접하게 된다.
> 전용면적은 아파트의 방이나 거실, 주방, 화장실 등을 모두 포함한 면적으로, 개별 세대 현관문 안쪽의 전용 생활공간을 말한다. 다만 발코니면적은 전용면적에서 제외된다.
> 공용면적은 주거공용면적과 기타공용면적으로 나뉜다. 주거공용면적은 세대가 거주를 위하여 공유하는 면적으로, 세대가 속한 건물의 공용계단, 공용복도 등의 면적을 더한 것을 말한다. 기타공용면적은 주거공용면적을 제외한 지하층, 관리사무소, 노인정 등의 면적을 더한 것이다.
> 공급면적은 통상적으로 분양에 사용되는 용어로, 전용면적과 주거공용면적을 더한 것이다. 반면, 계약면적은 공급면적과 기타공용면적을 더한 것이다. 서비스면적은 발코니 같은 공간의 면적으로, 전용면적과 공용면적에서 제외된다.

① 발코니면적은 계약면적에 포함된다.
② 관리사무소면적은 공급면적에 포함된다.
③ 계약면적은 전용면적, 주거공용면적, 기타공용면적을 더한 것이다.
④ 공용계단과 공용복도의 면적은 공급면적에 포함되지 않는다.
⑤ 개별 세대 내 거실과 주방의 면적은 주거공용면적에 포함된다.

정답 해설

주어진 내용을 표로 정리하면 다음과 같다.

<table>
<tr><td colspan="3">계약면적</td></tr>
<tr><td colspan="2">공급면적</td><td>기타공용면적</td></tr>
<tr><td>전용면적</td><td colspan="2">공용면적</td></tr>
<tr><td>전용면적</td><td>주거공용면적</td><td>기타공용면적</td></tr>
</table>

서비스면적은 전용면적과 공용면적에 포함되지 않으므로 결과적으로 계약면적에 포함되지 않는다. 따라서 계약면적은 공급면적과 기타공용면적을 더한 것이고, 공급면적은 전용면적과 주거공용면적의 합이므로 적절한 판단이다.

오답분석

① 발코니면적은 서비스면적에 해당하는데 서비스면적은 계약면적에 포함되지 않는다고 하였으므로 적절하지 않은 내용이다.
② 관리사무소면적은 기타공용면적에 해당하는데 이는 공급면적에 포함되지 않으므로 적절하지 않은 내용이다.
④ 공용계단과 공용복도의 면적은 주거공용면적에 해당하는데 공급면적에 해당하므로 적절하지 않은 내용이다.
⑤ 개별 세대 내 거실과 주방의 면적은 전용면적에 해당하므로 주거공용면적에는 포함되지 않는다. 따라서 적절하지 않은 내용이다.

정답 ③

| 문제 2 |

다음 글을 근거로 판단할 때 〈보기〉에서 같이 사용하면 부작용을 일으키는 화장품의 조합으로 적절한 것을 모두 고르면?

화장품 간에도 궁합이 있다. 같이 사용하면 각 화장품의 효과가 극대화되거나 보완되는 경우가 있는 반면 부작용을 일으키는 경우도 있다. 요즘은 화장품에 포함된 모든 성분이 표시되어 있으므로 기본 원칙만 알고 있으면 제대로 짝을 맞춰 쓸 수 있다.
트러블의 원인이 되는 묵은 각질을 제거하고 외부 자극으로부터 피부 저항력을 키우는 비타민 B성분이 포함된 제품을 트러블과 홍조 완화에 탁월한 비타민 K성분이 포함된 제품과 함께 사용하면, 양 성분의 효과가 극대화되어 깨끗하고 건강하게 피부를 관리하는 데 도움이 된다.
일반적으로 세안제는 알칼리성 성분이어서 세안 후 피부는 약알칼리성이 된다. 따라서 산성에서 효과를 발휘하는 비타민 A성분이 포함된 제품을 사용할 때는 세안 후 약산성 토너로 피부를 정리한 뒤 사용해야 한다. 한편 비타민 A성분이 포함된 제품은 오래된 각질을 제거하는 기능도 있다. 그러므로 각질관리 제품과 같이 사용하면 과도하게 각질이 제거되어 피부에 자극을 주고 염증을 일으킨다.
AHA 성분은 각질 결합을 느슨하게 해 묵은 각질이나 블랙헤드를 제거하고 모공을 축소시키지만, 피부의 수분을 빼앗고 탄력을 떨어뜨리며, 자외선에 약한 특성도 함께 지니고 있다. 따라서 AHA 성분이 포함된 제품을 사용할 때는 보습 및 탄력관리에 유의해야 하며, 자외선 차단제를 함께 사용해야 한다.

보기

ㄱ. 보습기능이 있는 자외선 차단제와 AHA 성분이 포함된 모공축소 제품
ㄴ. 비타민 A성분이 포함된 주름개선 제품과 비타민 B성분이 포함된 각질관리 제품
ㄷ. 비타민 B성분이 포함된 로션과 비타민 K성분이 포함된 영양크림

① ㄱ
② ㄴ
③ ㄷ
④ ㄱ, ㄴ
⑤ ㄴ, ㄷ

정답 해설

비타민 A성분이 포함된 제품은 오래된 각질을 제거하는 기능이 있으며, 비타민 B성분 역시 묵은 각질을 제거하는 기능이 있다. 따라서 이 둘을 같이 사용할 경우 과도하게 각질이 제거되어 피부에 자극을 주고 염증을 일으키게 된다.

오답분석

ㄱ. AHA 성분은 피부의 수분을 빼앗고 자외선에 약한 특성을 지니고 있기 때문에 이를 보완하기 위해 보습기능이 있는 자외선 차단제를 사용하는 것이 도움이 된다. 따라서 부작용을 일으키는 것과는 거리가 멀다.
ㄷ. 두 번째 문단에서 비타민 B성분이 포함된 제품을 비타민 K성분이 포함된 제품과 함께 사용하면 양 성분의 효과가 극대화된다고 하였으므로 부작용을 일으키는 것과는 거리가 멀다.

정답 ②

TOPIC

05 수치가 제시된 설명문

01 유형의 이해

의사소통능력의 문제에서 종종 등장하는 것이 바로 수치자료가 다수 포함되어 있는 제시문이다. 얼핏 보기에는 수리능력에 해당하는 문제처럼 보여 상당히 많은 시간이 소모될 것으로 생각되지만 실상 이 문제의 수치들은 계산을 위해 필요한 수치가 아니라 다른 단어들과 마찬가지로 하나의 명사에 불과하다. 따라서 수치형 설명문이라고 해서 모든 선택지가 수치와 관련된 것으로만 구성된 것은 아니며, 일반적인 문장들에서도 얼마든지 선택지가 제시될 수 있다.

02 접근법

(1) 수치의 증감

제시되는 수치들이 모두 따로따로 제시되는 경우는 거의 없는 편이며, 대부분 그 수치들이 시간의 흐름 속에서 증감의 관계를 보이는 경우가 대부분이다. 따라서 이러한 수치들이 등장하는 경우 개개의 수치에 몰입하기보다는 전체의 흐름을 파악하는 것이 좋다. 만약 개별적인 수치에 대한 선택지가 주어진다면 그것은 그때 판단해도 충분하다. 실전에서는 해당 수치들을 화살표로 연결하여 증감여부를 표시해 두는 것이 도움이 된다.

(2) 선택지 선별

만약 선택지에서 수치를 이용하여 판단해야 하는 것이 제시되었다면 일단 그것부터 판단하는 것이 유리하다. 왜냐하면 이 선택지들은 별도의 해석이 필요없이 제시문의 수치만 제대로 찾으면 되기 때문이다.

대표예제

다음 글을 근거로 판단할 때 가장 적절한 것은?

OECD에 따르면 평균 수면시간이 프랑스는 8시간 50분, 미국은 8시간 38분, 영국은 8시간 13분이며, 우리나라는 7시간 49분으로, OECD 회원국 중 한국인의 수면시간이 가장 적다. 사회 특성상 다른 국가에 비해 근무 시간이 많아 수면시간이 짧은 것도 문제지만, 수면의 질 또한 낮아지고 있어 문제가 심각하다.
실제 최근 수면장애 환자가 급격히 증가하는 추세다. K공단에 따르면 수면장애로 병원을 찾은 환자는 2010년 46만 1,000명에서 2015년 72만 1,000명으로 5년 새 56% 이상 급증했다. 병원을 찾은 사람이 70만 명을 넘었다면 실제로 수면장애로 고통을 받는 사람은 더 많을 것으로 추산된다.
수면장애는 단순히 잠을 이루지 못하는 불면증뿐 아니라 충분한 수면을 취했음에도 낮 동안 각성을 유지하지 못하는 기면증(과다수면증), 잠들 무렵이면 다리가 쑤시거나 저리는 증상, 코골이와 동반되어 수면 중에 호흡이 멈춰 숙면을 취하지 못하는 수면무호흡증 등 수면의 양과 질 저하로 생긴 다양한 증상을 모두 포괄한다. 수면장애를 겪게 되면, 학습장애, 능률 저하는 물론이고 교통사고 등 안전사고, 정서장애, 사회 적응 장애의 원인이 될 수 있다. 방치하게 되면 지병이 악화되고 심근경색증, 뇌졸중 등의 심각한 병을 초래하기도 한다.
수면장애 환자는 여성이 42만 7,000명으로 남성(29만 1,000명)보다 1.5배 정도 더 많다. 여성은 임신과 출산, 폐경과 함께 찾아오는 갱년기 등 생체주기에 따른 영향으로 전 연령에서 수면장애가 보다 빈번하게 나타나는 경향을 보이는 것으로 보고된다. 특히 폐경이 되면 여성호르몬인 에스트로겐이 줄어들면서 수면과 관련이 있는 아세틸콜린 신경전달 물질의 분비 역시 저하되어 체내 시계가 혼란스러움을 느끼게 돼 밤에 잘 잠들지 못하거나 자주 깨며 새벽에 일찍 일어나는 등 여러 형태의 불면증이 동반된다.
또한 연령별로는 40 ~ 50대 중장년층이 36.6%로 가장 큰 비중을 차지했고, 이에 비해 20 ~ 30대는 17.3%로 나타났다. 흔히 나이가 들면 생체시계에 변화가 생겨 깊은 잠은 비교적 줄어들고 꿈 수면이 나타나는 시간이 빨라지게 돼 상대적으로 얕은 수면과 꿈 수면이 많아지게 된다.

① 한국인의 수면시간은 근무 시간보다 짧다.
② 수면장애 환자는 20 ~ 30대에 가장 많다.
③ 수면장애 환자는 여성보다 남성이 더 많다.
④ 한국인의 수면의 질이 낮아지고 있다.
⑤ 여성의 경우 에스트로겐의 증가가 불면증에 영향을 미친다.

정답 해설

제시문에 따르면 최근 수면장애 환자의 급격한 증가를 통해 한국인의 수면의 질이 낮아지고 있음을 알 수 있다. 현재 한국인의 짧은 수면시간도 문제이지만, 수면의 질 저하도 심각한 문제가 되고 있다.

오답분석

① 다른 국가에 비해 근무 시간이 많아 수면시간이 짧은 것일 뿐, 수면시간이 근무 시간보다 짧은지는 알 수 없다.
② 40 ~ 50대 중장년층의 수면장애 환자는 전체의 36.6%로 가장 큰 비중을 차지한다.
③ 수면장애 환자는 여성이 42만 7,000명으로 29만 1,000명인 남성보다 1.5배 정도 더 많다.
⑤ 폐경기 여성의 경우 여성호르몬인 에스트로겐이 줄어들면서 아세틸콜린 신경전달 물질의 분비가 저하됨에 따라 여러 형태의 불면증이 동반된다. 따라서 에스트로겐의 증가가 아닌 감소가 불면증에 영향을 미친다.

정답 ④

| 문제 1 |

다음 글을 근거로 판단할 때 가장 적절한 것은?

> 2009년 미국의 설탕, 옥수수 시럽, 기타 천연당의 1인당 연평균 소비량은 140파운드로, 독일, 프랑스보다 50%가 많았고, 중국보다는 9배가 많았다. 그런데 설탕이 비만을 야기하고 당뇨병 환자의 건강에 해롭다는 인식이 확산되면서 사카린과 같은 인공감미료의 수요가 증가하였다.
> 세계 최초의 인공감미료인 사카린은 1879년 미국 존스 홉킨스 대학에서 화학물질의 산화반응을 연구하다가 우연히 발견됐다. 당도가 설탕보다 약 500배 정도 높은 사카린은 대표적인 인공감미료로, 체내에서 대사되지 않고 그대로 배출된다는 특징이 있다. 그런데 1977년 캐나다에서 쥐를 대상으로 한 사카린 실험 이후 유해성 논란이 촉발되었다. 사카린을 섭취한 쥐가 방광암에 걸렸기 때문이다. 그러나 사카린의 무해성을 입증한 다양한 연구결과로 인해 2001년 미국 FDA는 사카린을 다시 안전한 식품첨가물로 공식 인정하였고, 현재도 설탕의 대체재로 사용되고 있다.
> 아스파탐은 1965년 위궤양 치료제를 개발하던 중 우연히 발견된 인공감미료로, 당도가 설탕보다 약 200배 높다. 그러나 아스파탐도 발암성 논란이 끊이지 않았다. 미국 암협회가 안전하다고 발표했지만 이탈리아의 한 과학자가 쥐를 대상으로 한 실험에서 아스파탐이 암을 유발한다고 결론을 내렸기 때문이다.

① 사카린과 아스파탐은 설탕보다 당도가 높고, 사카린은 아스파탐보다 당도가 높다.
② 사카린과 아스파탐은 모두 설탕을 대체하기 위해 거액을 투자해 개발한 인공감미료이다.
③ 사카린은 유해성 논란으로 현재 미국에서는 더 이상 식품첨가물로 사용되지 않을 것이다.
④ 2009년 기준 중국의 설탕, 옥수수 시럽, 기타 천연당의 1인당 연평균 소비량은 20파운드 이상이었을 것이다.
⑤ 아스파탐은 암 유발 논란에 휩싸였지만, 2001년 미국 FDA로부터 안전한 식품첨가물로 처음 공식 인정받았다.

정답 해설

사카린은 당도가 설탕보다 약 500배 정도 높다고 하였고, 아스파탐은 당도가 설탕보다 약 200배 높다고 하였다. 따라서 사카린과 아스파탐 모두 설탕보다 당도가 높고 그중에서도 사카린의 당도가 더 높으므로 적절한 내용이다.

오답분석

② 사카린은 미국 존스 홉킨스 대학에서 화학물질의 산화반응을 연구하다가 우연히 발견되었으며, 아스파탐 역시 위궤양 치료제를 개발하던 중 우연히 발견되었으므로 적절하지 않은 내용이다.
③ 미국 FDA는 사카린을 다시 안전한 식품첨가물로 공식 인정하였고, 현재도 설탕의 대체재로 사용되고 있으므로 적절하지 않은 내용이다.
④ 중국의 연평균 소비량이 20파운드라고 하면, 그 9배는 180파운드로 미국의 소비량인 140파운드보다 훨씬 크다. 따라서 중국의 소비량은 20파운드에 미치지 못함을 알 수 있다.
⑤ 2001년 미국 FDA로부터 안전한 식품첨가물로 인정받은 것은 사카린이며, 아스파탐은 미국 암협회가 안전하다고 발표했을 뿐 여전히 발암성 논란이 끊이지 않고 있으므로 적절하지 않은 내용이다.

정답 ①

| 문제 2 |

다음 글을 근거로 판단할 때 적절하지 않은 것은?

개발도상국으로 흘러드는 외국자본은 크게 원조, 부채, 투자가 있다. 원조는 다른 나라로부터 지원받는 돈으로, 흔히 해외 원조 혹은 공적개발원조라고 한다. 부채는 은행 융자와 정부 혹은 기업이 발행한 채권으로, 투자는 포트폴리오 투자와 외국인 직접투자로 이루어진다. 포트폴리오 투자는 경영에 대한 영향력보다는 경제적 수익을 추구하기 위한 투자이고, 외국인 직접투자는 회사 경영에 일상적으로 영향력을 행사하기 위한 투자이다.
개발도상국에 유입되는 이러한 외국자본은 여러 가지 문제점을 보이고 있다. 해외 원조는 개발도상국에 대한 경제적 효과가 있다고 여겨져 왔으나 최근 경제학자들 사이에서는 그러한 경제적 효과가 없다는 주장이 점차 힘을 얻고 있다.
부채는 변동성이 크다는 단점이 지적되고 있다. 특히 은행 융자는 변동성이 큰 것으로 유명하다. 예컨대 1998년 개발도상국에 대하여 이루어진 은행 융자 총액은 500억 달러였다. 하지만 1998년 러시아와 브라질, 2002년 아르헨티나에서 일어난 일련의 금융 위기가 개발도상국을 강타하여 1999 ~ 2002년의 4개년 동안에는 은행 융자 총액이 연평균 −65억 달러가 되었다가, 2005년에는 670억 달러가 되었다. 은행 융자만큼 변동성이 큰 것은 아니지만, 채권을 통한 자본 유입 역시 변동성이 크다. 외국인은 1997년에 380억 달러의 개발도상국 채권을 매수했다. 그러나 1998 ~ 2002년에는 연평균 230억 달러로 떨어졌고, 2003 ~ 2005년에는 연평균 440억 달러로 증가했다.
한편 포트폴리오 투자는 은행 융자만큼 변동성이 크지는 않지만 채권에 비하면 변동성이 크다. 개발도상국에 대한 포트폴리오 투자는 1997년의 310억 달러에서 1998 ~ 2002년에는 연평균 90억 달러로 떨어졌고, 2003 ~ 2005년에는 연평균 410억 달러에 달했다.

① 개발도상국에 대한 2005년의 은행 융자 총액은 1998년의 수준을 회복하지 못하였다.
② 해외 원조는 개발도상국에 대한 경제적 효과가 없다고 주장하는 경제학자들이 있다.
③ 개발도상국에 유입되는 외국자본에는 해외 원조, 은행 융자, 채권, 포트폴리오 투자, 외국인 직접투자가 있다.
④ 개발도상국에 대한 투자는 경제적 수익뿐만 아니라 회사 경영에 영향력을 행사하기 위해서도 이루어질 수 있다.
⑤ 1998 ~ 2002년과 2003 ~ 2005년의 연평균을 비교할 때, 개발도상국에 대한 포트폴리오 투자가 채권보다 증감액이 크다.

정답 해설

1998년 개발도상국에 대한 은행 융자 총액은 500억 달러였는데, 2005년에는 이것이 670억 달러가 되어 1998년의 수준을 회복하였다.

정답 ①

TOPIC

06 많은 내용의 나열

01 유형의 이해

수험생의 입장에서 가장 곤혹스러운 유형이며, 거의 1문제 이상 출제되는 것이 바로 너무나도 많은 명사들이 나열되는 유형이다. 대체 이 많은 것들 중에서 어떤 것이 중요한 것인지 가늠하기도 어려우며, 선택지를 미리 보고 거꾸로 제시문을 읽는다고 하더라도 크게 도움이 되지 않는다. 이 유형이야말로 두 번 읽기 전략이 가장 정확하게 적용되는 유형이며, 표시를 얼마나 효과적으로 하였는지에 따라 풀이의 속도가 천차만별로 달라지게 된다.

02 접근법

(1) 효율적인 표시법

많은 수험생들이 이러한 유형의 제시문은 어떻게 표시를 해야 하는지에 대해 고민을 하곤 한다. 예를 들어, 제시문에 '서립, 배종, 의장의 임무로 세분된다'라는 문장이 나오는 경우 문단 아래를 스캔해 보면서 이 단어들을 설명하고 있는 부분이 있는지 살펴보자. 만약 그렇다면 처음에 보았던 위의 문장에는 '서립, 배종, 의장'에 표시를 하지 않고 아래에 등장하는 해당 단어에만 표시를 해 두자. 이름표와 내용을 최대한 가까운 곳에 위치시키는 것이다. 이럴 경우 선택지를 보고 제시문을 다시 찾아 올라갈 때 상당히 편리하고 또한 시험지에 이중으로 표시되는 것도 막을 수 있다.

(2) 세부적인 내용은 아예 읽지 않는 것이 좋다.

제시문을 처음 읽을 때에는 위에서 설명한 것처럼 가장 기본적인 단어들, 그리고 그 단어들의 관계 정도만 체크하는 것으로 충분하다. 그보다 더 깊이 읽어봤자 그 내용들을 모두 기억할 수도 없으며, 어차피 선택지를 판단할 때에 해당 부분을 다시 찾아서 읽어야 하기 때문이다. 제시문에 들어있는 정보의 양이 많을수록 독해는 띄엄띄엄 해야 한다.

(3) 기본적인 문장 형식

일단 이러한 제시문에서 기본적으로 나타나는 문장 형식을 알아두자. 가장 일반적인 유형은 "A는 B, C, D로 구성되어 있다. 그리고 B는 ~, C는 ~, D는 ~이다."이며, 또 다른 유형으로 "A, B, C가 있다. 그리고 A는 D, B는 E, C는 F이다."와 같은 형태를 들 수 있다. 물론 이 문장들이 서로 연이어 나타나는 경우는 매우 드물며, 중간에 이 구조를 파악하기 어렵게 하는 문장들이 끼어들어 있는 경우가 대부분이다. 이때 제시된 문장들의 모든 단어에 표시를 할 경우 선택지를 분석할 때에 전혀 도움이 되지 않는다. 이 형태의 문장이 등장할 경우에는 위에서 밑줄 친 부분의 단어에만 표시를 해 두고 나머지 부분에는 표시하지 않는 것이 좋다.

대표예제

다음 글을 근거로 판단할 때 가장 적절한 것은?

승정원은 조선시대 왕명 출납을 관장하던 관청으로, 오늘날 대통령 비서실에 해당한다. 조선시대 대부분의 관청이 왕 – 의정부 – 육조 – 일반 관청이라는 계통 속에 포함된 것과는 달리 승정원은 국왕 직속 관청이었다. 승정원에는 대통령 비서실장 격인 도승지를 비롯하여 좌승지, 우승지, 좌부승지, 우부승지, 동부승지를 각각 1인씩 두었는데, 이를 통칭 6승지라 부른다. 이들은 모두 같은 품계인 정3품 당상관이었으며, 6승지 아래에는 각각 정7품 주서 2인이 있었다. 통상 6승지는 분방(分房)이라 하여 부서를 나누어 업무를 담당하였는데, 도승지가 이방, 좌승지가 호방, 우승지가 예방, 좌부승지가 병방, 우부승지가 형방, 동부승지가 공방 업무를 맡았다. 이는 당시 중앙부처 업무 분담이 크게 육조(이조, 호조, 예조, 병조, 형조, 공조)로 나누어져 있었고, 경국대전 구성이 6전 체제로 되어 있던 것과도 맥을 같이 한다.

한편 6명의 승지가 동등하게 대우받는 것은 아니었다. 같은 승지라 하더라도 도승지는 다른 나머지 승지들과 대우가 달랐고, 좌승지 · 우승지와 좌부승지 · 우부승지 · 동부승지의 관청 내 위계질서 역시 현격한 차이가 있었다. 관청 청사에 출입할 때도 위계를 준수하여야 했고, 도승지가 4일에 한 번 숙직하는 반면 하위인 동부승지는 연속 3일을 숙직해야만 하였다.

주서는 고려 이래의 당후관(堂後官)을 개칭한 것으로, 승정원을 통과한 모든 공사(公事)와 문서를 기록하는 것이 그 임무였다. 주서를 역임한 직후에는 성균관 전적이나 예문관 한림 등을 거쳐, 뒤에는 조선시대 청직(淸職)으로 불리는 홍문관 · 사간원 · 사헌부 등의 언관으로 진출하였다가 승지를 거쳐 정승의 자리에 이르는 사람이 많았다. 따라서 주서의 자격 요건은 엄격하였다. 반드시 문과 출신자여야 하였고, 인물이 용렬하거나 여론이 좋지 않은 등 개인적인 문제가 있거나 출신이 분명하지 않은 경우에는 주서에 임명될 수 없었다.

① 승정원 내에는 총 2명의 주서가 있었다.
② 승정원 도승지와 동부승지의 품계는 달랐다.
③ 양반자제로서 무과 출신자는 주서로 임명될 수 없었다.
④ 좌부승지는 병조에 소속되어 병방 업무를 담당하였다.
⑤ 홍문원 · 사간원 등의 언관이 승진한 후 승정원 주서를 역임하는 사례가 많았다.

정답 해설

주서의 자격 요건은 엄격하였는데 그중 하나가 반드시 문과 출신자여야 한다는 것이었으므로 적절한 내용이다.

오답분석

① 승지 아래에는 정7품 주서 2인이 있었고 승지는 총 6명(6승지)이므로 승정원 내에는 총 12명의 주서가 있었다.
② 승정원에는 도승지를 필두로 좌승지, 우승지, 좌부승지, 우부승지, 동부승지 이렇게 6승지가 있었는데 이들은 모두 같은 품계인 정3품 당상관이었으므로 적절하지 않다.
④ 좌부승지는 병방의 업무를 담당했지만 소속이 병조라는 것은 아니다. 좌부승지를 포함한 6승지는 모두 승정원에 속해 있는 관리들이다.
⑤ 주서를 역임한 직후에는 성균관 전적이나 예문관 한림 등을 거쳐, 뒤에는 홍문관 · 사간원 · 사헌부 등의 언관으로 진출하였다고 하였다.

정답 ③

| 문제 1 |

다음 글을 근거로 판단할 때 가장 적절한 것은?

> 판옥선은 조선 수군의 주력 군선(軍船)으로, 왜구를 제압하기 위해 1555년(명종 10년) 새로 개발된 것이다. 종전의 군선은 갑판이 1층뿐인 평선인 데 비하여 판옥선은 선체의 상부에 상장(上粧)을 가설하여 2층 구조로 만든 배이다. 이 같은 구조로 되어 있기 때문에, 노를 젓는 요원인 격군(格軍)은 1층 갑판에서 안전하게 노를 저을 수 있고, 전투요원들은 2층 갑판에서 적을 내려다보면서 유리하게 전투를 수행할 수 있었다.
> 전근대 해전에서는 상대방 군선으로 건너가 마치 지상에서처럼 칼과 창으로 싸우는 경우가 흔했다. 조선 수군은 기본적으로 활과 화약무기 같은 원거리 무기를 능숙하게 사용했지만, 칼과 창 같은 단병무기를 운용하는 데는 상대적으로 서툴렀다. 이 같은 약점을 극복하고 조선 수군이 해전에서 승리하기 위해서는, 적이 승선하여 전투를 벌이는 전술을 막으면서 조선 수군의 장기인 활과 대구경(大口徑) 화약무기로 전투를 수행할 수 있도록 선체가 높은 군선이 필요했다.
> 선체 길이가 20 ~ 30m 정도였던 판옥선은 임진왜란 해전에 참전한 조선·명·일본의 군선 중 크기가 큰 편에 속한 데다가 선체도 높았기 때문에 일본군이 그들의 장기인 승선전투전술을 활용하기 어렵게 하는 효과도 있었다. 이 때문에 임진왜란 당시 도승지였던 이항복은 "판옥선은 마치 성곽과 같다."라고 그 성능을 격찬했다. 판옥선은 1592년 발발한 임진왜란에서 일본의 수군을 격파하여 조선 수군이 완승할 수 있는 원동력이 되었다. 옥포해전·당포해전·한산해전 등 주요 해전에 동원된 군선 중에서 3척의 거북선을 제외하고는 모두가 판옥선이었다.
> 판옥선의 승선인원은 시대와 크기에 따라 달랐던 것으로 보인다. 『명종실록』에는 50여 명이 탑승했다고 기록되어 있는 반면에, 『선조실록』에 따르면 거북선 운용에 필요한 사수(射手)와 격군을 합친 숫자가 판옥선의 125명보다 많다고 되어 있어 판옥선의 규모가 이전보다 커진 것을 알 수 있다.

① 판옥선은 갑판 구조가 단층인 군선으로, 선체의 높이가 20 ~ 30m에 달하였다.
② 판옥선은 임진왜란의 각 해전에서 주력 군선인 거북선으로 대체되었다.
③ 『선조실록』에 따르면 판옥선의 격군은 최소 125명 이상이었다.
④ 판옥선은 임진왜란 때 일본의 수군을 격파하기 위해 처음 개발되었다.
⑤ 판옥선의 구조는 적군의 승선전투전술 활용을 어렵게 하여 조선 수군이 전투를 수행하는 데 유리하였을 것이다.

정답 해설

조선 수군은 칼과 창 같은 단병무기를 운용하는 데는 상대적으로 서툴렀는데, 판옥선의 선체가 높은 것은 일본군의 장기인 승선전투 전술을 활용하기 어렵게 하였다. 이는 상대적으로 조선 수군이 전투를 수행하는 데 유리하게 작용하였을 것이다.

오답분석

① 판옥선은 '선체의 상부에 상장을 가설하여 2층 구조로 만든 배'라고 하였고, 선체의 길이가 20 ~ 30m 정도라고 하였다. 그러나 선체의 높이는 제시문을 통해서는 알 수 없다.

② '옥포해전 · 당포해전 · 한산해전 등 주요 해전에 동원된 군선 중에서 3척의 거북선을 제외하고는 모두가 판옥선이었다.'라고 하였으므로 여전히 주력 군선은 판옥선이었음을 알 수 있다.

③ 『선조실록』에서 거북선 운용에 필요한 사수와 격군을 합친 숫자가 판옥선의 125명보다 많다고 하였지만 그중 격군의 숫자는 알 수 없다.

④ 판옥선은 왜구를 제압하기 위해 1555년(명종 10년) 새로 개발된 것이다. 임진왜란은 1592년에 발발하였으므로 적절하지 않은 내용이다.

정답 ⑤

| 문제 2 |

다음 글의 내용으로 가장 적절한 것은?

> 고려의 수도 개경 안에는 궁궐이 있고, 그 주변으로 가옥과 상점이 모여 시가지를 형성하고 있었다. 이 궁궐과 시가지를 둘러싼 성벽을 개경 도성이라고 불렀다. 개경 도성에는 여러 개의 출입문이 있었는데, 서쪽에 있는 문 가운데 가장 많은 사람이 드나든 곳은 선의문이었다. 동쪽에는 숭인문이라는 문도 있었다. 도성 안에는 선의문과 숭인문을 잇는 큰 도로가 있었다. 이 도로는 궁궐의 출입문인 광화문으로부터 도성 남쪽 출입문 방향으로 나 있는 다른 도로와 만나는데, 두 도로의 교차점을 십자가라고 불렀다.
> 고려 때에는 개경의 십자가로부터 광화문까지 난 거리를 남대가라고 불렀다. 남대가 양편에는 관청의 허가를 받아 영업하는 상점인 시전들이 도로를 따라 나란히 위치해 있었다. 이 거리는 비단이나 신발을 파는 시전, 과일 파는 시전 등이 밀집한 번화가였다. 고려 정부는 이 거리를 관리하기 위해 남대가의 남쪽 끝 지점에 경시서라는 관청을 두었다.
> 개경에는 남대가에만 시전이 있는 것이 아니었다. 십자가에서 숭인문 방향으로 몇백 미터를 걸어가면 그 도로 북쪽 편에 자남산이라는 조그마한 산이 있었다. 이 산은 도로에서 불과 몇십 미터 떨어져 있지 않은데, 그 산과 남대가 사이의 공간에 기름만 취급하는 시전들이 따로 모인 유시 골목이 있었다. 또한, 십자가에서 남쪽으로 이어진 길로 백여 미터만 가도 그 길에 접한 서쪽면에 돼지고기만 따로 파는 저전들이 있었다. 이 외에도 십자가와 선의문 사이를 잇는 길의 중간 지점에 수륙교라는 다리가 있었는데, 그 옆에 종이만 파는 저시 골목이 있었다.

① 남대가의 북쪽 끝에 궁궐의 출입문이 자리잡고 있었다.
② 수륙교가 있던 곳으로부터 서북쪽 방향에 자남산이 있다.
③ 숭인문과 경시서의 중간 지점에 저시 골목이 위치해 있었다.
④ 선의문과 십자가를 연결하는 길의 중간 지점에 저전이 모여 있었다.
⑤ 십자가에서 유시 골목으로 가는 길의 중간 지점에 수륙교가 위치해 있었다.

정답 해설

제시문의 내용을 그림으로 정리하면 다음과 같다.

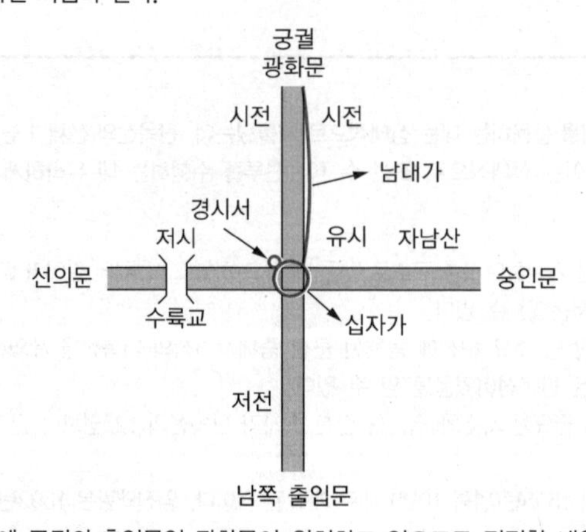

그림에 따르면 남대가의 북쪽 끝에 궁궐의 출입문인 광화문이 위치하고 있으므로 적절한 내용이다.

정답 ①

| 문제 3 |

다음 글의 내용으로 가장 적절한 것은?

> 선물환거래란 계약일로부터 일정시간이 지난 뒤, 특정일에 외환의 거래가 이루어지는 것으로, 현재 약정한 금액으로 미래에 결제하게 되기 때문에 선물환계약을 체결하게 되면, 약정된 결제일까지 매매 쌍방 모두 결제가 이연된다. 선물환거래는 보통 환리스크를 헤지(Hedge)하기 위한 목적으로 이용된다. 예를 들어 1개월 이후 달러로 거래 대금을 수령할 예정인 수출한 기업은 1개월 후 달러를 매각하는 대신 원화를 수령하는 선물환계약을 통해 원/달러 환율변동에 따른 환리스크를 헤지할 수 있다.
>
> 이외에도 선물환거래는 금리차익을 얻는 것과 투기적 목적 등을 가지고 있다. 선물환거래에는 일방적으로 선물환을 매입하는 것 또는 매도 거래만 발생하는 Outright Forward 거래가 있으며, 선물환거래가 스왑거래의 일부분으로써 현물환거래와 같이 발생하는 Swap Forward 거래가 있다. Outright Forward 거래는 만기 때 실물 인수도가 일어나는 일반 선물환거래와 만기 때 실물의 인수 없이 차액만을 정산하는 차액결제선물환(NDF; Non－Deliverable Forward) 거래로 구분된다.
>
> 옵션(Option)이란 거래당사자들이 미리 가격을 정하고, 그 가격으로 미래의 특정시점이나 그 이전에 자산을 사고파는 권리를 매매하는 계약으로, 선도 및 선물, 스왑거래 등과 같은 파생금융상품이다.
>
> 옵션은 매입권리가 있는 콜옵션(Call Option)과 매도권리가 있는 풋옵션(Put Option)으로 구분된다. 옵션거래로 매입이나 매도할 수 있는 권리를 가지게 되는 옵션매입자는 시장가격의 변동에 따라 자기에게 유리하거나 불리한 경우를 판단하여, 옵션을 행사하거나 포기할 수도 있다. 옵션매입자는 선택할 권리에 대한 대가로 옵션매도자에게 프리미엄을 지급하고, 옵션매도자는 프리미엄을 받는 대신 옵션매입자가 행사하는 옵션에 따라 발생하는 것에 대해 이해하는 책임을 가진다. 옵션거래의 손해와 이익은 행사가격, 현재가격 및 프리미엄에 의해 결정된다.

① 선물환거래는 투기를 목적으로 사용되기도 한다.
② 선물환거래는 권리를 행사하거나 포기할 수 있다.
③ 옵션은 환율변동 리스크를 해결하는 데 좋은 선택이다.
④ 옵션은 미래에 조건이 바뀌어도 계약한 금액을 지불해야 한다.
⑤ 선물환거래는 행사가격, 현재가격, 프리미엄에 따라 손해와 이익이 발생한다.

정답 해설

제시문의 두 번째 문단에 따르면 선물환거래는 금리차익을 얻는 것과 투기적 목적 등을 가지고 있다.

오답분석

②·⑤ 옵션에 대한 내용이다.
③·④ 선물환거래에 대한 내용이다.

정답 ①

TOPIC

07 설명문 형식의 규칙적용

01 유형의 이해

규칙 내지는 규정을 설명문으로 변형한 유형이며, 1문제 이상은 출제되는 유형이다. 이 유형은 설명문의 형태를 띠고 있으나 실상은 법조문형 문제와 동일하다. 따라서 제시문으로 변환하는 과정에서 들어간 군더더기 살을 최대한 발라내는 것이 핵심이다.

02 접근법

(1) 규칙 형식으로 재구성

설명문의 형식으로 구성된 규칙 유형의 문제는 단순히 내용만 이해하고 끝낼 것이 아니라 글 자체를 법조문의 형태로 재구성하여 문제를 풀이할 수 있어야 한다. 예를 들어 첫 번째 문단을 1조, 두 번째 문단을 2조와 같이 내용을 분리해서 읽어야 한다는 것이다. 그렇게 되면 불필요하게 덧붙여진 수식어구들이 사라지면서 핵심적인 내용만 남게 되어 선택지 판단이 용이해진다.

(2) 기존의 지식

심화된 지식을 가지고 있을 필요는 없지만 일부 용어들은 출제의 포인트로 자주 등장하므로 미리 익혀두면 좋다. 예를 들어 직권 vs 신청, 벌금 vs 과태료와 같은 용어들은 일단 문제에 등장하면 체크를 해 두는 것이 좋다. 난이도가 낮은 문제일수록 이런 경향이 강하다.

(3) 사례와의 연결

이 유형의 문제는 외형은 단순히 규칙의 내용을 파악해야 하는 것으로 느껴질 수 있으나 실제 출제되는 것은 이 규정을 실제 사례와 연결 짓는 유형이 대부분이다. 따라서 선택지를 미리 훑어보면서 반복되는 키워드 내지는 중요해 보이는 단어에 체크를 해 두는 것이 좋다. 그리고 그 단어들을 중심으로 제시문을 읽어나가는 것이 효율적이다. 즉, 그 어느 유형보다 입체적인 풀이가 필요한 것이 바로 이 유형이다.

대표예제

다음 글의 내용으로 적절하지 않은 것은?

> 저작권이란 저작물을 보호하기 위해 저작자에게 부여된 독점적 권리를 말한다. 저작권은 소유한 물건을 자기 마음대로 이용하거나 처분할 수 있는 권리인 소유권과는 구별된다. 소설책을 구매한 사람은 책에 대한 소유권은 획득했지만, 그렇다고 소설에 대한 저작권을 획득한 것은 아니다. 따라서 구매자는 다른 사람에게 책을 빌려줄 수는 있으나, 저작자의 허락 없이 그 소설을 상업적 목적으로 변형하거나 가공하여 유통할 수는 없다. 이는 책에 대해서는 물건에 대한 소유권인 물권법이, 소설에 대해서는 저작권법이 각각 적용되기 때문이다.
> 저작권법에서 보호하는 저작물은 남의 것을 베낀 것이 아니라 저작자 자신의 것이어야 한다. 그리고 저작물의 수준이 높아야 할 필요는 없지만, 저작권법에 의한 보호를 받을 가치가 있는 정도로 최소한의 창작성을 지니고 있어야 한다.
> 저작자란 사실상의 저작 행위를 하여 저작물을 생산해 낸 사람을 가리킨다. 직업적인 문인뿐만 아니라 저작 행위를 하면 누구든지 저작자가 될 수 있다. 자연인으로서의 개인뿐만 아니라 법인도 저작자가 될 수 있다. 그리고 저작물에는 1차적 저작물뿐만 아니라 2차적 저작물도 포함되므로 2차적 저작물의 작성자도 저작자가 될 수 있다. 그러나 저작을 하는 동안 옆에서 도와주었거나 자료를 제공한 사람 등은 저작자가 될 수 없다.
> 저작자에게 저작권이라는 권리를 부여하여 보호하는 이유는 저작물이 곧 문화 발전의 원동력이 되기 때문이다. 저작물이 많이 나와야 그 사회가 문화적으로 풍요로워질 수 있다. 또 다른 이유는 저작자의 창작 노력에 대해 적절한 보상을 해 줌으로써 창작 행위를 계속할 수 있는 동기를 제공하는 데 있다.

① 남의 것을 베끼더라도 최소한의 창작성을 지닌 저작물이라면 저작권법에 의해 보호받을 수 있다.
② 소설책을 구매한 사람이 다른 사람에게 책을 빌려줄 수 있는 이유는 책에 대해 물권법이 적용되기 때문이다.
③ 저작권은 저작자에게 부여된 독점적 권리로 소유권과 구별된다.
④ 2차적 저작물의 작성자도 저작자가 될 수 있지만, 저작의 과정에서 자료를 제공한 사람은 저작자가 될 수 없다.
⑤ 저작자에게 권리를 부여함으로써 저작자의 지속적인 창작 동기를 유발하고, 사회의 문화 발전에 기여하도록 한다.

정답 해설

저작권법에 의해 보호받을 수 있는 저작물은 최소한의 창작성을 지니고 있어야 하며, 남의 것을 베낀 것이 아닌 저작자 자신의 것이어야 한다.

정답 ①

| 문제 1 |

다음 글을 근거로 판단할 때 가장 적절한 것은?

'스마트 엔트리 서비스(Smart Entry Service)'는 대한민국 자동출입국심사시스템의 명칭으로, 사전에 여권정보와 바이오정보(지문, 안면)를 등록한 후 스마트 엔트리 서비스 게이트에서 이를 활용하여 출입국심사를 진행하는 첨단 시스템이다. 서비스 이용자는 출입국심사관의 대면심사를 대신하여 자동출입국심사대를 이용해 약 12초 이내에 출입국심사를 마칠 수 있다.

17세 이상의 주민등록증을 발급받은 대한민국 국민 및 국내체류 중인 등록외국인은 스마트 엔트리 서비스에 가입할 수 있다. 단, 복수국적자인 대한민국 국민은 외국여권으로는 가입할 수 없다. 미국인의 경우 한·미 자동출입국심사서비스 상호이용 프로그램에 따라 국내체류 중인 등록외국인이 아니어도 가입이 가능하다. 스마트 엔트리 서비스 가입 희망자는 자동판독이 가능한 전자여권을 소지하여야 한다. 그리고 바이오정보로 본인 여부를 확인할 수 있도록 지문정보 취득 및 얼굴사진 촬영이 가능해야 한다. 따라서 지문의 상태가 좋지 않아 본인확인이 어려운 경우에는 가입이 제한된다. 대한민국 국민과 국내체류 중인 등록외국인은 스마트 엔트리 서비스 가입을 위한 수수료가 면제되고, 한·미 자동출입국심사서비스 상호이용 프로그램을 통해 스마트 엔트리 서비스에 가입하려는 미국인은 100달러의 수수료를 지불해야 한다.

가입 후, 스마트 엔트리 서비스 이용 중에 여권 또는 개인정보가 변경된 경우에는 등록센터를 방문하여 변경사항을 수정하여야 하며, 심사대에서 지문 인식이 불가능한 경우에는 등록센터를 방문하여 지문을 재등록하여야 한다. 스마트 엔트리 서비스에 가입한 사람은 출입국 시 스마트 엔트리 서비스 게이트 또는 일반심사대에서 심사를 받을 수 있고, 스마트 엔트리 서비스 게이트를 이용하는 경우에는 출입국심사인 날인이 생략된다.

① 복수국적자인 대한민국 국민은 스마트 엔트리 서비스에 가입할 수 없다.
② 외국인의 경우 국내체류 중인 등록외국인 외에는 스마트 엔트리 서비스 가입이 불가능하다.
③ 스마트 엔트리 서비스에 가입한 자는 출입국 시 항상 스마트 엔트리 서비스 게이트에서 심사를 받아야 한다.
④ 한·미 자동출입국심사서비스 상호이용 프로그램을 통해 스마트 엔트리 서비스에 가입하려는 대한민국 국민은 100달러를 수수료로 지불해야 한다.
⑤ 스마트 엔트리 서비스 가입 후 여권을 재발급받아 여권정보가 변경된 경우, 이 서비스를 계속 이용하기 위해서는 등록센터를 방문하여 여권정보를 수정하여야 한다.

정답 해설

여권 또는 개인정보가 변경된 경우에는 등록센터를 방문하여 변경사항을 수정하여야 한다고 하였으므로 적절한 내용이다.

오답분석

① 복수국적자인 대한민국 국민은 외국여권으로는 스마트 엔트리 서비스에 가입할 수 없다고 하였으나, 가입 자체가 안되는 것인지는 알 수 없다.
② 미국인의 경우 한·미 자동출입국심사서비스 상호이용 프로그램에 따라 국내체류 중인 등록외국인이 아니더라도 가입이 가능하다.
③ 스마트 엔트리 서비스에 가입한 사람은 스마트 엔트리 서비스 게이트 또는 일반심사대에서 심사를 받을 수 있다고 하였으므로 적절하지 않은 내용이다.
④ 미국인은 100달러를 지불해야 하며, 한국인의 경우 수수료가 면제된다.

정답 ⑤

| 문제 2 |

A국은 B국을 WTO 협정 위반을 이유로 WTO 분쟁해결기구에 제소하였다. 다음 글을 근거로 판단할 때 가장 적절한 것은?

> 일반적으로 상대 회원국의 조치가 WTO 협정에 어긋난다고 판단하는 회원국은 먼저 상대 회원국과 '외교적 교섭'을 하고, 그래도 해결 가능성이 보이지 않으면 WTO 분쟁해결기구에 제소한다. WTO 회원국 간의 분쟁은 분쟁해결기구에 의하여 처리되는데, 분쟁해결절차는 크게 '협의', '패널', '상소'로 이루어진다. WTO에 제소한 이후에도 양국은 우호적인 해결을 위하여 비공개로 60일 간의 협의를 가진다. 그 협의를 통해 분쟁이 해결되지 않은 경우, WTO에 제소한 국가가 패널설치를 요구하면 분쟁해결기구는 이를 설치한다.
>
> 분쟁해결기구는 충분한 자질을 갖춘 정부인사 또는 비정부인사를 패널위원으로 위촉하여야 하며, 분쟁당사국 국민은 분쟁당사국 사이에 별도의 합의가 없는 한 패널위원이 될 수 없다. 패널은 별도의 합의가 없으면 3인으로 구성된다. 패널은 분쟁사실, 관련 규정 적용 가능성과 분쟁해결에 대한 제안을 수록한 패널보고서를 분쟁해결기구에 제출하고, 분쟁당사국이 분쟁해결기구에 상소의사를 통보하지 않는 한 패널보고서는 회원국 전체에 회람된 날로부터 60일 이내에 분쟁해결기구에서 채택된다.
>
> 상소기구는 패널보고서에서 다루어진 법률문제와 패널이 내린 법률해석만을 대상으로 심의한다. 상소기구보고서는 분쟁당사국의 참여 없이 작성되는데, 패널에서의 법률적 조사결과나 결론을 확정, 변경 또는 파기할 수 있다.

① 협의는 A국, B국 및 제3자가 공개적으로 진행한다.
② 패널위원은 원칙적으로 A국과 B국의 국민을 포함한 3인이다.
③ 패널보고서와 상소기구보고서는 분쟁당사국과 합의하여 작성된다.
④ A국은 협의를 통해 분쟁이 해결되지 않으면 분쟁해결기구에 패널설치를 요구할 수 있다.
⑤ B국이 패널보고서를 회람한 후 60일 이내에 상소의사를 통보하더라도 분쟁해결기구는 패널보고서를 채택하여야 한다.

정답 | 해설

비공개로 진행되는 60일간의 협의를 통해 분쟁이 해결되지 않은 경우 WTO에 제소한 국가가 패널설치를 요구하면 분쟁해결기구가 이를 설치한다고 하였으므로 적절한 내용이다.

오답분석

① WTO에 제소한 이후에도 양국은 우호적인 해결을 위하여 비공개로 60일간의 협의를 가진다고 하였으므로 적절하지 않은 내용이다.
② 패널은 별도의 합의가 없으면 3인으로 구성되며 분쟁당사국 국민은 분쟁당사국 사이에 별도의 합의가 없는 한 패널위원이 될 수 없다고 하였으므로 적절하지 않은 내용이다.
③ 패널보고서 작성에 분쟁당사국과의 합의가 필요하다는 내용은 언급되어 있지 않으며, 상소기구보고서는 분쟁당사국의 참여 없이 작성된다고 언급하고 있으므로 적절하지 않은 내용이다.
⑤ 패널보고서는 분쟁당사국이 분쟁해결기구에 상소의사를 통보하지 않는 한 분쟁해결기구에서 채택된다고 하였으므로 적절하지 않은 내용이다.

정답 ④

TOPIC

08 간단한 계산

01 유형의 이해

앞서 살펴본 '수치가 제시된 설명문' 유형이 단순히 수치를 찾기만 하면 되는 것이었다면 이 유형은 여기서 한 단계 진화된 형태로, 이 수치들을 이용해 어느 정도의 계산을 해야 하는 유형이다. 이 유형은 출제자가 계산의 깊이를 어느 정도까지 가져가느냐에 따라 전체 시험의 난이도를 높이는 데 큰 영향을 미치게 된다. 따라서 남아있는 시간이 충분하지 않을 경우 스킵하는 것이 효과적일 수 있다.

02 접근법

(1) 수리능력의 풀이법 적용

이 유형의 문제는 사실상 수리능력으로 보아도 무방하다. 단지 외형상 제시문의 형태로 되어있을 뿐, 수리능력에서 활용되는 모든 풀이법이 이 유형에 적용된다고 보아도 무방하다. 수리능력에 대한 구체적인 접근법은 '왕초보를 위한 NCS 필수토픽50(수리능력)'에서 설명하고 있으므로 본서에서는 생략한다.

(2) 단위의 통일

가장 많이 등장하는 것이 서로 다른 단위를 섞어놓고 이를 이용해 계산하는 문제인데, 이 경우는 선택지에서 제시한 단위로 통일시켜서 풀이하는 것이 효율적이다. 만약 선택지가 모두 계산을 요구하는 것이었다면 이 수치들이 다른 선택지에서도 같이 활용되므로 수리능력의 풀이방법처럼 가장 작은 단위수로 통일하는 것이 좋다. 하지만 이 경우는 선택지 중 1～2개만이 계산을 요구하는 경우이고 계산된 수치 역시 해당 선택지를 판단하는 데에만 이용된다.

대표예제

다음 글의 내용으로 적절하지 않은 것은?

운전자 10명 중 3명은 내년 4월부터 전면 시행되는 '안전속도 5030' 정책을 모르는 것으로 나타났다. K공단은 지난 7월 전국 운전자 3,922명을 대상으로 '안전속도 5030 정책 인지도'를 조사한 결과 이를 인지하고 있는 운전자는 68.1%에 그쳤다고 밝혔다. 안전속도 5030 정책은 전국 도시 지역 일반도로의 제한속도를 시속 50km로, 주택가 등 이면도로는 시속 30km 이하로 하향 조정하는 정책이다. 지난해 4월 도로교통법 시행규칙 개정에 따라 내년 4월 17일부터 본격적으로 시행된다. K공단에 따르면 예기치 못한 사고가 발생하더라도 차량의 속도를 30km로 낮추면 중상 가능성은 15.4%로 크게 낮아진다. 이번 조사에서 특히 20대 이하 운전자의 정책 인지도는 59.7%, 30대 운전자는 66.6%로 전체 평균보다 낮은 것으로 나타났다. 반면 40대(70.2%), 50대(72.1%), 60대 이상(77.3%) 등 연령대가 높아질수록 안전속도 도입을 알고 있다고 응답한 비율이 높았다.

K공단은 내년 4월부터 전면 시행되는 안전속도 5030의 성공적 정착을 위해 정책 인지도가 가장 낮은 2030 운전자를 대상으로 온라인 중심의 언택트(Untact) 홍보를 시행할 예정이다. 2030세대가 운전 시 주로 이용하는 모바일 내비게이션사와 협업하여 5030 속도 관리구역 음성안내 및 이미지 표출 등을 통해 제한속도 인식률 향상 및 속도 준수를 유도하고, 유튜브와 SNS 등을 활용한 대국민 참여 이벤트와 공모전 등을 통해 제한속도 하향에 대한 공감대 확산 및 자발적인 속도 하향을 유도한다.

① 운전자 10명 중 6명 이상은 안전속도 5030 정책을 알고 있다.
② 안전속도 5030 정책에 대한 인지도가 가장 낮은 연령대는 20대 이하이다.
③ 연령대가 높을수록 안전속도 5030 정책에 대한 인지도가 높다.
④ 안전속도 5030 정책에 대한 연령대별 인식률의 평균은 68.1%이다.
⑤ 안전속도 5030 정책이 시행되면 주택가에서의 주행속도는 시속 30km 이하로 제한된다.

정답 해설

안전속도 5030 정책에 대한 연령대별 인지도의 평균은 $\frac{59.7+66.6+70.2+72.1+77.3}{5}=69.18\%$이다. 따라서 적절하지 않은 내용이다.

오답분석

① 운전자를 대상으로 안전속도 5030 정책 인지도를 조사한 결과 68.1%의 운전자가 정책을 알고 있다고 하였으므로 10명 중 6명 이상은 정책을 알고 있다.
② 안전속도 5030 정책에 대한 20대 이하 운전자의 인지도는 59.7%로 가장 낮다.
③ 20대는 59.7%, 30대는 66.6%, 40대는 70.2%, 50대는 72.1%, 60대 이상은 77.3%로 연령대가 높을수록 정책에 대한 인지도가 높다.
⑤ 안전속도 5030 정책은 일반도로의 제한속도를 시속 50km로, 주택가 등의 이면도로는 시속 30km 이하로 하향 조정하는 정책이다.

정답 ④

| 문제 1 |

다음 글을 근거로 판단할 때 〈보기〉에서 적절한 것을 모두 고르면?

현대적 의미의 시력 검사법은 1909년 이탈리아의 나폴리에서 개최된 국제안과학회에서 란돌트 고리를 이용한 검사법을 국제 기준으로 결정하면서 탄생하였다. 란돌트 고리란 시력 검사표에서 흔히 볼 수 있는 C자형 고리를 말한다. 란돌트 고리를 이용한 시력 검사에서는 5m 거리에서 직경이 7.5mm인 원형 고리에 있는 1.5mm 벌어진 틈을 식별할 수 있는지 없는지를 판단한다. 5m 거리의 1.5mm이면 각도로 따져서 약 1′(1분)에 해당한다. 1°(1도)의 1/60이 1′이고, 1′의 1/60이 1″(1초)이다.
이 시력 검사법에서는 구분 가능한 최소 각도가 1′일 때를 1.0의 시력으로 본다. 시력은 구분 가능한 최소 각도와 반비례한다. 예를 들어 구분할 수 있는 최소 각도가 1′의 2배인 2′이라면 시력은 1.0의 1/2배인 0.5이다. 만약 이 최소 각도가 0.5′이라면, 즉 1′의 1/2배라면 시력은 1.0의 2배인 2.0이다. 마찬가지로 최소 각도가 1′의 4배인 4′이라면 시력은 1.0의 1/4배인 0.25이다. 일반적으로 시력 검사표에는 2.0까지 나와 있지만 실제로는 이보다 시력이 좋은 사람도 있다. A천문학자는 5″까지의 차이도 구분할 수 있었던 것으로 알려져 있다.

보기

ㄱ. 구분할 수 있는 최소 각도가 10′인 사람의 시력은 0.1이다.
ㄴ. 천문학자 A의 시력은 12인 것으로 추정된다.
ㄷ. 구분할 수 있는 최소 각도가 1.25′인 甲은 구분할 수 있는 최소 각도가 0.1′인 乙보다 시력이 더 좋다.

① ㄱ
② ㄱ, ㄴ
③ ㄱ, ㄷ
④ ㄴ, ㄷ
⑤ ㄱ, ㄴ, ㄷ

정답 해설

ㄱ. 구분 가능한 최소 각도가 1′일 때의 시력이 1.0이고 2′일 때의 시력이 $\frac{1}{2}$(=0.5)이므로 구분 가능한 최소 각도가 10′이라면 시력은 $\frac{1}{10}$(=0.1)이다.

ㄴ. 구분 가능한 최소 각도가 $\frac{1}{2}$일 때의 시력이 2.0이고 5″는 $\frac{5}{60}=\frac{1}{12}$이므로 천문학자 A의 시력은 12로 추정할 수 있다.

오답분석

ㄷ. 구분할 수 있는 최소 각도가 작을수록 시력이 더 좋은 사람이다. 따라서 乙의 시력이 甲보다 더 좋다.

정답 ②

| 문제 2 |

다음 글을 근거로 판단할 때 적절하지 않은 것은?

1678년 영의정 허적(許積)의 제의로 상평통보(常平通寶)가 주조・발행되어 널리 유통된 이유는 다음과 같다. 첫째, 국내적으로 조정이 운영하는 수공업이 쇠퇴하고 민간이 운영하는 수공업이 발전함으로써 국내 시장의 상품교류가 확대되고, 1645년 회령 지방을 시초로 국경무역이 활발해짐에 따라 화폐의 필요성이 제기되었기 때문이다. 둘째, 임진왜란 이후 국가 재정이 궁핍하였으나 재정 지출은 계속해서 증가함에 따라 재원 마련의 필요성이 있었기 때문이다. 1678년에 발행된 상평통보는 초주단자전(初鑄單字錢)이라 불리는데, 상평통보 1문(개)의 중량은 1전 2푼이고 화폐 가치는 은 1냥을 기준으로 400문으로 정하였으며 쌀 1되가 4문이었다. 1679년 조정은 상평통보의 규격을 변경하였다. 초주단자전을 대신하여 당이전(當二錢) 또는 절이전(折二錢)이라는 대형전을 주조・발행하였는데, 중량은 2전 5푼이었고 은 1냥에 대한 공인 교환율도 100문으로 변경하였다.

1678년부터 1680년까지 상평통보 주조・발행량은 약 6만 관으로 추정되고 있다. 당이전의 화폐 가치는 처음에는 제대로 유지되었지만 조정이 부족한 재원을 마련하기 위해 발행을 증대하면서 1689년에 이르러서는 은 1냥이 당이전 400～800문이 될 정도로 그 가치가 폭락하였다. 1681년부터 1689년까지의 상평통보 주조・발행량은 약 17만 관이었다.

1752년에는 훈련도감, 어영청, 금위영 등 중앙의 3개 군사 부서와 지방의 통영에서도 중형상평통보(中型常平通寶)를 주조・발행하도록 하였다. 중형상평통보의 액면 가치는 당이전과 동일하지만 중량이 약 1전 7푼(1757년에는 1전 2푼)으로 당이전보다 줄어들고 크기도 축소되었다.

※ 상평통보 묶음단위 : 1관=10냥=100전=1,000문

※ 중량단위 : 1냥=10전=100푼=1,000리=$\frac{1}{16}$근

① 초주단자전, 당이전, 중형상평통보 중 가장 무거운 것은 당이전이다.

② 은을 기준으로 환산할 때 상평통보의 가치는 경우에 따라 $\frac{1}{4}$ 이하로 떨어지기도 하였다.

③ 1678년부터 1689년까지 주조・발행된 상평통보는 약 2억 3,000만 문으로 추정된다.

④ 1678년을 기준으로 은 1근은 같은 해에 주조・발행된 상평통보 4,600문의 가치를 가진다.

⑤ 상품교류 및 무역 활성화뿐만 아니라 국가 재정상 필요에 따라 상평통보가 주조・발행되었다.

정답 해설

1678년에 발행된 초주단자전의 가치는 은 1냥을 기준으로 400문이었다. 이때 각주에서 1냥은 $\frac{1}{16}$근이라고 하였으므로 1근은 16냥으로 변환할 수 있다. 따라서 1678년을 기준으로 은 1근은 6,400문의 가치를 가지는 것으로 계산할 수 있다.

정답 ④

TOPIC

09 시간의 순서

01 유형의 이해

문제 외형상 가장 뚜렷하게 독해전략을 세울 수 있지만, 의외로 제시되는 정보가 많아 시간 소모가 많은 유형이다. 하지만 '시간의 흐름에 따른 대상의 변화'라는 명확한 주제가 있는 만큼 이 흐름과 크게 연결되지 않는 내용들은 과감하게 쳐내면서 읽어나갈 필요가 있다.

02 접근법

(1) 연도의 나열

전체적으로 제시문을 훑어보았을 때 연도가 자주 등장하는 제시문이라면 이는 시간의 흐름에 따라 무언가를 설명하고 있다고 판단한 후 읽어나가야 한다. 이러한 유형의 제시문은 반드시 연도들에 별도의 표시를 해 두어야 한다. 단, 여기에서 중요한 것은 제시문에 나열된 연도들이 반드시 시간의 순서대로 되어있는 것은 아니라는 것이다. 대개 선택지는 시간의 흐름을 깨는 부분을 이용해 구성된다.

(2) 변곡점

제시된 연도들이 모두 동등한 비중을 가지고 있는 것은 아니다. 특히 어떠한 제도가 크게 변화하였다던지 혹은 과거로 회귀하는 등 전체적인 흐름에서 중요하게 다뤄지는 부분이 있다. 만약 주어진 문제가 주제를 찾는 것이라면 이러한 내용들에 집중해야 한다. 하지만 의외로 정답은 이러한 곳이 아닌 전혀 중요하게 다뤄지지 않았던 부분에서 많이 출제되는 편이다. 그렇다고 해서 제시문을 구석까지 꼼꼼하게 읽을 필요는 없다. 오히려 중요한 이벤트들을 중심으로 읽으면서 전체의 흐름을 파악한 후, 선택지를 판단해 보면 그 중요한 내용들만으로 오답이 모두 골라지는 경우가 많기 때문이다.

대표예제

다음 글을 요약한 내용으로 가장 적절한 것은?

> 유럽연합(EU)의 기원은 1951년 독일, 프랑스, 이탈리아 및 베네룩스 3국이 창설한 유럽석탄철강공동체(ECSC)이다. ECSC는 당시 가장 중요한 자원의 하나였던 석탄과 철강이 국제 분쟁의 주요 요인이 되면서 자유로운 교류의 필요성이 대두됨에 따라 관련 국가들이 체결한 관세동맹이었다. 이 관세동맹을 통해 다른 산업분야에서도 상호의존이 심화되었으며, 그에 따라 1958년에 원자력 교류 동맹체인 유럽원자력공동체(EURATOM)와 여러 산업 부문들을 포괄하는 유럽경제공동체(EEC)가 설립되었다. 그 후 1967년에는 이 세 공동체가 통합하여 공동시장을 목표로 하는 유럽공동체(EC)로 발전하였다. 이어 1980년대에 경제위기로 인한 경색이 나타나기도 했으나, 1991년에는 거의 모든 산업 분야를 아울러 단일시장을 지향하는 유럽연합(EU) 조약이 체결되었다. 이러한 과정과 효과가 비경제적 부문으로 확산되어 1997년 암스테르담 조약과 2001년 니스 조약체결을 통해 유럽은 정치적 공동체를 지향하게 되었다. 비록 2004년 유럽헌법제정조약을 통하여 국가를 대체하게 될 새로운 단일 정치체제를 수립하려던 시도는 일부 회원국 내에서의 비준 반대로 실패로 돌아갔지만, 상당수의 전문가들은 장기적으로는 유럽지역이 하나의 연방체제를 구성하는 정치 공동체가 될 것이라고 예측하고 있다.

① 국제관계에서 국가가 하나의 행위자로서 자신의 국익을 추구하듯이 유럽지역은 개별 국가의 이익보다 유럽 자체의 이익에 중점을 두었다.
② 유럽통합은 자본주의에서 나타나는 위기를 부분적으로 해결하려는 지배계급의 시도이며, 유럽연합은 이들의 이익을 대변하는 장치인 국가의 연합체이다.
③ 국제관계는 국가를 독점적으로 대표하는 정부들의 협상에 의해 결정되며, 유럽통합과 관련해 각국 정부는 유럽체제라는 구조에 의해 결정된 국익을 기능적으로 대변한다.
④ 처음부터 유럽의 지역 경제 통합의 배경에는 자유 무역을 저해하는 보호주의 발생 방지라는 정치적 성격이 있었다는 점에서 유럽의 정치공동체화는 충분히 예견될 수 있었다.
⑤ 유럽 지역통합 과정은 산업발전의 파급효과에 따른 국가 간 상호의존도 강화가 지역 경제 통합을 이끌어 내고 이를 바탕으로 해당 지역의 정치 통합으로 이어지는 모습을 보여주고 있다.

정답 해설

제시문은 유럽연합(EU)의 성립과정과 이를 토대로 유럽 정치공동체가 지향하는 바를 서술하고 있다. 따라서 제시문의 내용을 가장 잘 요약한 것은 ⑤이다.

정답 ⑤

| 문제 1 |

다음 글의 내용으로 적절하지 않은 것은?

> 기업은 많은 이익을 남기길 원하고, 소비자는 좋은 제품을 저렴하게 구매하길 원한다. 그 과정에서 힘이 약한 저개발국가의 농민, 노동자, 생산자들은 무역상품의 가격 결정 과정에 참여하지 못하고, 자신이 재배한 식량과 상품을 매우 싼값에 팔아 겨우 생계를 유지한다. 그 결과, 세계 인구의 20% 정도가 우리 돈 약 1,000원으로 하루를 살아가고, 세계 노동자의 40%가 하루 2,000원 정도의 소득으로 살아가고 있다.
> 이러한 무역 거래의 한계를 극복하고, 공평하고 윤리적인 무역 거래를 통해 저개발국가 농민, 노동자, 생산자들이 겪고 있는 빈곤 문제를 해결하기 위해 공정무역이 생겨났다. 공정무역은 기존 관행 무역으로부터 소외당하며 불이익을 받고 있는 생산자와 지속가능한 파트너십을 통해 공정하게 거래하는 것으로, 생산자들과 공정무역 단체의 직거래를 통한 거래 관계에서부터 단체나 제품 등에 대한 인증시스템까지 모두 포함하는 무역을 의미한다.
> 이와 같은 공정무역은 국제 사회 시민운동의 일환으로, 1946년 미국의 시민단체 '텐사우전드빌리지(Ten Thousand Villages)'가 푸에르토리코의 자수 제품을 구매하고, 1950년대 후반 영국의 '옥스팜(Oxfam)'이 중국 피난민들의 수공예품과 동유럽국가의 수공예품을 팔면서 시작되었다. 이후 1960년대에는 여러 시민단체들이 조직되어 아프리카, 남아메리카, 아시아의 빈곤한 나라에서 본격적으로 활동을 전개하였다. 이 단체들은 가난한 농부와 노동자들이 스스로 조합을 만들어 환경친화적으로 농산물을 생산하도록 교육하고, 이에 필요한 자금 등을 지원했다. 2000년대에는 공정무역이 자본주의의 대안활동으로 여겨지며 급속도로 확산되었고, 공정무역 단체나 회사가 생겨남에 따라 저개발국가 농부들이 생산한 농산물이 공정한 값을 받고 거래되었다. 이러한 과정에서 공정무역은 저개발국 생산자들의 삶을 개선하기 위한 중요한 시장 메커니즘으로 주목을 받게 된 것이다.

① 기존 관행 무역에서는 저개발국가의 농민, 노동자, 생산자들이 무역상품의 가격 결정 과정에 참여하지 못했다.
② 세계 노동자의 40%가 하루 2,000원 정도의 소득으로 살아가며, 세계 인구의 20%는 약 1,000원으로 하루를 살아간다.
③ 공정무역에서는 저개발국가의 생산자들과 지속가능한 파트너십을 통해 그들을 무역 거래 과정에서 소외시키지 않는다.
④ 공정무역은 1946년 시작되었고, 1960년대 조직된 여러 시민 단체들이 본격적으로 활동을 전개하였다.
⑤ 시민 단체들은 조합을 만들어 환경친화적인 농산물을 직접 생산하고, 이를 회사에 공정한 값으로 판매하였다.

정답 해설

시민 단체들은 농부와 노동자들이 스스로 조합을 만들어 환경친화적으로 농산물을 생산하도록 교육하고, 이에 필요한 자금을 지원하는 역할을 했지만 이들이 농산물을 직접 생산하고 판매한 것은 아니다.

정답 ⑤

| 문제 2 |

다음 글에서 추론할 수 있는 내용으로 가장 적절한 것은?

> 조선이 임진왜란 중에도 필사적으로 보존하고자 한 서적이 바로 조선왕조실록이다. 실록은 원래 서울의 춘추관과 성주 · 충주 · 전주 4곳의 사고(史庫)에 보관되었으나, 임진왜란 이후 전주 사고의 실록만 온전한 상태였다. 전란이 끝난 후 단 1벌 남은 실록을 다시 여러 벌 등서하자는 주장이 제기되었다. 우여곡절 끝에 실록의 인쇄가 끝난 시기는 1606년이었다. 재인쇄 작업의 결과 원본을 포함해 모두 5벌의 실록을 갖추게 되었다. 원본은 강화도 마니산에 봉안하고 나머지 4벌은 서울의 춘추관과 평안도 묘향산, 강원도의 태백산과 오대산에 봉안했다.
> 이 5벌 중에서 서울 춘추관의 것은 1624년 이괄의 난 때 불에 타 없어졌고, 묘향산의 것은 1633년 후금과의 관계가 악화되자 전라도 무주의 적상산에 사고를 새로 지어 옮겼다. 강화도 마니산의 것은 1636년 병자호란 때 청군에 의해 일부 훼손되었던 것을 현종 때 보수하여 숙종 때 강화도 정족산에 다시 봉안했다. 결국 내란과 외적 침입으로 인해 5곳 가운데 1곳의 실록은 소실되었고, 1곳의 실록은 장소를 옮겼으며, 1곳의 실록은 손상을 입었던 것이다.
> 정족산, 태백산, 적상산, 오대산 4곳의 실록은 그 후 안전하게 지켜졌다. 그러나 일본이 다시 여기에 손을 대었다. 1910년 조선 강점 이후 일제는 정족산과 태백산에 있던 실록을 조선총독부로 이관하고, 적상산의 실록은 구황궁 장서각으로 옮겼으며, 오대산의 실록은 일본 동경제국대학으로 반출했다. 일본으로 반출한 것은 1923년 관동 대지진 때 거의 소실되었다. 정족산과 태백산의 실록은 1930년에 경성제국대학으로 옮겨져 지금까지 서울대학교에 보존되어 있다. 한편 장서각의 실록은 6 · 25 전쟁 때 북한으로 옮겨져 현재 김일성종합대학에 소장되어 있다.

① 재인쇄하였던 실록은 모두 5벌이다.
② 태백산에 보관하였던 실록은 현재 일본에 있다.
③ 현재 한반도에 남아 있는 실록은 모두 4벌이다.
④ 적상산에 보관하였던 실록은 일부가 훼손되었다.
⑤ 현존하는 실록 중에서 가장 오래된 것은 서울대학교에 있다.

정답 해설

현존하는 가장 오래된 실록은 전주에 전주 사고에 보관되어 있던 것으로, 강화도 마니산에 봉안되었다가 1936년 병자호란에 의해 훼손된 것을 현종 때 보수하여 숙종 때 강화도 정족산에 다시 봉안했다가 현재 서울대에서 보관하고 있다.

오답분석

① 원본을 포함해 모두 5벌의 실록을 갖추게 되었으므로 재인쇄하였던 실록은 모두 4벌이다.
② 강원도 태백산에 보관하였던 실록은 서울대에 있다.
③ 현재 한반도에 남아 있는 실록은 강원도 태백산, 강화도 정족산, 장서각의 것으로 모두 3벌이다.
④ 적상산에 보관하였던 실록은 구황국 장서각으로 옮겨졌으며, 이는 6 · 25 전쟁 때 북한으로 옮겨져 현재 김일성종합대학에서 소장하고 있다.

정답 ⑤

| 문제 3 |

다음 글의 내용으로 가장 적절한 것은?

> 사회 진화론은 다윈의 생물 진화론을 개인과 집단에 적용시킨 사회 이론이다. 사회 진화론의 중심 개념은 19세기에 등장한 '생존경쟁'과 '적자생존'인데, 이 두 개념의 적용 범위가 개인인가 집단인가에 따라 자유방임주의와 결합하기도 하고 민족주의나 제국주의와 결합하기도 하였다. 1860년대 대표적인 사회 진화론자인 스펜서는 인간 사회의 생활은 개인 간의 '생존경쟁'이며, 그 경쟁은 '적자생존'에 의해 지배된다고 주장하였다. 19세기 말 키드, 피어슨 등은 인종이나 민족, 국가 등의 집단 단위로 '생존경쟁'과 '적자생존'을 적용하여 우월한 집단이 열등한 집단을 지배하는 것은 자연법칙이라고 주장함으로써 인종 차별이나 제국주의를 정당화하였다. 또한, 일본에서는 19세기 말 문명개화론자들이 사회 진화론을 수용하였다.
> 이들은 '생존경쟁'과 '적자생존'을 국가와 민족 단위에 적용하여 '약육강식'과 '우승열패'의 논리를 바탕으로 서구식 근대 문명국가 건설과 군국주의를 역설하였다.

① 사회 진화론은 생물 진화론을 개인에게만 적용시킨 사회 이론이다.
② 사회 진화론은 19세기 이전에는 존재하지 않았다.
③ '생존경쟁'과 '적자생존'의 개념이 개인의 범위에 적용되면 민족주의와 결합한다.
④ 키드, 피어슨 등의 주장은 사회 진화론의 개념을 집단 단위에 적용한 결과이다.
⑤ 문명개화론자들은 생물 진화론을 수용하였다.

정답 해설

키드, 피어슨 등은 인종이나 민족, 국가 등의 집단 단위로 '생존경쟁'과 '적자생존'을 적용하여 우월한 집단이 열등한 집단을 지배하는 것을 주장하였는데, 이는 사회 진화론의 개념을 집단 단위에 적용시킨 것이다.

오답분석

① 사회 진화론은 생물 진화론을 개인과 집단에 적용시킨 사회 이론이다.
② 사회 진화론의 중심 개념이 19세기에 등장한 것일 뿐, 그 자체가 19세기에 등장한 것인지는 알 수 없다.
③ '생존경쟁'과 '적자생존'의 개념이 민족과 같은 집단의 범위에 적용되면 민족주의와 결합한다.
⑤ 문명개화론자들은 사회 진화론을 수용하였다.

정답 ④

PART 2

구조의 추론

TOPIC

10 주제와 제목 찾기

01 유형의 이해

주제 내지는 제목 찾기 문제는 다른 유형에 비해 확실하게 시간을 아낄 수 있는 유형이므로 최대한 빨리 풀고 다음 문제로 넘어가야 한다. 다만 최근에는 찾은 주제를 토대로 강화, 약화 유형과 결부되어 푸는 문제가 출제되기도 한다.

02 접근법

(1) 크게 읽기

이 유형의 제시문은 세부적인 내용을 꼼꼼히 살피는 독해보다는 뼈대를 중심으로 크게 읽어나가는 독해가 바람직하다. 만약 제시문에 '첫째 ~, 둘째 ~, 그리고 첫째 근거에 대해 이러이러한 반론을 제기할 수 있다.'와 같은 표현들이 등장한다면 이 문장들이 가장 큰 뼈대가 되는 것들이다. 어찌보면 전체적인 내용을 파악하는 것보다 이 표현들을 찾는 것이 더 중요할 수 있다.

(2) 마지막 문장

주제 찾기형 문제는 마지막 문장만 제대로 읽어도 맞힐 수 있다는 말이 있다. 이는 반은 맞고 반은 틀리다. 문제가 아주 쉽게 출제되었을 경우에는 마지막 문장만으로도 주제를 파악할 수 있는 경우가 상당히 많다. 하지만 최근의 출제 경향에서 이러한 경우는 많이 사라지고 있는 추세이며, 오히려 마지막 문장이 반론에 해당하여 주제와 정반대의 의미를 가지는 경우도 있다.

대표예제

다음 글에 나타난 글쓴이의 주장으로 가장 적절한 것은?

동물들의 행동을 잘 살펴보면 동물들도 우리가 사용하는 말 못지않은 의사소통 수단을 가지고 있는 듯이 보인다. 즉, 동물들도 여러 가지 소리를 내거나 몸짓을 함으로써 자신들의 감정과 기분을 나타낼 뿐 아니라 경우에 따라서는 인간과 다를 바 없이 의사를 교환하고 있는 듯하다. 그러나 그것은 단지 겉모습의 유사성에 지나지 않을 뿐이고 사람의 말과 동물의 소리에는 아주 근본적인 차이가 존재한다는 점을 잊어서는 안 된다. 동물들이 사용하는 소리는 단지 배고픔이나 고통과 같은 생물학적인 조건에 대한 반응이거나 두려움이나 분노와 같은 본능적인 감정들을 표현하기 위한 것에 지나지 않는다.

① 모든 동물이 다 말을 하는 것은 아니지만, 원숭이와 같이 지능이 높은 동물은 말을 할 수 있다.
② 동물들은 인간이 알아듣지 못하는 방식으로 대화할 뿐 서로 대화를 나누고 정보를 교환하며 인간과 같이 의사소통을 한다.
③ 사육사의 지속적인 훈련을 받는다면 동물들은 인간의 소리를 똑같은 목소리로 정확하게 따라 할 수 있다.
④ 동물들이 내는 소리가 때때로 의사소통의 수단으로 이용된다고 해서 그것을 대화나 토론, 회의와 같은 언어활동이라고 할 수는 없다.
⑤ 자라면서 언어를 익히는 인간과 달리 동물들은 태어날 때부터 소리를 내고, 이를 통해 자신들의 의사를 표현한다.

정답 해설

제시문에서는 동물들이 사용하는 소리는 단지 생물학적인 조건에 대한 반응 또는 본능적인 감정 표현의 수단일 뿐, 사람의 말과 동물의 소리에 근본적인 차이가 존재한다고 말한다. 즉, 동물들이 나름대로 가지고 있는 본능적인 의사소통능력은 인간의 것과 다르다는 것이다. 따라서 글쓴이의 주장으로 소리를 내는 동물의 행위는 대화나 토론, 회의와 같이 서로 의미를 주고받는 인간의 언어활동으로 볼 수 없다는 ④가 가장 적절하다.

정답 ④

| 문제 1 |

다음 글의 주제로 가장 적절한 것은?

맹자는 다음과 같은 이야기를 전한다. 송나라의 한 농부가 밭에 나갔다 돌아오면서 처자에게 말한다. "오늘 일을 너무 많이 했다. 밭의 싹들이 빨리 자라도록 하나하나 잡아당겨줬더니 피곤하구나." 아내와 아이가 밭에 나가보았더니 싹들이 모두 말라 죽어 있었다. 이렇게 자라는 것을 억지로 돕는 일, 즉 조장(助長)을 하지 말라고 맹자는 말한다. 싹이 빨리 자라기를 바란다고 싹을 억지로 잡아 올려서는 안 된다. 목적을 이루기 위해 가장 빠른 효과를 얻고 싶겠지만 이는 도리어 효과를 놓치는 길이다. 억지로 효과를 내려고 했기 때문이다. 싹이 자라기를 바라 싹을 잡아당기는 것은 이미 시작된 과정을 거스르는 일이다. 효과가 자연스럽게 나타날 가능성을 방해하고 막는 일이기 때문이다. 당연히 싹의 성장 가능성은 땅 속의 씨앗에 들어 있는 것이다. 개입하고 힘을 쏟고자 하는 대신에 이 잠재력을 발휘할 수 있도록 하는 것이 중요하다.
피해야 할 두 개의 암초가 있다. 첫째는 싹을 잡아당겨서 직접적으로 성장을 이루려는 것이다. 이는 목적성이 있는 적극적 행동주의로서 성장의 자연스러운 과정을 존중하지 않는 것이다. 달리 말하면 효과가 숙성되도록 놔두지 않는 것이다. 둘째는 밭의 가장자리에 서서 자라는 것을 지켜보는 것이다. 싹을 잡아당겨서도 안 되고 그렇다고 단지 싹이 자라는 것을 지켜만 봐서도 안 된다. 그렇다면 무엇을 해야 하는가? 싹 밑의 잡초를 뽑고 김을 매주는 일을 해야 하는 것이다. 경작이 용이한 땅을 조성하고 공기를 통하게 함으로써 성장을 보조해야 한다. 기다리지 못함도 삼가고 아무 것도 안함도 삼가야 한다. 작동 중에 있는 자연스런 성향이 발휘되도록 기다리면서도 전력을 다할 수 있도록 돕는 노력도 멈추지 말아야 한다.

① 인류사회는 자연의 한계를 극복하려는 인위적 노력에 의해 발전해 왔다.
② 싹이 스스로 성장하도록 그대로 두는 것이 수확량을 극대화하는 방법이다.
③ 어떤 일을 진행할 때 가장 중요한 것은 명확한 목적성을 설정하는 것이다.
④ 자연의 순조로운 운행을 방해하는 인간의 개입은 예기치 못한 화를 초래할 것이다.
⑤ 잠재력을 발휘하도록 하려면 의도적 개입과 방관적 태도 모두를 경계해야 한다.

정답 해설

제시문의 '기다리지 못함도 삼가고 아무 것도 안함도 삼가야 한다.'라는 문장이 주제라고 할 수 있다. 이때 기다리지 못한다는 것은 의도적인 개입을 의미하며, 아무 것도 안한다는 것은 방관적인 태도를 뜻하므로 제시문의 주제로 가장 적절한 것은 ⑤이다.

오답분석

① 제시문에서는 개입하고 힘을 쏟고자 하는 대신에 이 잠재력을 발휘할 수 있도록 하는 것이 중요하다고 하였으므로 '인위적 노력'과는 거리가 멀다.
② 싹을 잡아당겨서도 안 되지만 그렇다고 단지 싹이 자라는 것을 지켜만 봐서도 안 된다고 하였으므로 적절하지 않은 내용이다.
③ 명확한 목적성을 설정하는 것은 제시문의 내용과 크게 관계가 없다.
④ 기다리지 못함도 삼가고 아무 것도 안함도 삼가야 한다고 하면서 작동 중에 있는 자연스런 성향이 발휘되도록 기다리면서도 전력을 다할 수 있도록 돕는 노력, 즉 어느 정도의 개입도 해야 한다고 하였으므로 적절하지 않은 내용이다.

정답 ⑤

| 문제 2 |

다음 글의 논지로 가장 적절한 것은?

최근 다도해 지역을 해양사의 관점에서 새롭게 주목하는 논의가 많아졌다. 그들은 주로 다도해 지역의 해로를 통한 국제 교역과 사신의 왕래 등을 거론하면서 해로와 포구의 기능과 해양 문화의 개방성을 강조하고 있다. 한편 다도해는 오래전부터 유배지로 이용되었다는 사실이 자주 언급됨으로써 그동안 우리에게 고립과 단절의 이미지로 강하게 남아 있었다. 이처럼 다도해는 개방성의 측면과 고립성의 측면에서 모두 조명될 수 있다. 이는 섬이 바다에 의해 격리되는 한편 그 바다를 통해 외부 세계와 연결되기 때문이다.

다도해의 문화적 특징을 말할 때 흔히 육지에 비해 옛 모습의 문화가 많이 남아 있다는 점이 거론된다. 섬이 단절된 곳이므로 육지에서는 이미 사라진 문화가 섬에는 아직 많이 남아 있다고 여기는 것이다. 또한, 섬이라는 특수성 때문에 무속이 성하고 마을굿도 풍성하다고 생각하는 이들도 있다. 이런 견해는 다도해를 고립되고 정체된 곳이라고 생각하는 관점과 통한다. 실제로는 육지에도 무당과 굿당이 많은데도 관념적으로 섬을 특별하게 여기는 것이다.

이런 관점에서 '진도 다시래기'와 같은 축제식 장례 풍속을 다도해 토속 문화의 대표적인 사례로 드는 경우도 있다. 지금도 진도나 신안 등지에 가면 상가(喪家)에서 노래하고 춤을 추며 굿을 하는 것을 볼 수 있는데, 이런 모습은 고대 역사서의 기록과 흡사하므로 그 풍속이 고풍스러운 것은 분명하다. 하지만 기존 연구에서 밝혀졌듯이 진도 다시래기가 지금의 모습을 갖추게 된 데에는 육지의 남사당패와 같은 유희 유랑 집단에서 유입된 요소들의 영향도 적지 않다. 이런 연구 결과도 다도해의 문화적 특징을 일방적인 관점에서 접근해서는 안 된다는 점을 시사해 준다.

① 유배지로서의 다도해 역사를 제대로 이해해야 한다.
② 옛 모습이 많이 남아 있는 다도해의 문화를 잘 보존해야 한다.
③ 다도해의 문화적 특징을 논의할 때 개방성의 측면을 간과해서는 안 된다.
④ 다도해의 관념적 측면을 소홀히 해서는 그 풍속을 제대로 이해하기 어렵다.
⑤ 다도해의 토속 문화를 제대로 이해하기 위해서는 고전의 기록을 잘 살펴봐야 한다.

정답 해설

제시문의 첫 번째 문단에서는 다도해 지역이 개방성의 측면과 고립성의 측면에서 모두 조명될 수 있다는 점을 언급하였고, 두 번째 문단에서는 그중 고립성의 측면이 강조되는 사례들을 서술하였다. 그러나 마지막 문단에서는 고립성을 나타내는 것으로 여겨지는 사례들도 육지와의 연결 속에서 발전한 것이라는 주장을 하면서 다도해의 문화적 특징을 일방적인 관점에서 접근해서는 안 된다고 하였다. 따라서 제시문의 논지는 개방성의 측면을 간과해서는 안 된다는 ③이 가장 적절하다.

정답 ③

TOPIC

11 비판과 반박

01 유형의 이해

앞서 살펴본 주제 찾기와 큰 틀에서는 같다고 생각할 수 있지만, 실제 출제되는 선택지들을 살펴보면 제시문을 상당히 꼼꼼하게 읽어야 풀이가 가능하다는 것을 알 수 있다. 즉, 단순히 주제를 반대로 뒤집어서 판단하는 문제는 거의 출제되지 않고 있으며, 제시문에서 결론을 끌어내기 위해 사용했던 구체적인 논거들을 반박하게끔 선택지가 구성되고 있다.

02 접근법

(1) 제시문의 주제

문제에서 주제에 대한 반박을 찾아낼 것을 요구하고 있더라도 기본적으로 해당 제시문의 전체 주제를 찾는 것이 최우선되어야 한다. 비록 정답이 되지는 않더라도 이 주제와 같은 의미를 가지는 선택지가 최소 1개는 등장하기 마련이어서 간단하게 선택지 1개를 제거할 수 있게 된다.

(2) 사례를 활용할 것

이 유형의 제시문들은 대부분 전체 주제를 뒷받침하기 위한 여러개의 근거 문장들과 이 문장들을 설명하기 위한 사례들로 채워져 있다. 대부분의 선택지는 이 사례들을 적절하게 재가공한 문장들이다. 다른 유형의 문제들에서는 이 사례들이 단순히 제시문을 이해하는 양념으로 활용되지만 비판 유형에서는 이 사례들을 가볍게 넘겨서는 안된다. 극단적으로 제시문의 사례들만 읽어도 풀리는 문제도 종종 출제되고 있다.

대표예제

다음 글의 주장에 대한 반박으로 가장 적절한 것은?

> 현금 없는 사회로의 이행은 바람직하다. 현금 없는 사회에서는 카드나 휴대전화 등을 이용한 비현금 결제 방식을 통해 모든 거래가 이루어질 것이다. 현금 없는 사회에서 사람들은 불편하게 현금을 들고 다니지 않아도 되고 잔돈을 주고받기 위해 기다릴 필요가 없다. 그리고 언제 어디서든 편리하게 거래를 할 수 있다. 또한 매년 새로운 화폐를 제조하기 위해 1,000억 원 이상의 많은 비용이 소요되는데, 현금 없는 사회에서는 이 비용을 절약할 수 있어 경제적이다. 마지막으로 현금 없는 사회에서는 자금의 흐름을 보다 정확하게 파악할 수 있다. 이를 통해 경제 흐름을 예측하고 실질적인 정책들을 수립할 수 있어 공공의 이익에도 기여할 수 있다.

① 다양한 비현금 결제 방식을 상황에 맞게 선택한다면 거래에 제약은 없을 것이다.
② 비현금 결제 방식에 필요한 시스템을 구축하는 데 필요한 비용은 우리나라에 이미 구축되어 있는 정보통신 기반시설을 활용한다면 상당 부분 절감할 수 있다.
③ 비현금 결제 방식에 필요한 시스템을 구축하는 데 많은 비용이 소요될 수 있으므로 경제적이라고 할 수 없다.
④ 비현금 결제는 빈익빈 부익부 현상을 강화하여 사회 위화감을 조성할 것이다.
⑤ 개인의 선택의 자유가 확대될 수 있으므로 비현금 결제는 공공 이익에 부정적 영향을 미칠 수 있다.

정답 | 해설

제시문에서는 비현금 결제의 편리성, 경제성, 사회의 공공 이익에 기여 등을 이유로 들어 비현금 결제를 지지하고 있다. 따라서 비현금 결제 방식이 경제적이지 않다는 내용으로 반박할 수 있다.

오답분석

①·② 제시문의 주장을 강화하는 근거에 해당한다.
④ 제시문에서 빈익빈 부익부와 관련된 내용은 주장의 근거로 사용하고 있지 않으므로 적절하지 않다.
⑤ 개인의 선택의 자유가 확대된다고 해서 공공 이익에 부정적 영향을 미치는 것은 아니며, 이는 제시문의 근거와도 관련이 없으므로 적절하지 않다.

정답 ③

| 문제 1 |

다음 글의 논지를 비판하는 내용으로 가장 적절한 것은?

> 자신의 스마트폰 없이는 도무지 일과를 진행하지 못하는 K의 경우를 생각해 보자. 그의 일과표는 전부 그의 스마트폰에 저장되어 있어서 그의 스마트폰은 적절한 때가 되면 그가 해야 할 일을 알려줄 뿐만 아니라 약속 장소로 가기 위해 무엇을 타고 어떻게 움직여야 할지까지 알려 준다. K는 어릴 때 보통 사람보다 기억력이 매우 나쁘다는 진단을 받았지만 스마트폰 덕분에 어느 동료에게도 뒤지지 않는 업무 능력을 발휘하고 있다. 이와 같은 경우, K는 스마트폰 덕분에 인지 능력이 보강된 것으로 볼 수 있는데, 그 보강된 인지 능력을 K 자신의 것으로 볼 수 있는가? 이 물음에 대한 답은 긍정이다. 즉, 우리는 K의 스마트폰이 그 자체로 K의 인지 능력 일부를 실현하고 있다고 보아야 한다. 그런 판단의 기준은 명료하다. 스마트폰의 메커니즘이 K의 손바닥 위나 책상 위가 아니라 그의 두뇌 속에서 작동하고 있다고 가정해 보면 된다. 물론 사실과 다른 가정이지만 만일 그렇게 가정한다면 우리는 K 자신이 모든 일과를 정확하게 기억하고 있고 또 약속 장소를 잘 찾아간다고 평가할 것이다. 이처럼 '만일 K의 두뇌 속에서 일어난다면'이라는 상황을 가정했을 때 그것을 K 자신의 기억이나 판단이라고 인정할 수 있다면, 그런 과정은 K 자신의 인지 능력이라고 평가해야 한다.

① K가 자신이 미리 적어 놓은 메모를 참조해서 기억력 시험 문제에 답한다면 누구도 K가 그 문제의 답을 기억한다고 인정하지 않는다.

② K가 종이 위에 연필로 써가며 253×87과 같은 곱셈을 할 경우 종이와 연필의 도움을 받은 연산 능력 역시 K 자신의 인지 능력으로 인정해야 한다.

③ K가 집에 두고 나온 스마트폰에 원격으로 접속하여 거기 담긴 모든 정보를 알아낼 수 있다면 그는 그 스마트폰을 손에 가지고 있는 것과 다름없다.

④ 스마트폰의 모든 기능을 두뇌 속에서 작동하게 하는 것이 두뇌 밖에서 작동하게 하는 경우보다 우리의 기억력과 인지 능력을 향상시키지 않는다.

⑤ 전화번호를 찾으려는 사람의 이름조차 기억이 나지 않을 때에도 스마트폰에 저장된 전화번호 목록을 보면서 그 사람의 이름을 상기하고 전화번호를 알아낼 수 있다.

정답 해설

제시문의 논지는 자신의 인지 능력이 다른 도구로 인해 보완되는 경우, 그 보강된 인지 능력도 자신의 것이라는 입장이다. 따라서 ①은 메모라는 다른 도구로 기억력을 보완했다고 하더라도 그것은 자신의 인지 능력이 향상된 것으로 볼 수 없다는 의미이므로, 제시문의 논지를 반박한다고 볼 수 있다.

오답분석

② 종이와 연필은 인지 능력을 보완하는 것이 아니라 두뇌에서 일어나는 판단을 시각적으로 드러내 보이는 것에 불과하며, 인지 능력 자체에 어떤 영향을 미친다고 보기 어렵다. 따라서 제시문의 논지와는 무관하다.

③ 원격으로 접속하여 스마트폰의 정보를 알아낼 수 있다는 것은 단순히 원격 접속의 도움을 받았다는 것일 뿐 인지 능력의 변화 여부와는 무관하다.

④ 제시문의 내용은 스마트폰의 기능으로 인한 인지 능력의 향상을 사용자의 능력 향상으로 볼 수 있느냐에 대한 것이다. 따라서 스마트폰의 기능이 두뇌의 밖에 있는지 안에 있는지의 여부와는 무관하다.

⑤ 스마트폰이라는 도구의 사용이 인지 능력을 향상시킨다고 보는 견해로, 이는 제시문의 논지를 지지하는 것이다.

정답 ①

| 문제 2 |

다음 글의 주장에 대한 반박으로 가장 적절한 것은?

> 우리는 우리가 생각한 것을 말로 나타낸다. 또 다른 사람의 말을 듣고, 그 사람이 무슨 생각을 가지고 있는가를 짐작한다. 그러므로 생각과 말은 서로 떨어질 수 없는 깊은 관계를 가지고 있다.
> 그러면 말과 생각이 얼마만큼 깊은 관계를 가지고 있을까? 이 문제를 놓고 사람들은 오랫동안 여러 가지 생각을 하였다. 그 가운데 가장 두드러진 것이 두 가지 있다. 그 하나는 말과 생각이 서로 꼭 달라붙은 쌍둥이인데 한 놈은 생각이 되어 속에 감추어져 있고 다른 한 놈은 말이 되어 사람 귀에 들리는 것이라는 생각이다. 다른 하나는 생각이 큰 그릇이고 말은 생각 속에 들어가는 작은 그릇이어서 생각에는 말 이외에도 다른 것이 더 있다는 생각이다.
> 이 두 가지 생각 가운데서 앞의 것은 조금만 깊이 생각해 보면 틀렸다는 것을 즉시 깨달을 수 있다. 우리가 생각한 것은 거의 대부분 말로 나타낼 수 있지만, 누구든지 가슴 속에 응어리진 어떤 생각이 분명히 있기는 한데 그것을 어떻게 말로 표현해야 할지 애태운 경험을 가지고 있을 것이다. 이것 한 가지만 보더라도 말과 생각이 서로 안팎을 이루는 쌍둥이가 아님은 쉽게 판명된다.
> 인간의 생각이라는 것은 매우 넓고 큰 것이며, 말이란 결국 생각의 일부분을 주워 담는 작은 그릇에 지나지 않는다. 그러나 아무리 인간의 생각이 말보다 범위가 넓고 큰 것이라고 하여도 그것을 가능한 한 말로 바꾸어 놓지 않으면 그 생각의 위대함이나 오묘함이 다른 사람에게 전달되지 않기 때문에 생각이 형님이요, 말이 동생이라고 할지라도 생각은 동생의 신세를 지지 않을 수가 없게 되어 있다.

① 말이 통하지 않아도 생각은 얼마든지 전달될 수 있다.
② 생각을 드러내는 가장 직접적인 수단은 말이다.
③ 말은 생각이 바탕이 되어야 생산될 수 있다.
④ 말과 생각은 서로 영향을 주고받는 긴밀한 관계를 유지한다.
⑤ 사회적 · 문화적 배경이 우리의 생각에 영향을 끼친다.

정답 해설

제시문에서는 인간의 생각과 말은 깊은 관계를 가지고 있으며, 생각이 말보다 범위가 넓고 큰 것은 맞지만 그것을 말로 표현하지 않으면 그 생각이 다른 사람에게 전달되지 않는다고 주장한다. 즉, 생각은 말을 통해서만 다른 사람에게 전달될 수 있다는 것이다. 따라서 이러한 주장에 대한 반박으로는 ①이 가장 적절하다.

정답 ①

TOPIC

12 문장의 삽입

01 유형의 이해

제시문이 주어지고 보기에서 제시된 문장을 제시문 사이에 위치한 빈칸 중 가장 적절한 위치에 넣는 유형이다. 의외로 이 유형을 어려워 하는 수험생들이 많은데 이는 지나치게 요령으로 문제를 풀이하려고 해서 생기는 현상이다. 여기서 말하는 요령이란, 빈칸의 앞뒤 문장만 읽고 문제를 풀이하려는 것을 말한다.

02 접근법

철저하게 정공법으로 풀이해야 한다. 즉, 제시문을 처음부터 순차적으로 읽으면서 빈칸이 나타나면 보기의 문장을 곧바로 넣어보는 것이다. 초반에 등장하는 빈칸에 해당 문장을 넣었다면 거의 대부분 의미상 연결되지 않는 것이거나 매우 어색한 내용이 되는 반면 중반 이후의 빈칸에서는 어딘가 모르게 그럴듯한 느낌을 주기 시작한다. 이때 곧바로 정답을 선택해서는 곤란하다. 대부분의 출제자들은 2개 정도의 후보군을 놓고 출제하는 경향이 있으므로 나머지 빈칸도 모두 확인하는 것이 좋다. 어차피 이 유형에서는 주제를 찾는 것도, 세부적인 내용을 찾는 것도 아니므로 마지막까지 모두 확인한다고 해서 크게 많은 시간이 걸리지 않는다.

대표예제

다음 글에서 〈보기〉의 문장이 들어갈 위치로 가장 적절한 곳은?

제2차 세계 대전이 끝나고 나서 미국과 소련 및 그 동맹국들 사이에서 공공연하게 전개된 제한적 대결 상태를 냉전(冷戰)이라고 한다. 냉전의 기원에 관한 논의는 냉전이 시작된 직후부터 최근까지 계속 진행되었다. 이는 단순히 냉전의 발발 시기와 이유에 대한 논의만이 아니라, 그 책임 소재를 묻는 것이기도 하다. 그 연구의 결과를 편의상 세 가지로 나누어 볼 수 있다.
가장 먼저 나타난 전통주의는 냉전을 유발한 근본적 책임이 소련의 팽창주의에 있다고 보았다. 소련은 세계를 공산화하기 위한 계획을 수립했고, 이 계획을 실행하기 위해 특히 동유럽 지역을 시작으로 적극적인 팽창 정책을 수행하였다. 그리고 미국이 자유 민주주의 세계를 지켜야 한다는 도덕적 책임감에 기초하여 그에 대한 봉쇄 정책을 추구하는 와중에 냉전이 발생했다고 본다. (가) 그리고 미국의 봉쇄 정책이 성공적으로 수행된 결과 냉전이 종식되었다는 것이 이들의 입장이다.
여기에 비판을 가한 수정주의는 기본적으로 냉전의 책임이 미국 쪽에 있고, 미국의 정책은 경제적 동기에서 비롯했다고 주장했다. 즉, 미국은 전후 세계를 자신들이 주도해 나가야 한다고 생각했고, 전쟁 중에 급증한 생산력을 유지할 수 있는 시장을 얻기 위해 세계를 개방 경제 체제로 만들고자 했다. (나) 무엇보다 소련은 미국에 비해 국력이 미약했으므로 적극적 팽창 정책을 수행할 능력이 없었다는 것이 수정주의의 기본적 입장이었다. 오히려 미국이 유럽에서 공격적인 정책을 수행했고, 소련은 이에 대응했다는 것이다.
냉전의 기원에 관한 또 다른 주장인 탈수정주의는 위의 두 가지 주장에 대한 절충적 시도로서, 냉전의 책임을 일방적으로 어느 한 쪽에 부과해서는 안 된다고 보았다. 즉, 냉전은 양국이 추진한 정책의 '상호 작용'에 의해 발생했다는 것이다. (다) 또한, 경제를 중심으로만 냉전을 보아서는 안 되며 안보 문제 등도 같이 고려하여 파악해야 한다고 보았다. (라) 소련의 목적은 주로 안보 면에서 제한적으로 추구되었는데, 미국은 소련의 행동에 과잉 반응했고, 이것이 상황을 악화시켰다는 것이다. (마) 이로 인해 냉전 책임론은 크게 후퇴하고 구체적인 정책 형성에 대한 연구가 부각되었다.

보기

그러므로 미국 정책 수립의 기저에 깔린 것은 이념이 아니라는 것이다.

① (가) ② (나)
③ (다) ④ (라)
⑤ (마)

정답 | 해설

세 번째 문단에서 설명하는 수정주의는 미국이 시장을 얻기 위해 세계를 개방 경제 체제로 만들려는 과정에서 냉전이 비롯됐다며 냉전의 발생 원인을 미국의 경제적 동기에서 찾고 있다. 즉, 보기에서 언급한 것과 같이 (정치적) 이념 때문이 아니라는 것이다. 따라서 보기의 위치는 (나)가 가장 적절하다.

정답 ②

| 문제 1 |

다음 글에서 〈보기〉의 문장이 들어갈 위치로 가장 적절한 곳은?

> 현대 사회가 다원화되고 복잡해지면서 중앙 정부는 물론, 지방 자치 단체 또한 정책 결정 과정에서 능률성과 효과성을 우선시하는 경향이 커져 왔다. 이로 인해 전문적인 행정 담당자를 중심으로 한 정책 결정이 빈번해지고 있다. 그러나 지방 자치 단체의 정책 결정은 지역 주민의 의사와 무관하거나 배치되어서는 안 된다는 점에서 이러한 정책 결정은 지역 주민의 의사에 부합하는 방향으로 보완될 필요가 있다. (가)
> 행정 담당자 주도로 이루어지는 정책 결정의 문제점을 극복하기 위해 그동안 지방 자치 단체 자체의 개선 노력이 없었던 것은 아니다. (나) 이는 모두 행정 담당자 주도의 정책 결정을 보완하기 위해 시장 경제의 원리를 부분적으로 받아들였다는 점에서는 공통되지만, 운영 방식에는 차이가 있다. 민간화는 지방 자치 단체가 담당하는 특정 업무의 운영권을 민간 기업에 위탁하는 것으로, 기업 선정을 위한 공청회에 주민들이 참여하는 등의 방식으로 주민들의 요구를 반영하는 것이다. (다) 하지만 민간화를 통해 수용되는 주민들의 요구는 제한적이므로 전체 주민의 이익이 반영되지 못하는 경우가 많고, 민간 기업의 특성상 공익의 추구보다는 기업의 이익을 우선한다는 한계가 있다. 경영화는 민간화와는 달리, 지방 자치 단체가 자체적으로 민간 기업의 운영 방식을 도입하는 것을 말한다. 주민들을 고객으로 대하며 주민들의 요구를 충족하고자 하는 것이다.
> (라) 이러한 한계를 해소하고 지방 자치 단체의 정책 결정 과정에서 지역 주민 전체의 의견을 보다 적극적으로 반영하기 위해서는 주민 참여 제도의 활성화가 요구된다. (마) 현재 우리나라의 지방 자치 단체가 채택하고 있는 간담회, 설명회 등의 주민 참여 제도는 주민들의 의사를 간접적으로 수렴하여 정책에 반영하는 방식인데, 주민들의 의사를 더욱 직접적으로 반영하기 위해서는 주민 투표, 주민 소환, 주민 발안 등의 직접 민주주의 제도를 활성화하는 방향으로 주민 참여 제도가 전환될 필요가 있다.

보기

ㄱ. 지역 주민의 요구를 수용하기 위해 도입한 민간화와 경영화가 대표적인 사례이다.
ㄴ. 그러나 주민 감시나 주민자치위원회 등을 통한 외부의 적극적인 견제가 없으면 행정 담당자들이 기존의 관행에 따라 업무를 처리하는 경향이 나타나기도 한다.

	ㄱ	ㄴ
①	(가)	(다)
②	(나)	(다)
③	(나)	(라)
④	(다)	(라)
⑤	(마)	(라)

정답 해설

ㄱ. ㄱ에서 '민간화, 경영화'의 두 가지 방법을 통해 지역 주민의 요구를 수용하려는 이유는 첫 번째 문단의 내용처럼 전문적인 행정 담당자 중심의 정책 결정으로 인해 정책이 지역 주민의 의사와 무관하거나 배치되는 문제를 개선하기 위해서이다. 또한 (나) 바로 뒤에 있는 문장의 '이'는 '민간화, 경영화'를 가리킨다. 따라서 ㄱ의 위치는 (나)가 가장 적절하다.
ㄴ. 마지막 문단 첫 문장의 '이러한 한계'는 ㄴ에서 말하는 '행정 담당자들이 기존의 관행에 따라 업무를 처리하는 경향'을 가리키므로 ㄴ은 마지막 문단의 바로 앞에 있어야 하며 마지막 문단은 앞선 문단에서 지적한 문제의 개선 방안을 제시하고 있는 것이다. 따라서 ㄴ의 위치는 (라)가 가장 적절하다.

정답 ③

| 문제 2 |

다음 글에서 〈보기〉의 문장이 들어갈 위치로 가장 적절한 곳은?

1950년대 프랑스의 영화 비평계에는 작가주의라는 비평 이론이 새롭게 등장했다. 작가주의란 감독을 단순한 연출자가 아닌 '작가'로 간주하고, 작품과 감독을 동일시하는 관점을 말한다. 이 이론이 대두될 당시 프랑스에는 유명한 문학 작품을 별다른 손질 없이 영화화하거나 화려한 의상과 세트, 인기 연극배우에 의존하는 제작 관행이 팽배해 있었다. 작가주의는 이렇듯 프랑스 영화에 만연했던 문학적·연극적 색채에 대한 반발로 주창되었다. (가)

작가주의는 상투적인 영화가 아닌 감독 개인의 영화적 세계와 독창적인 스타일을 일관되게 투영하는 작품들을 옹호한다. (나) 감독의 창의성과 개성은 작품 세계를 관통하는 감독의 세계관 혹은 주제 의식, 그것을 표출하는 나름의 이야기 방식, 고집스럽게 되풀이되는 특정한 상황이나 배경 혹은 표현 기법 같은 일관된 문체상의 특징으로 나타난다는 것이다.

한편, 작가주의적 비평은 영화 비평계에 중요한 영향을 끼쳤는데, 그중에서도 주목할 점은 할리우드 영화를 재발견한 것이다. 할리우드에서는 일찍이 미국의 대량 생산 기술을 상징하는 포드 시스템과 흡사하게 제작 인력들의 능률을 높일 수 있는 표준화·분업화한 방식으로 영화를 제작했다. (다) 이는 계량화가 불가능한 창작자의 재능, 관객의 변덕스런 기호 등의 변수로 야기될 수 있는 흥행의 불안정성을 최소화하면서 일정한 품질의 영화를 생산하기 위함이었다.

그러나 작가주의적 비평가들은 할리우드라는 가장 산업화된 조건에서 생산된 상업적인 영화에서도 감독 고유의 표지를 찾아낼 수 있다고 보았다. (라) 작가주의적 비평가들은 제한적인 제작 여건이 오히려 감독의 도전 의식과 창의성을 끌어낸 사례들에 주목한 것이다. 그에 따라 B급 영화(적은 예산으로 단시일에 제작되어 완성도가 낮은 상업적인 영화)와 그 감독들마저 수혜자가 되기도 했다.

(마) 이처럼 할리우드 영화의 재평가에 큰 영향을 끼쳤던 작가주의의 영향력은 오늘날까지도 이어지고 있다. 예컨대 작가주의로 인해 '좋은 영화' 혹은 '위대한 감독들'이 선정되었고, 이들은 지금도 영화 교육 현장에서 활용되고 있다.

보기

이에 따라 재정과 행정의 총괄자인 제작자가 감독의 작업 과정에도 관여하게 되었고, 감독은 제작자의 생각을 화면에 구현하는 역할에 머물렀다.

① (가)　② (나)
③ (다)　④ (라)
⑤ (마)

정답 해설

보기의 '이에 따라'에서 지시 대명사 '이'가 가리키는 내용은 (다) 바로 앞의 문장에서 언급한 '할리우드의 표준화·분업화된 영화 제작 방식'이다. 또한 (다)의 바로 뒤의 문장에서 지시 대명사 '이'가 가리키는 내용은 보기의 문장 전체이다. 따라서 (다)가 보기의 문장이 들어갈 곳으로 가장 적절하다.

정답 ③

TOPIC

13 문장의 나열

01 유형의 이해

문장 내지는 짧은 문단 4개 정도가 주어지고 이들을 논리적 구조에 맞게 나열하게 하는 유형이다. 이 유형은 바로 뒤에서 설명할 문단 나열하기 유형의 기본이 되는 형태인데 문제의 길이가 짧으면서 실제 풀이에 소요되는 시간도 짧은 효자 유형이라고 할 수 있다. 하지만 이 유형에도 걸림돌이 있는데 바로 선후관계가 명확히 구별되지 않는 것들이 반드시 존재한다는 것이다. 이는 선택지로도 해결되지 않는다. 예를 들어 (나)와 (다)의 순서가 혼동되는 경우 선택지에 (나) – (다)와 (다) – (나)가 모두 등장하는 경우가 많기 때문이다. 따라서 평소 신문 사설등을 통해 논리적인 글의 구조를 체화시켜놓는 것이 중요하다.

02 접근법

(1) 주제문 찾기

제시문이 어떻게 구성되어 있든 전체 문장들을 다 읽어보면 주제로 보이는 것이 분명히 떠오르기 마련이다. 이 주제문을 가장 뒤에 놓은 선택지를 찾는 것에서 시작한다. 문단 나열하기 유형에서는 주제문이 마지막에 위치하지 않는 경우가 간혹 있지만 문장을 배열하는 경우는 예외 없이 마지막에 위치한다.

(2) 접속사

'또한', '하지만'과 같이 접속어로 시작하는 문장은 절대로 첫 번째에 오지 않는다. 소심한 수험생들은 혹시 하는 마음에 접속어로 시작하는 문장이 처음에 오는 경우까지 열어두고 순서를 판단하곤 하는데 출제하는 입장에서는 논란을 피하기 위해 절대로 첫 번째에 이러한 문장을 배치하지 않는다.

대표예제

다음 문장을 논리적 순서대로 바르게 나열한 것은?

(가) 밥상에 오르는 곡물이나 채소가 국내산이라고 하면 보통 그 종자도 우리나라의 것이라고 생각하기 쉽다.
(나) 또한 청양고추 종자는 우리나라에서 개발했음에도 현재는 외국 기업이 그 소유권을 가지고 있으며, 국내 채소 종자 시장의 경우 종자 매출액의 50%가량을 외국 기업이 차지하고 있다는 조사 결과도 있다.
(다) 하지만 실상은 많은 작물의 종자를 수입하고 있으며, 양파, 토마토, 배 등의 종자 자급률은 약 16%, 포도는 약 1%에 불과할 정도로 그 자급률이 매우 낮다.
(라) 이런 상황이 지속될 경우, 우리 종자를 심고 키우기 어려워질 것이고, 종자를 수입하거나 로열티를 지급하는 데 지금보다 훨씬 많은 비용이 들어가는 상황이 발생할 수도 있다.

① (가) – (나) – (다) – (라)
② (가) – (나) – (라) – (다)
③ (가) – (다) – (나) – (라)
④ (나) – (다) – (라) – (가)
⑤ (나) – (라) – (다) – (가)

정답 해설

먼저 종자에 대한 보편적 인식의 (가) 문장이 오는 것이 적절하며, 다음으로 이런 인식과 달리 많은 작물의 종자를 수입하고 있다는 (다) 문장이 오는 것이 적절하다. 이후 '또한~'으로 이어지며, 외국 기업이 차지하고 있는 채소 종자 시장의 실태를 보여주는 (나) 문장과 이로 인해 발생할 수 있는 문제를 언급하는 (라) 문장이 순서대로 오는 것이 적절하다.

정답 ③

| 문제 1 |

다음 문장을 논리적 순서대로 바르게 나열한 것은?

(가) 여름에는 찬 음식을 많이 먹거나 냉방기를 과도하게 사용하는 경우가 많은데, 그렇게 되면 체온이 떨어져 면역력이 약해지기 때문이다.
(나) 만약 감기에 걸렸다면 탈수로 인한 탈진을 방지하기 위해 수분을 충분히 섭취해야 한다.
(다) 특히 감기로 인해 열이 나거나 기침을 할 때에는 따뜻한 물을 여러 번에 나누어 먹는 것이 좋다.
(라) 여름철 감기를 예방하기 위해서는 찬 음식은 적당히 먹어야 하고 냉방기에 장시간 노출되는 것을 피해야 하며, 충분한 휴식을 취해야 하고, 집에 돌아온 후에는 손발을 꼭 씻어야 한다.
(마) 일반적으로 감기는 겨울에 걸린다고 생각하지만 의외로 여름에도 감기에 걸린다.

① (가) – (다) – (나) – (라) – (마)
② (가) – (라) – (다) – (마) – (나)
③ (가) – (라) – (마) – (나) – (다)
④ (마) – (가) – (라) – (나) – (다)
⑤ (마) – (다) – (라) – (나) – (가)

정답 해설

제시문은 여름에도 감기에 걸리는 이유와 예방 및 치료방법에 대해 설명하고 있다. 따라서 (마) 의외로 여름에도 감기에 걸림 → (가) 찬 음식과 과도한 냉방기 사용으로 체온이 떨어져 면역력이 약해짐 → (라) 감기 예방을 위해 찬 음식은 적당히 먹고 충분한 휴식을 취하고, 귀가 후 손발을 씻어야 함 → (나) 감기에 걸렸다면 수분을 충분히 섭취해야 함 → (다) 열이나 기침이 날 때에는 따뜻한 물을 여러 번 나눠 먹는 것이 좋음의 순서로 나열해야 한다.

정답 ④

| 문제 2 |

다음 문장을 논리적 순서대로 바르게 나열한 것은?

(가) 인간이 타고난 그대로의 자연스러운 본능이 성품이며, 인간이 후천적인 노력을 통하여 만들어 놓은 것이 인위이다.
(나) 따라서 인간의 성품은 악하나, 인위로 인해 선하게 된다.
(다) 즉, 배고프면 먹고 싶고 피곤하면 쉬고 싶은 것이 성품이라면, 배고파도 어른에게 양보하고 피곤해도 어른을 대신해 일하는 것은 인위이다.
(라) 그러므로 자연스러운 본능을 따르게 되면 반드시 다투고 빼앗는 결과를 초래하게 되지만, 스승의 교화를 받아 예의 법도를 따르게 되면 질서가 유지된다.

① (가) – (나) – (라) – (다)
② (가) – (다) – (나) – (라)
③ (가) – (다) – (라) – (나)
④ (나) – (라) – (다) – (가)
⑤ (다) – (나) – (가) – (라)

정답 | 해설

제시문은 성품과 인위를 정의하고 이것에 대한 구체적인 예를 통해 인간의 원래 성품과 선하게 되는 원리를 설명하는 글이다. 따라서 (가) 성품과 인위의 정의→(다) 성품과 인위의 예→(라) 성품과 인위의 결과→(나) 이를 통해 알 수 있는 인간의 성질 순서로 나열해야 한다.

정답 ③

TOPIC

14 문단의 나열

01 유형의 이해

앞서 설명한 문장 나열하기 유형이 한 단계 진화한 유형으로, NCS뿐만 아니라 언어능력을 테스트하는 모든 시험에서 반드시 출제되는 유형이다. 문장 나열하기와 달리 이 유형은 복합적인 독해력을 테스트하는 것인 만큼 풀이시간도 많이 걸리는 편이며 난이도 또한 높게 출제되고 있다.

02 접근법

(1) 각 문단의 첫 단어

문단을 시작하는 단어는 각 문단을 연결하는 고리가 되는데 특히, 접속어가 문두에 등장하는 경우라면 이를 통해 앞 문단을 유추할 수 있는 만큼 다른 문단에 비해 더 주의를 집중해야 한다. 때문에 이 유형의 문제에서는 각 문단의 첫 단어에 표시를 해 두는 것이 유용하다.

(2) 첫 문단의 선택

이 유형의 문제에서는 첫 문단처럼 보이지만 실제로는 그렇지 않은 문단이 거의 예외 없이 등장한다. 흔히들 일반론적인 내용을 다룬 문단이 등장하면 그것이 첫 문단이라고 판단하는 경향이 있는데, 실제 시험에서는 이를 역이용하여 함정을 파두는 편이다. 따라서 너무 뚜렷하게 일반론을 다룬 문단이 등장한다면 그것이 첫 문단이 아닐 수도 있음에 주의해야 한다.

대표예제

다음 문단을 논리적 순서대로 바르게 나열한 것은?

(가) 닭 한 마리가 없어져서 뒷집 식구들이 모두 나서서 찾았다. 그런데 앞집 부엌에서 고기 삶는 냄새가 났다. 왜 우리 닭을 잡아먹었느냐고 따지자 주인은 아니라고 잡아뗐다. 부엌에서 나는 고기 냄새는 무어냐고 물었더니, 냄새가 날 일이 없다고, 아마도 네가 오랫동안 고기 맛을 보지 못해서 환장했을 거라고 면박을 줬다. 너희 집 두엄 더미에 버려진 닭 털은 어찌된 거냐고 들이대자 오리 발을 들고 나와 그것은 네 집 닭 털이 아니라 우리 집 오리털이라고 변명했다. 네 집 닭을 훔쳐 먹은 것이 아니라 우리 집 오리를 내가 잡은 것인데, 그게 무슨 죄가 되냐고 오히려 큰소리쳤다.

(나) 남의 닭을 훔쳐다 잡아먹고서 부인할 수는 있다. 그러나 뭐 뀐 놈이 성내는 것도 분수가 있지, 피해자를 가해자로 몰아 처벌하게 하는 것은 말문이 막힐 수밖에 없는 일이 아닌가. 적반하장도 유분수지, 도둑이 주인을 도둑으로 처벌해 달라고 고소하는 일은 별로 흔하지 않을 것이다.

(다) 뒷집 사람은 원님에게 불려 가게 되었다. 뒷집이 우리 닭을 훔쳐다 잡아먹었으니 처벌해 달라고 앞집 사람이 고소했던 것이다. 이번에는 증거물이 있었다. 바로 앞집 사람이 잡아먹고 남은 닭발이었는데, 그것을 뒷집 두엄 더미에 넣어 두었던 것이다. 뒷집 사람은 앞집에서는 증조부 때 이후로 닭을 기른 적이 없다고 항변했지만 그것을 입증해 줄 만한 사람은 없었다. 뒷집 사람은 어쩔 수 없이 앞집에 닭 한 마리 값을 물어 주었다.

(라) '닭 잡아먹고 오리 발 내민다.'는 속담이 있다. 제가 저지른 나쁜 일이 드러나게 되니 어떤 수단을 써서 남을 속이려 한다는 뜻이다. 남을 속임으로써 난감한 처지에서 벗어나고자 하는 약삭빠른 사람의 행위를 이렇게 비유해서 말하는 것이다.

① (나) – (가) – (다) – (라)
② (나) – (다) – (라) – (가)
③ (라) – (가) – (다) – (나)
④ (라) – (나) – (가) – (다)
⑤ (라) – (나) – (다) – (가)

정답 해설

문맥상 먼저 속담을 제시하고 그 속담에 얽힌 이야기가 순서대로 나와야 하므로 (라) 문단이 가장 먼저 와야 한다. (라) 문단 다음으로 '앞집'과 '뒷집'의 다툼이 시작되는 (가) 문단이 나오고, 적반하장으로 뒷집이 앞집에 닭 한 마리 값을 물어주게 된 상황을 설명하는 (다) 문단이 이어지며, 이야기를 전체적으로 요약하고 평가하는 (나) 문단이 마지막에 와야 한다.

정답 ③

| 문제 1 |

다음 문단을 논리적 순서대로 바르게 나열한 것은?

(가) 회전문의 축은 중심에 있다. 축을 중심으로 통상 네 짝의 문이 계속 돌게 되어있다. 마치 계속 열려 있는 듯한 착각을 일으키지만, 사실은 네 짝의 문이 계속 안 또는 밖을 차단하도록 만든 것이다. 실질적으로는 열려 있는 순간 없이 계속 닫혀 있는 셈이다.

(나) 문은 열림과 닫힘을 위해 존재한다. 이 본연의 기능을 하지 못한다는 점에서 계속 닫혀 있는 문이 무의미하듯이, 계속 열려 있는 문 또한 그 존재 가치와 의미가 없다. 그런데 현대 사회의 문은 대부분의 경우 닫힌 구조로 사람들을 맞고 있다. 따라서 사람들을 환대하는 것이 아니라 박대하고 있을 수 있다고 할 수 있다. 그 대표적인 예가 회전문이다. 가만히 회전문의 구조와 그 기능을 머릿속에 그려보자. 그것이 어떤 식으로 열리고 닫히는지 알고는 놀랄 것이다.

(다) 회전문은 인간이 만들고 실용화한 문 가운데 가장 문명적이고 가장 발전된 형태로 보일지 모르지만, 사실상 열림을 가장한 닫힘의 연속이기 때문에 오히려 가장 야만적이며, 가장 미개한 형태의 문이다.

(라) 또한, 회전문을 이용하는 사람들은 회전문의 구조와 운동 메커니즘에 맞추어야 실수 없이 문을 통과해 안으로 들어가거나 밖으로 나올 수 있다. 어린아이, 허약한 사람, 또는 민첩하지 못한 노인은 쉽게 그것에 맞출 수 없다. 더구나 휠체어를 탄 사람이라면 더 말할 나위도 없다. 이들에게 회전문은 문이 아니다. 실질적으로 닫혀 있는 기능만 하는 문은 문이 아니기 때문이다.

① (가) – (나) – (라) – (다)
② (가) – (라) – (나) – (다)
③ (나) – (가) – (라) – (다)
④ (나) – (다) – (라) – (가)
⑤ (다) – (가) – (라) – (나)

정답 해설

제시문의 소재는 '회전문'이며, (나)에서는 그보다 더 포괄적인 개념인 '문'에 대한 일반적인 내용을 서술하고 있으므로 가장 앞에 위치해야 함을 알 수 있다. 그 대표적인 예가 회전문이다.'라는 부분을 통해서도 이를 유추해 볼 수 있다. 또한 (나)의 후반부에는 '회전문의 구조와 기능'이라는 부분이 언급되어 있다. 따라서 '구조와 기능'을 구체화시킨 (가)가 이어져야 하며, 그 뒤에는 이를 구체적인 사례를 들어 비판한 (라)가 위치하는 것이 가장 적절하다. 마지막으로는 이를 종합하여 회전문을 가장 미개한 형태의 문으로 규정한 (다)가 와야 한다.

정답 ③

| 문제 2 |

다음 글의 논리 전개 방식과 같은 방식으로 〈보기〉를 순서대로 바르게 나열한 것은?

낙수효과는 대기업 · 재벌 · 고소득층 등 선도 부문의 성과가 늘어나면, 연관 산업을 통해 후발 또는 낙후 부문에 유입되는 효과를 의미한다. 마치 컵을 층층이 피라미드처럼 쌓아 놓고 맨 위의 컵에 물을 붓는다면, 물이 컵을 가득 채운 후에는 자연스럽게 아래로 흘러내려가는 것처럼 경제 흐름 또한 마찬가지라는 이론이다.
낙수효과 이론은 선(先) 성장, 후(後) 분배를 주장하는 성장론자들의 금과옥조처럼 여겨져 왔다. 그러나 최근 OECD는 회원국들의 지니계수를 분석한 결과 소득불평등이 오히려 경제 성장을 방해한다는 결론을 내렸다. 낙수효과를 신봉하며 선 성장 기조를 내걸었던 영국과 미국은 조사기간 동안 각각 50%와 45%의 성장을 이룰 수 있었으나, 실제로는 양극화 때문에 41%와 38% 성장하는 데 그쳤다.
OECD의 조사 결과는 낙수효과의 허상을 드러낸 것으로 평가해야 한다. 조사 결과에서 알 수 있듯이, 소득불평등을 외면한 무조건적인 성장은 오히려 비효율성을 낳을 뿐이다. 우리나라의 경제 구조 역시 양극화 현상이 뚜렷이 나타나고 있지만, 정부는 성장만을 외치고 있다. 하루빨리 낙수효과의 허상에서 벗어나 진정한 경제 성장의 길을 도모할 때이다.

보기

(가) 한슬리크는 음악에서 대사의 도입이 자유로운 해석의 가능성을 차단한다고 생각했다.
(나) 이는 〈합창〉이 4악장까지 순수 기악곡으로 편성되었음에도 불구하고, 마지막 악장에서 갑자기 대사를 도입했기 때문이다.
(다) 따라서 한슬리크는 음악의 본질과 아름다움이란 음악적 형식과 음 자체에 있으며, 음악의 표제나 가사 같은 직접적인 표현은 음악의 예술성을 떨어뜨린다고 주장했다.
(라) 음악비평가 한슬리크는 베토벤의 교향곡 〈합창〉이 '다 완성한 대리석 조각에 머리만 색을 칠했다.'며 비판했다.
(마) 음악의 제목이나 대사를 듣는다면, 우리의 해석은 자연스럽게 이를 중심으로 나아갈 것이기 때문이다.

① (가) – (나) – (마) – (다) – (라)
② (가) – (마) – (라) – (나) – (다)
③ (가) – (마) – (다) – (라) – (나)
④ (라) – (나) – (가) – (다) – (마)
⑤ (라) – (나) – (가) – (마) – (다)

정답 해설

제시문은 낙수효과의 허상을 지적하며 소득불평등을 해소하는 경제 정책을 글에 말미에서 주장하는 미괄식 논리 구조를 가지고 있다. 따라서 이를 토대로 보기를 배치하면, 한슬리크의 핵심적인 주장인 (마)와 (다)가 마지막에 배치되어야 하므로 (라) – (나) – (가) – (마) – (다)의 순서로 나열해야 한다.

정답 ⑤

TOPIC

15 이어질 내용

01 유형의 이해

제시문이 주어지고 그 다음에 이어질 내용을 유추하는 유형으로, 짧은 문단 하나가 주어지고 뒤이어 나올 여러 문단들의 순서를 나열하는 형태와 긴 제시문이 주어지고 뒤에 들어갈 짧은 내용을 찾는 형태로 나누어 볼 수 있다.

02 접근법

결국은 주제를 찾는 것이 최우선이 되어야 한다. 이 형태의 제시문은 선택지의 내용이 들어가지 않은 상태에서는 미완성인 상태이다. 따라서 제시문만으로 주제가 명확하게 드러나지 않을 수도 있다. 하지만 그런 경우라면 이어질 내용은 주제를 담고 있는 문장이 되어야 하므로 앞서의 문단들을 통해 필자가 하고자 하는 주제를 유추하는 것이 된다. 또한, 주제까지 모두 파악할 수 있는 유형이라면 추가되는 내용은 그 주제를 보완 내지는 부연하는 것이 되므로 결국 어느 경우이든 제시문의 주제를 찾는 것과 같게 된다.

대표예제

다음 제시된 문단을 읽고 이어질 문단을 논리적 순서대로 바르게 나열한 것은?

구체적 행위에 대한 도덕적 판단 문제를 다루는 것이 규범 윤리학이라면, 옳음의 의미 문제, 도덕적 진리의 존재 문제 등과 같이 규범 윤리학에서 사용하는 개념과 원칙에 대해 다루는 것은 메타 윤리학이다. 메타 윤리학에서 도덕 실재론과 정서주의는 '옳음'과 '옳지 않음'의 의미를 이해하는 방식과 도덕적 진리의 존재 여부에 대해 상반된 주장을 펼친다.

(가) 따라서 '옳다' 혹은 '옳지 않다'라는 도덕적 판단을 내리지만, 과학적 진리와 같은 도덕적 진리는 없다는 입장을 보인다.
(나) 도덕 실재론에서는 도덕적 판단과 도덕적 진리를 과학적 판단 및 과학적 진리와 마찬가지라고 본다.
(다) 한편, 정서주의에서는 어떤 도덕적 행위에 대해 도덕적으로 옳음이나 도덕적으로 옳지 않음이라는 성질은 객관적으로 존재하지 않는 것이고, 도덕적 판단도 참 또는 거짓으로 판정되는 명제를 나타내지 않는다.
(라) 즉, 과학적 판단이 '참' 또는 '거짓'을 판정할 수 있는 명제를 나타내고 이때 참으로 판정된 명제를 과학적 진리라고 부르는 것처럼 도덕적 판단도 참 또는 거짓으로 판정할 수 있는 명제를 나타내고 참으로 판정된 명제가 곧 도덕적 진리라고 규정하는 것이다.

① (가) – (나) – (라) – (다)
② (가) – (다) – (나) – (라)
③ (나) – (가) – (다) – (라)
④ (나) – (라) – (다) – (가)
⑤ (다) – (가) – (나) – (라)

정답 해설

주어진 문단의 내용에 따라 도덕 실재론에 대해 설명하고 있는 (나)와 정서주의에 대해 설명하고 있는 (다) 중 하나가 가장 먼저 와야 한다. 이때 전환 기능의 접속어 '한편'이 (다)에 포함되어 있으므로 (나)가 더 앞에 위치해야 한다. 다음으로 환언 기능의 접속어 '즉'으로 시작하며 도덕적 진리를 과학적 명제처럼 판단하는 도덕 실재론에 대한 부연설명을 하고 있는 (라)가 이어지고, (다)에서 앞의 도덕 실재론과 다른 정서주의의 특징을 설명한 후 이에 대한 부연설명인 (가)가 와야 한다. 따라서 (나) – (라) – (다) – (가) 순서로 나열해야 한다.

정답 ④

| 문제 1 |

다음 글에 이어질 내용으로 가장 적절한 것은?

> 테레민이라는 악기는 손을 대지 않고 연주하는 악기이다. 이 악기를 연주하기 위해 연주자는 허리 높이쯤에 위치한 상자 앞에 선다. 연주자의 오른손은 상자에 수직으로 세워진 안테나 주위에서 움직인다. 오른손의 엄지와 집게손가락으로 고리를 만들고 손을 흔들면서 나머지 손가락을 하나씩 펴면 안테나에 손이 닿지 않고서도 음이 들린다. 이때 들리는 음은 피아노 건반을 눌렀을 때 나는 것처럼 정해진 음이 아니고 현악기를 연주하는 것과 같은 연속음이며, 소리는 손과 손가락의 움직임에 따라 변한다. 왼손은 손가락을 펼친 채로 상자에서 수평으로 뻗은 안테나 위에서 서서히 오르내리면서 소리를 조절한다.
> 오른손으로는 수직 안테나와의 거리에 따라 음고(音高)를 조절하고 왼손으로는 수평 안테나와의 거리에 따라 음량을 조절한다. 따라서 오른손과 수직 안테나는 음고를 조절하는 회로에 속하고 왼손과 수평 안테나는 음량을 조절하는 또 다른 회로에 속한다. 이 두 회로가 하나로 합쳐지면서 두 손의 움직임에 따라 음고와 음량을 변화시킬 수 있다.
> 어떻게 테레민에서 다른 음고의 음이 발생하는지 알아보자. 음고를 조절하는 회로는 가청주파수 범위 바깥의 주파수를 갖는 서로 다른 두 개의 음파를 발생시킨다. 이 두 개의 음파 사이에 존재하는 주파수의 차이값에 의해 가청주파수를 갖는 새로운 진동이 발생하는데 그것으로 소리를 만든다. 가청주파수 범위 바깥의 주파수 중 하나는 고정된 주파수를 갖고 다른 하나는 연주자의 손 움직임에 따라 주파수가 바뀐다. 이렇게 발생한 주파수의 변화에 의해 진동이 발생되고 이 진동의 주파수는 가청주파수 범위 내에 있기 때문에 그 진동을 증폭시켜 스피커로 보내면 소리가 들린다.

① 수직 안테나에 손이 닿으면 소리가 발생하는 원리
② 왼손의 손가락의 모양에 따라 음고가 바뀌는 원리
③ 수평 안테나와 왼손 사이의 거리에 따라 음량이 조절되는 원리
④ 음고를 조절하는 회로에서 가청주파수의 진동이 발생하는 원리
⑤ 오른손 손가락으로 가상의 피아노 건반을 눌러 음량을 변경하는 원리

정답 해설

제시문에서는 테레민이라는 악기의 작동 원리를 두 가지로 나누어 소개하였다. 첫 번째는 오른손을 이용해 수직 안테나와의 거리에 따라 음고를 조절하는 것이며, 두 번째는 왼손을 이용해 수평 안테나와의 거리에 따라 음량을 조절하는 것이다. 그런데 마지막 문단에서는 첫 번째 원리에 해당하는 내용만 언급되어 있으므로 주어진 제시문만으로는 두 번째 원리에 대한 내용을 알 수 없는 상태이다. 따라서 '수평 안테나와 왼손 사이의 거리에 따라 음량이 조절되는 원리'가 이어지는 것이 적절하다.

정답 ③

| 문제 2 |

다음 제시된 문단을 읽고 이어질 문단을 논리적 순서대로 바르게 나열한 것은?

현대 대부분 국가가 선택하는 정치체제는 민주주의이다. 민주주의는 물론 단점도 가지고 있지만, 여태까지 성립된 정치체제 중에서 가장 나은 체제라는 평가를 받고 있다.

(가) 일반적으로 민주주의에서 가장 중요한 것은 국민주권이며, 따라서 사회적 계급은 존재할 수 없다. 민주주의 체제가 성립되기 이전에 대부분 국가의 정치체제는 전제주의였는데, 전제주의에서는 특권자인 국왕에게 주권이 있는 것과 극명히 대비되는 부분이다.

(나) 입헌군주제에서 국왕은 통치능력이 없다. 일종의 국가 상징으로서만 받아들여지는 것이다. 이러한 입헌군주제에서의 국왕을 가장 잘 표현하는 말이 '군림하나 통치하지 않는다.'일 것이다.

(다) 아무리 상징으로서만 국왕이 존재한다고 해도 영국에는 입헌군주제를 폐기하자는 움직임이 존재한다. 이들은 입헌군주제를 옹호하는 '근왕파'와 대비되어 '공화파'라 불리며, 어떤 신문은 공화파를 위한 신문 사이트를 따로 개설, 국왕의 소식이 보이지 않게 하기도 했다.

(라) 그럼에도 불구하고 민주주의가 시작된 나라 중 하나인 영국에는 아직도 국왕이 있다. 이러한 정치체제를 입헌군주제라 하는데, 입헌군주제에서의 왕은 입법, 사법, 행정의 모든 권력을 행사하던 전제주의에서의 국왕과는 다르다.

① (가) – (다) – (나) – (라)
② (가) – (라) – (나) – (다)
③ (가) – (라) – (다) – (나)
④ (나) – (가) – (라) – (다)
⑤ (라) – (나) – (다) – (가)

정답 해설

제시문은 민주주의의 특성과 과거 전제주의와의 차이점, 입헌군주제와 전제주의의 차이점, 입헌군주제의 특성과 입헌군주제를 폐기하려는 움직임에 대하여 차례대로 설명하고 있다. 제시된 문단의 마지막에서 민주주의에 대해 '여태까지 성립된 정치체제 중에서 가장 나은 체제라는 평가를 받고 있다.'고 하였으므로 민주주의에 대하여 설명하고 있는 (가)가 이어지는 것이 적절하다. 따라서 (가) 민주주의의 특성과 전제주의와의 차이점 → (라) 민주주의의 탄생국이면서 동시에 입헌군주제인 영국 → (나) 입헌군주제 국왕의 특징 → (다) 입헌군주제를 폐기하려는 영국 내 공화파의 순서로 나열하는 것이 가장 적절하다.

정답 ②

TOPIC

16 | 개요의 수정

01 유형의 이해

제시문이 주어지는 것이 아니라 제시문의 뼈대만 나타난 유형으로, 가장 빠르게 풀이가 가능한 유형이다. 크게 잘못된 부분을 보완하는 유형과 빈칸 채우기 유형으로 출제되고 있으며, 선택지를 효율적으로 활용하면 큰 어려움 없이 정답을 찾을 수 있다.

02 접근법

이 유형은 제시된 개요와 선택지를 반드시 같이 보며 판단해야 한다. 왜냐하면 개요만 먼저 읽어서는 선택지가 어떤 식으로 구성되었는지를 예측하기가 어렵기 때문이다. 예를 들어 제시문을 읽을 때에는 문제가 없어 보이는 부분도 내용을 보완하는 형식을 취할 경우 얼마든지 선택지로 구성할 수 있기 때문이다.

대표예제

다음 개요에 대한 수정 및 보완 방안으로 적절하지 않은 것은?

주제문 : 인터넷상의 개인 정보 유출 문제의 심각성 Ⅰ. 서론 : 개인 정보가 유출되어 인터넷에 떠돌고 있는 현실 Ⅱ. 본론 1. 개인 정보 유출의 사회적 의미 (1) 범죄에 악용될 위험성 (2) 사생활 침해 우려 2. 개인 정보 유출의 원인 (1) 공공 및 민간 기관의 개인 정보 관리 소홀 (2) 개인 정보의 중요성에 대한 인식 부족 3. 문제의 해결방안 (1) 개인 정보 보호를 위한 체계적인 관리망 구축 (2) 개인 정보 유출 피해자에 대한 적극적인 보상 (3) 개인 정보의 중요성에 대한 의식 고취 Ⅲ. 결론 : 공공 기관의 보안 의식 제고

① 주제문의 형식에도 맞고 전체 내용도 포괄할 수 있도록 주제문을 '인터넷상의 개인 정보 유출 문제의 심각성을 알고 이를 해결하자.'로 진술한다.
② 'Ⅱ-1. 개인 정보 유출의 사회적 의미'는 하위 항목의 내용과 어울리지 않으므로 '개인 정보 유출의 문제점'으로 수정한다.
③ 'Ⅱ-2'의 내용을 보완하기 위해 '개인 정보 유출의 피해 양상'이라는 항목을 추가한다.
④ 'Ⅱ-3-(2)'은 내용의 논리적 흐름에 비추어 적절하지 않으므로 삭제한다.
⑤ 'Ⅲ. 결론'의 내용이 지나치게 제한적이므로 '관련 기관 및 개인의 노력 촉구'로 수정한다.

정답 해설

'개인 정보 유출의 피해 양상'은 개인 정보 유출로 인해 피해를 입은 경우나 구체적 사례에 어떠한 것들이 있는지 살펴보는 것이므로 ③은 적절하지 않다.

정답 ③

| 문제 1 |

다음은 '일반 건강검진의 서비스 개선'에 대한 글을 쓰기 위해 작성한 개요이다. 빈칸에 들어갈 내용으로 적절하지 않은 것은?

Ⅰ. 서론 : 일반 건강검진 서비스의 운영 현황 및 실태
Ⅱ. 본론
  1. 일반 건강검진 서비스의 의의
  2. 일반 건강검진 관련 문제점
    가. 검진 기관의 수 부족
    나. 검진 항목별 연령 제한
    다. 건강검진 대상 항목의 획일화
    라. 건강검진 사후 관리 미흡
  3. 일반 건강검진 관련 문제 해결 및 개선 방안
    ____
Ⅲ. 결론 : 일반 건강검진의 서비스 개선 촉구

① 검진 항목별 선택 가능 연령 확대
② 건강검진 기관에 대한 감독 강화
③ 건강검진 사후 관리 개선
④ 건강검진 기관의 확충
⑤ 건강검진 대상자를 위한 맞춤형 서비스 마련

정답 해설

'Ⅱ-2'의 '일반 건강검진 관련 문제점'을 바탕으로 일반 건강검진 관련 문제 해결 및 개선 방안을 찾아볼 수 있다. ②는 'Ⅱ-2'에서 제시한 문제점들과 관련이 없으므로 빈칸에 들어갈 내용으로 적절하지 않다.

오답분석

①은 'Ⅱ-2-나', ③은 'Ⅱ-2-라', ④는 'Ⅱ-2-가', ⑤는 'Ⅱ-2-다'와 관련이 있다.

정답 ②

| 문제 2 |

다음은 '악성 댓글의 원인과 해소 방안'에 대한 글을 쓰기 위해 작성한 개요이다. 이를 수정 및 보완할 방안으로 적절하지 않은 것은?

Ⅰ. 문제 제기 : 개인 정보 유출의 심각성 ·························· ㉠
Ⅱ. 악성 댓글의 원인
  가. 사이버 공간에서의 자유로운 의견 교환 ·················· ㉡
  나. 정보 통신 윤리 의식 미흡
  다. 인터넷 검색 능력 부족 ··· ㉢
  라. 악성 댓글에 대한 처벌의 어려움
Ⅲ. 악성 댓글 해소 방안 ·· ㉣
  가. 인터넷 실명제 실시
  나. 학교에서의 정보 통신 윤리 교육 강화 ···················· ㉤
Ⅳ. 결론 : 올바른 댓글 문화 정립

① ㉠ : 글의 주제를 고려하여 '악성 댓글의 실태'로 고친다.
② ㉡ : 상위 항목을 고려하여 '사이버 공간에서의 익명성'으로 고친다.
③ ㉢ : 글의 주제를 고려하여 삭제한다.
④ ㉣ : 'Ⅱ-라'를 고려하여 '악성 댓글에 대한 처벌 체계 보완'을 하위 항목으로 추가한다.
⑤ ㉤ : 상위 항목과의 연관성을 고려하여 'Ⅱ-나'와 위치를 바꾼다.

정답 해설

'Ⅱ-나'는 악성 댓글 해소 방안보다는 원인에 해당하며, ㉤은 이러한 원인에 대한 해소 방안으로 볼 수 있다. 따라서 서로 위치를 바꾸는 것은 적절하지 않다.

정답 ⑤

TOPIC

17 구조도의 작성

01 유형의 이해

뒤에서 다루게 될 순서 나열 문제에서 한 단계 업그레이드 된 유형으로, 순서 나열과 그 접근법은 같다. 다만 단순히 순서를 묻는 것이 아니라 어떠한 관계를 가지면서 그러한 순서를 가지는지를 묻는 것에서 차이가 있을 뿐이다.

02 접근법

(1) 부연 설명

다른 유형의 문제에서는 중심 문장을 부연하는 문장들은 중요하게 다뤄지지 않지만 이 유형에서는 부연에 해당하는 부분이 상당히 중요하게 작용한다. 문단 간의 관계에서 어떤 것이 주된 내용이고 어떤 것이 종된 내용인지 서열을 판단할 수 있어야 한다는 것이다. 이 부분은 내용만으로는 판단하기 어려운 경우가 많으므로 아래에 설명하는 것처럼 선택지를 활용하는 것이 효율적이다.

(2) 선택지의 활용

이 유형의 문제를 풀 때 백지상태에서 자신이 스스로 도식화를 하며 풀어야 한다고 생각하는 수험생들이 있다. 절대로 그렇지 않다. 이 시험은 작문능력을 테스트하는 주관식 시험이 아니며, 빠른 시간 내에 정답을 찾아내는 능력을 테스트하는 시험이다. 따라서 제시문을 무턱대고 읽지 말고 먼저 선택지를 보면서 제시문의 대략적인 구성을 파악한 후 접근하는 것이 바람직하며, 위에서 언급한 부연의 경우와 같이 판단이 잘 서지 않는 경우라면 곧바로 선택지를 보면서 판단해야 한다. 자신은 부연관계라고 생각하여 고민을 하였는데 정작 선택지에서는 둘을 병렬구조로 판단하고 있었다면 불필요한 시간만 허비한 것이다.

대표예제

다음 글의 구조를 바르게 분석한 것은?

(가) 대기오염 물질의 자연적 배출원은 공간적으로 그리 넓지 않고 밀집된 도시 규모의 오염 지역을 대상으로 할 경우에는 인위적 배출원에 비하여 대기 환경에 미치는 영향이 크지 않다. 하지만 지구 규모 또는 대륙 규모의 오염 지역을 대상으로 할 경우에는 그 영향이 매우 크다.

(나) 자연적 배출원은 생물 배출원과 비생물 배출원으로 구분된다. 생물 배출원에서는 생물의 활동에 의하여 오염 물질의 배출이 일어나는데, 식생의 활동으로 휘발성 유기물질이 배출되거나 토양 미생물의 활동으로 질소산화물이 배출되는 것이 대표적이다. 이렇게 배출된 오염 물질들은 반응성이 크기 때문에 산성비나 스모그와 같은 대기오염 현상을 일으키는 원인이 되기도 한다.

(다) 비생물 배출원에서도 많은 대기오염 물질이 배출되는데, 화산 활동으로 미세 먼지나 황산화물이 발생하거나 번개에 의해 질소산화물이 생성된다. 그 외에 사막이나 황토 지대에서 바람에 의해 미세 먼지가 발생하거나 성층권 오존이 대류권으로 유입되는 것도 이 범주에 넣을 수 있다.

(라) 인위적 배출원은 사람들이 생활이나 산업상의 편익을 위하여 만든 시설이나 장치로서, 대기 중으로 오염 물질을 배출하거나 대기 중에서 유해 물질로 바뀌게 될 원인 물질을 배출한다. 대표적인 인위적 배출원들은 연료의 연소를 통하여 이산화탄소, 일산화탄소, 질소산화물, 황산화물 등을 배출하지만 연소 외의 특수한 과정을 통해 발생하는 폐기물을 대기 중으로 내보내는 경우도 있다.

(마) 인위적 배출원은 점오염원, 면오염원, 선오염원으로 구분된다. 인위적 배출원 중 첫 번째로 점오염원은 발전소, 도시 폐기물 소각로, 대규모 공장과 같이 단독으로 대량의 오염 물질을 배출하는 시설을 지칭한다. 면오염원은 주거 단지와 같이 일정한 면적 내에 밀집된 다수의 소규모 배출원을 지칭한다. 선오염원의 대표적인 것은 자동차로, 이는 도로를 따라 선형으로 오염 물질을 배출시켜 주변에 대기오염 문제를 일으킨다. 높은 굴뚝에서 오염 물질을 배출하는 점오염원은 그 영향 범위가 넓지만, 배출구가 낮은 면오염원과 선오염원은 대기 확산이 잘 이루어지지 않아 오염원 근처의 지표면에 영향을 미친다.

① [(가) — [(나), (다)]], [(라) — (마)]

② (가) — [(나), (다), (마)] — (라)

③ (가) — (다) — [(나) — (마), (라)]

④ (가) — [(나), (라)] — (다) — (마)

⑤ (가) — [(나), (다), (라)] — (마)

정답 해설

(가)는 대기오염 물질의 배출원 중 자연적 배출원에 대해 이야기하고 있고, (나)와 (다)는 각각 자연적 배출원의 종류인 생물 배출원과 비생물 배출원에 대해 설명하고 있다. (라)는 대기오염 물질의 또 다른 배출원인 인위적 배출원에 대해 이야기하고, (마)는 인위적 배출원의 종류인 점오염원, 면오염원, 선오염원에 대해 설명하고 있으므로 글의 구조로는 ①이 가장 적절하다.

정답 ①

| 문제 1 |

다음 글의 구조를 바르게 분석한 것은?

(가) 호락논쟁(湖洛論爭)은 중국으로부터 건너온 성리학을 온전히 우리 스스로의 역사적 경험과 실천 가운데 소화해 낸 그야말로 적공(積功)의 산물이다. 그것은 이제 펼쳐질 새로운 근대 세계를 앞두고 최종적으로 성취해 낸 우리 정신사의 한 정점이다. 낙학(洛學)과 호학(湖學)이 정립된 시기는 양란을 거치면서 사대부의 자기 확인이 절실히 필요한 시대였다.

(나) 낙학의 정신은 본체로 향하고 있다. 근원적 실재인 본체에 접근하는 낙학의 방법은 이론적 탐색이 아니라 강력하고 생생한 주관적 체험이었다. 그들은 본체인 본성에 대한 체험을 통해 현실 세계 속에서 실천하는 주체적인 자아로 자신을 정립하고자 하였다. 그 자아는 바로 사대부의 자아를 의미한다. 본체를 실천하는 주체에 대한 낙학의 관심은 마음에 대한 탐구로 나타났다. 낙학은 이론의 구성에서는 주희의 마음 이론을 표준으로 삼았지만 호학이라는 또 하나의 조선 성리학 전통과의 논쟁을 통해 형성된 것이었다.

(다) 호학은 현실 세계를 규율하는 원리와 규범에 집중하였다. 그들에게 절박했던 것은 규범의 현실성이며, 객관성이었다. 본체인 본성은 현실 세계를 객관적, 합법적으로 강제하는 규범의 근저로서 주관적 체험의 밖에 존재한다. 본체의 인식은 마음의 체험을 통해서가 아니라 세계에 대한 객관적 인식의 축적에 의해 달성되는 것이다. 그런 점에서 호학의 정신은 이성주의라 할 수 있다.

(라) 호학의 정신은 기질의 현실 세계, 곧 생산 계층인 농민들의 우연적이고 다양한 욕망의 세계를 객관 규범에 의해 제어하면서 왕권까지도 규범의 제약 아래에 두려 한다는 점에서 역시 사대부의 자아 정립과 관련이 깊다. 객관 규범에 대한 호학의 강조는 왕권마저 본체의 제약을 받아야 한다는 의미를 함축하고 있는 것이다.

① (가) ─┬─ (나) ─ (다)
         └─ (라)

② (가) ─┬─ (나)
         ├─ (다)
         └─ (라)

③ (가) ─ (나) ─┬─ (다)
               └─ (라)

④ (가) ─┬─ (나)
         └─ (다) ─ (라)

⑤ (가) ─ (나) ─ (다) ─ (라)

정답 | 해설

(가)는 호락논쟁을 통해 낙학과 호학이 정립되었음을 언급하고 있으며, (나)는 본체인 본성을 중시하고, 마음에 대한 탐구를 주장하는 낙학에 대해 설명하고 있다. 이와 달리 (다)와 (라)는 원리와 규범을 중시하고, 세계에 대한 객관적 인식을 주장하는 호학에 대해 설명하며 이러한 호학은 사대부의 자아 정립과 관련이 있다는 것을 이야기한다. 따라서 글의 구조로는 ④가 가장 적절하다.

정답 ④

| 문제 2 |

다음 글의 구조를 바르게 분석한 것은?

(가) '잔여손실'이란 확증비용과 감시비용이 지출되었음에도 대리인 때문에 발생한 주인의 손실이다. 주주와 경영자 간에 감시활동과 확증활동이 최적으로 이루어진다고 하더라도 회사의 가치를 극대화하는 의사결정과 경영자의 의사결정 사이에는 괴리가 생길 수 있다. 이러한 차이로 말미암아 생기는 회사 이익의 감소가 바로 잔여손실이다.

(나) 주인 – 대리인 관계에 있는 해당 이해 관계자들은 모두 자신의 이익을 극대화하기 위해 노력한다. 이 과정에서 서로 간의 이해가 상충하면 '대리인 문제'가 발생하며, 이 문제를 해결하기 위해서 '대리인 비용'이 발생한다. 대리인 비용은 대리인 문제의 방지 수단에 따라 '감시비용', '확증비용', '잔여손실'로 구분할 수 있다.

(다) '감시비용'은 대리인의 활동이 주인의 이익을 감소시키지 않는지를 감시하는 데 소요되는 비용이다. 기업경영에서 주주는 경영자의 행동이 주주가 바라는 행동에서 벗어나지 못하도록 감시하는 활동을 하게 된다. 대표적인 예는 이사회의 구성, 감사의 임명, 예산제약설정 등이다. 이러한 통제시스템을 운영하는 데 감시비용이 소요된다.

(라) '확증비용'은 대리인의 행동이 주인의 이익에 상반되지 않는다는 것을 증명할 때 소요되는 비용이다. 경영자는 주주가 원하지 않는 행동을 하지 않겠다는 것을 증명해야 한다. 예를 들어, 기업의 재무상황에 대한 공인과 보고, 회계감사를 받은 영업보고서의 공시가 대표적인 증명활동이다. 이런 활동에 소요되는 비용이 확증비용이다.

(마) 주인 – 대리인 이론의 모델에서 '주인 – 대리인 관계'는 1인 이상의 사람(주인)이 다른 사람(대리인)에게 자신을 대신하여 의사결정을 할 수 있도록 의사결정권한을 위임한 계약 관계라고 정의된다. 주주와 경영자가 주인 – 대리인 관계의 실례라고 할 수 있다.

① (나) ┬ (가)
　　　 ├ (다) ─ (라)
　　　 └ (마)

② (나) ┬ (가)
　　　 ├ (다)
　　　 └ (라) ─ (마)

③ (마) ┬ (나) ─ (다)
　　　 └ (라) ─ (가)

④ (마) ─ (나) ┬ (다) ─ (라)
　　　　　　　 └ (가)

⑤ (마) ─ (나) ┬ (다)
　　　　　　　 ├ (라)
　　　　　　　 └ (가)

정답 해설

(마)는 주인 – 대리인 이론에서의 '주인 – 대리인 관계'에 대해 정의하고 있으며, (나)는 이러한 주인 – 대리인 관계에서 발생하는 '대리인 문제'를 해결하기 위해 '대리인 비용'이 발생한다고 이야기한다. 이어서 (다), (라), (가)는 이 '대리인 비용'을 대리인 문제의 방지 수단에 따라 구분한 '감시비용', '확증비용', '잔여손실'에 대해 각각 설명한다. 따라서 글의 순서는 (마) – (나) – (다) – (라) – (가)이며, 글의 구조로는 ⑤가 가장 적절하다.

정답 ⑤

TOPIC

18 빈칸의 추론

01 유형의 이해

'표현능력'을 측정하는 빈칸 채우기 유형은 가장 전략적인 풀이가 필요한 형태 중 하나이다. 초창기에는 앞뒤의 문장만으로도 빈칸을 채울 수 있었으나 최근에는 제시문 전체의 흐름을 이해하고 있어야 정답을 찾을 수 있게끔 출제되고 있으며, 난이도 역시 그만큼 높아져 있는 상태이다.

02 접근법

(1) 부연설명과 예시에 주목

빈칸을 채우는 유형에서 가장 기본이 되는 것은 빈칸 앞뒤에 위치하고 있는 부연설명과 예시이다. 물론 일반론적인 설명이 제시되기는 하지만 많은 경우에 그 문장만을 읽어서는 이해가 잘 안되는 편이다. 때문에 대부분의 지문에서는 그 이후에 이를 이해하기 쉬운 단어를 사용하여 다시 설명한다든지 아니면 직접적인 사례를 들어 설명한다. 앞서 언급된 일반론적인 설명보다 오히려 이런 부분을 이용하면 보다 간결하게 빈칸을 채울 수 있다.

(2) 빈칸이 여러 개인 경우

이 경우에는 중간 문단의 빈칸을 먼저 확인하는 것이 좋다. 빈칸 채우기 유형은 해당 문단 하나만 봐서는 애매한 것들이 많다. 따라서 다른 빈칸들과 계속 연결해 가면서 가장 합리적인 선택지를 골라야 한다. 특히 첫 번째 빈칸은 쉬우면서도 여러 개의 선택지가 모두 가능한 것처럼 느껴지는 경우가 많은 만큼 두 번째 빈칸부터 판단해 보는 것이 실수를 줄일 수 있는 방법이다.

대표예제

다음 글의 빈칸에 들어갈 내용으로 가장 적절한 것은?

> 최근 경제·시사 분야에서 빈번하게 등장하는 단어인 탄소배출권(CER; Certified Emission Reduction)에 대한 개념을 이해하기 위해서는 먼저 교토메커니즘(Kyoto Mechanism)과 탄소배출권거래제(Emission Trading)를 알아둘 필요가 있다.
> 교토메커니즘은 지구 온난화의 규제 및 방지를 위한 국제 협약인 기후변화협약의 수정안인 교토 의정서에서 온실가스를 보다 효과적이고 경제적으로 줄이기 위해 도입한 세 유연성체제인 '공동이행제도', '청정개발체제', '탄소배출권거래제'를 묶어 부르는 것이다.
> 탄소배출권거래제는 교토의정서 6대 온실가스인 이산화탄소, 메테인, 아산화질소, 과불화탄소, 수소불화탄소, 육불화황의 배출량을 줄여야 하는 감축의무국가가 의무감축량을 초과 달성하였을 경우에 그 초과분을 다른 국가와 거래할 수 있는 제도로, ________________________
> 결국 탄소배출권이란 현금화가 가능한 일종의 자산이자 가시적인 자연보호성과인 셈이며, 이에 따라 많은 국가 및 기업에서 탄소배출을 줄임과 동시에 탄소감축활동을 통해 탄소배출권을 획득하기 위해 동분서주하고 있다. 특히 기업들은 탄소배출권을 확보하는 주요 수단인 청정개발체제 사업을 확대하는 추세인데, 청정개발체제 사업은 개발도상국에 기술과 자본을 투자해 탄소배출량을 줄였을 경우에 이를 탄소배출량 감축목표달성에 활용할 수 있도록 한 제도이다.

① 다른 국가를 도왔을 때, 그로 인해 줄어든 탄소배출량을 감축목표량에 더할 수 있는 것이 특징이다.
② 교토메커니즘의 세 유연성체제 중에서도 가장 핵심이 되는 제도라고 할 수 있다.
③ 6대 온실가스 중에서도 특히 이산화탄소를 줄이기 위해 만들어진 제도이다.
④ 의무감축량을 준수하지 못한 경우에도 다른 국가로부터 감축량을 구입할 수 있는 것이 특징이다.
⑤ 다른 감축의무국가를 도움으로써 획득한 탄소배출권이 사용되는 배경이 되는 제도이다.

정답 해설

탄소배출권거래제는 의무감축량을 초과 달성했을 경우 초과분을 거래할 수 있는 제도이다. 따라서 온실가스의 초과 달성분을 구입 혹은 매매할 수 있음을 추측할 수 있으며, 빈칸 이후 문단에서도 탄소배출권을 일종의 현금화가 가능한 자산으로 언급하고 있다. 따라서 ④가 빈칸에 들어갈 내용으로 가장 적절하다.

정답 ④

| 문제 1 |

다음 글의 빈칸에 들어갈 내용으로 가장 적절한 것은?

알레르기는 도시화와 산업화가 진행되는 지역에서 매우 빠르게 증가하고 있는데, 알레르기의 발병 원인에 대한 20세기의 지배적 이론은 알레르기는 병원균의 침입에 의해 발생하는 감염성 질병이라는 것이다. 하지만 1989년 영국 의사 S는 이 전통적인 이론에 맞서 다음 가설을 제시했다.
____________________ S는 1958년 3월 둘째 주에 태어난 17,000명 이상의 영국 어린이를 대상으로 그들이 23세가 될 때까지 수집한 개인 정보 데이터베이스를 분석하여, 이 가설을 뒷받침하는 증거를 찾았다. 이들의 가족 관계, 사회적 지위, 경제력, 거주 지역, 건강 등의 정보를 비교 분석한 결과, 두 개 항목이 꽃가루 알레르기와 상관관계를 가졌다. 첫째, 함께 자란 형제자매의 수이다. 외동으로 자란 아이의 경우 형제가 서넛인 아이에 비해 꽃가루 알레르기에 취약했다. 둘째, 가족 관계에서 차지하는 서열이다. 동생이 많은 아이보다 손위 형제가 많은 아이가 알레르기에 걸릴 확률이 낮았다.
S의 주장에 따르면 가족 구성원이 많은 집에 사는 아이들은 가족 구성원, 특히 손위 형제들이 집안으로 끌고 들어오는 온갖 병균에 의한 잦은 감염 덕분에 장기적으로는 알레르기 예방에 오히려 유리하다. S는 유년기에 겪은 이런 감염이 꽃가루 알레르기를 비롯한 알레르기성 질환으로부터 아이들을 보호해 왔다고 생각했다.

① 알레르기는 유년기에 병원균 노출의 기회가 적을수록 발생 확률이 높아진다.
② 알레르기는 가족 관계에서 서열이 높은 가족 구성원에게 더 많이 발생한다.
③ 알레르기는 성인보다 유년기의 아이들에게 더 많이 발생한다.
④ 알레르기는 도시화에 따른 전염병의 증가로 인해 유발된다.
⑤ 알레르기는 형제가 많을수록 발생 확률이 낮아진다.

정답 해설

S는 자신의 연구 결과를 토대로 가족 구성원이 많은 집에 사는 아이들은 가족 구성원들이 집안으로 끌고 들어오는 병균들에 의한 잦은 감염 덕분에 장기적으로 알레르기 예방에 유리하다고 주장하고 있다. 결국 이는 알레르기에 걸릴 확률은 병균들에 얼마나 많이 노출되었는지에 달려 있으므로 빈칸에 들어갈 내용으로 가장 적절한 것은 ①이다.

정답 ①

| 문제 2 |

다음 글의 문맥상 (가) ~ (라)에 들어갈 말을 〈보기〉에서 골라 바르게 짝지은 것은?

> 심각한 수준의 멸종 위기에 처한 생태계를 보호하기 위해 생물다양성 관련 정책이 시행되고 있다. 먼저 보호지역 지정은 생물다양성을 보존하는 데 반드시 필요한 정책 수단이다. 이 정책 수단은 각국에 의해 빈번히 사용되었다. 그러나 보호지역의 숫자는 생물다양성의 보존과 지속가능한 이용 정책의 성공 여부를 피상적으로 알려주는 지표에 지나지 않으며, ___(가)___ 없이는 생물다양성의 감소를 막을 수 없다. 세계자연보전연맹에 따르면, 보호지역으로 지정되었음에도 실제로는 최소한의 것도 실시되지 않는 곳이 많다. 보호지역 관리에 충분한 인력을 투입하는 것은 보호지역 수를 늘리는 것만큼이나 필요하다.
> ___(나)___은/는 민간시장에서 '생물다양성 관련 제품과 서비스'가 갖는 가치와 사회 전체 내에서 그것이 갖는 가치 간의 격차를 해소하기 위해 도입된다. 이를 통해 생태계 훼손에 대한 비용 부담은 높이고 생물다양성의 보존, 강화, 복구 노력에 대해서는 보상을 한다. 상품으로서의 가치와 공공재로서의 가치 간의 격차를 좁히는 데에 원칙적으로 이 제도만큼 적합한 것이 없다.
> 생물다양성을 증가시키는 유인책 중에서 ___(다)___의 효과가 큰 편이다. 시장 형성이 마땅치 않아 이전에는 무료로 이용할 수 있었던 것에 대해 요금을 부과함으로써 생태계의 무분별한 이용을 억제하는 것이 이 제도의 골자이다. 최근 이 제도의 도입 사례가 증가하고 있으며 앞으로도 늘어날 전망이다.
> 생물다양성 친화적 제품 시장에 대한 전망에는 관련 정보를 지닌 소비자들이 ___(라)___을/를 선택할 것이라는 가정이 전제되어야 한다. 친환경 농산물, 무공해 비누, 생태 관광 등에 대한 인기가 증대되고 있는 현상은 소비자들이 친환경 제품이나 서비스에 더 비싼 값을 지불할 수도 있다는 사실을 보여주는 사례이다.

보기

ㄱ. 생태계 사용료　　　ㄴ. 경제 유인책
ㄷ. 생물다양성 보호 제품　　　ㄹ. 보호조치

	(가)	(나)	(다)	(라)
①	ㄱ	ㄴ	ㄹ	ㄷ
②	ㄴ	ㄱ	ㄷ	ㄹ
③	ㄴ	ㄹ	ㄷ	ㄱ
④	ㄹ	ㄱ	ㄷ	ㄴ
⑤	ㄹ	ㄴ	ㄱ	ㄷ

정답 해설

- (가) : 뒷 문장의 보호지역으로 지정되었음에도 실제로는 최소한의 것도 실시되지 않는 곳이 많다는 내용을 통해 형식적인 보호지역 지정에 더해 실질적인 행동, 즉 보호조치가 필요하다는 내용이 들어가야 함을 알 수 있다.
- (나) : 뒷 문장의 생태계 훼손에 대한 비용 부담은 높리고 생물다양성의 보존 등에 대해서는 보상을 한다는 내용을 통해 경제적인 유인책에 대한 내용이 들어가야 함을 알 수 있다.
- (다) : 뒷 문장의 요금을 부과함으로써 생태계의 무분별한 이용을 억제한다는 내용을 통해 생태계 사용료에 대한 내용이 들어가야 함을 알 수 있다.
- (라) : 앞 부분의 생물다양성 친화적 제품 시장이라는 표현을 통해 생물다양성 보호 제품에 대한 내용이 들어가야 함을 알 수 있다.

정답 ⑤

TOPIC

19 빈칸에 숨겨진 주제 찾기

01 유형의 이해

만약 빈칸이 제시문의 중간이 아닌 마지막에 위치하고 있다면 이는 빈칸 유형의 문제가 아니라 제시문의 주제를 찾는 문제로 변화한다. 따라서 앞서 설명한 주제 찾기 유형의 접근법과 동일하게 풀이하면 될 것이다.

02 접근법

(1) 글 전체를 읽어야 한다.

마지막 문단만 읽는 것은 매우 위험하다. 최근의 출제 경향은 마지막 문단의 주제는 단지 그 문단만의 소주제일 뿐이며, 빈칸에 들어갈 문장은 제시문 전체를 관통하는 주제인 경우가 많다. 많은 경우 선택지에 마지막 문단만의 주제를 집어넣어 함정을 파곤 하는데, 이 함정에 걸리지 않기 위해서는 글 전체를 크게 읽어가면서 주제를 찾아야 한다.

(2) 선택지의 구성

이 유형의 선택지는 크게 ① 정답이 되는 내용, ② 전체를 포괄하지 못하는 국지적인 내용, ③ 과도한 비약이 담긴 내용, ④ 전혀 무관한 내용으로 구성된다. 이 중 수험생들이 가장 어려워하는 부분이 바로 ②이다. 가장 일반적인 방법은 제시문과 동일한 표현이 등장한 선택지를 소거하는 것인데 이는 중학교 내신 수준에서나 가능한 방법이며, 실제로도 외형상 이를 구분하는 것은 불가능에 가깝다. 차선으로 선택할 수 있는 방법은 선택지를 분석하지 말고 후보군을 모으는 것이다. 선택지 중 어느 하나가 다른 하나를 포괄하는 내용일 경우 후자가 답이 될 가능성이 높다. 물론 여기서도 주의해야 할 것은 이 선택지가 ③ 과도한 비약이 담긴 내용에 해당할 수도 있다는 점이다.

대표예제

다음 글의 빈칸에 들어갈 내용으로 가장 적절한 것은?

몰랐지만 넘겨짚어 시험의 정답을 맞힌 경우와 제대로 알고 시험의 정답을 맞힌 경우를 구별할 수 있을까? 또 무작정 외워서 쓴 경우와 제대로 이해하고 쓴 경우는 어떤가? 전자와 후자는 서로 다르게 평가받아야 할까, 아니면 동등한 평가를 받아야 할까?
선택형 시험의 평가는 오로지 답안지에 표기된 선택지가 정답과 일치하는가의 여부에만 달려 있다. 이는 위의 첫 번째 물음이 항상 긍정으로 대답되지는 않으리라는 사실을 말해준다. 그러나 만일 시험관에게 답안지를 놓고 응시자와 면담할 기회가 주어진다면, 시험관은 응시자에게 정답지를 선택한 근거를 물음으로써 그가 문제에 관해 올바른 정보와 추론 능력을 가지고 있는지 검사할 수 있을 것이다. 예를 들어 한 응시자가 '대한민국의 수도가 어디냐'는 물음에 대해 '서울'이라고 답했다고 하자. 그렇게 답한 이유가 단지 '부모님이 사시는 도시라 이름이 익숙해서'였을 뿐, 정작 대한민국의 지리나 행정에 관해서는 아는 바 없다는 사실이 면접을 통해 드러났다고 하자. 이 경우에 시험관은 이 응시자가 대한민국의 수도에 관한 올바른 정보를 갖고 있다고 인정하기 어려울 것이다. 이 예는 응시자가 올바른 답을 제시하는 데 필요한 정보가 부족한 경우이다.
그렇다면 어떤 사람이 문제의 올바른 답을 추론해 내는 데 필요한 모든 정보를 갖고 있었고 실제로도 정답을 제시했다고 해서, 그가 문제에 대한 올바른 추론 능력을 가지고 있다고 할 수 있는가? 어느 도난사건을 함께 조사한 홈즈와 왓슨이 사건의 모든 구체적인 세부사항, 예컨대 범행 현장에서 발견된 흙발자국의 토양 성분뿐 아니라 올바른 결론을 내리는 데 필요한 모든 일반적 정보, 예컨대 영국의 지역별 토양의 성분에 관한 정보 등을 똑같이 갖고 있었고, 실제로 동일한 용의자를 범인으로 지목했다고 하자. 이 경우 두 사람의 추론을 동등하게 평가해야 하는가? 그렇지 않다.
예컨대 왓슨이 모든 정보를 완비하고 있었음에도 불구하고, 이름에 모음의 수가 가장 적다는 엉터리 이유로 범인을 지목했다고 하자. 이런 경우에도 우리는 왓슨의 추론에 박수를 보낼 수 있을까? 아니다. 왜냐하면 ______________________

① 왓슨은 일반적으로 타당한 개인적 경험을 토대로 추론했기 때문이다.
② 왓슨은 올바른 추론의 방법을 알고 있음에도 불구하고 요행을 우선시했기 때문이다.
③ 왓슨은 추론에 필요한 전문적인 훈련을 받지 못해서 범인을 잘못 골랐기 때문이다.
④ 왓슨은 올바른 추론에 필요한 정보를 가지고 있긴 했지만 그 정보와 무관하게 범인을 지목했기 때문이다.
⑤ 왓슨은 올바른 추론에 필요한 논리적 능력을 갖추고 있음에도 불구하고 범인을 추론하는 데 필요한 관련 정보가 부족했기 때문이다.

정답 해설

빈칸에 들어갈 내용을 판단하기 위해 앞의 문단에서 제기한 질문의 형태에 유의하자. 즉, '올바른 답을 추론해 내는 데 필요한 모든 정보와 정답 제시가 올바른 추론능력의 필요충분조건은 아니다.'라는 문장이 제시문의 중심내용이다. 따라서 왓슨의 어리석음은 추론에 필요한 정보를 활용하지 못한 데에 있는 것이다.

오답분석

① 왓슨의 문제는 정보를 올바로 추론하지 못한 데 있다.
② 왓슨은 올바른 추론의 방법을 알고 있지 못했다.
③ 왓슨이 전문적인 추론 훈련을 받지 못했다는 정보는 없다.
⑤ 왓슨은 추론에 필요한 관련 정보를 가지고 있었다.

정답 ④

PART 2

| 문제 1 |

다음 글의 빈칸에 들어갈 내용으로 가장 적절한 것은?

조선 후기에는 이앙법이 전국적으로 확산되었다. 이앙법을 수용하면 잡초 제거에 드는 시간과 노동력이 줄어든다. 상당수 역사학자들은 조선 후기 이앙법의 확대 수용 결과 광작(廣作)이 확산되고 상업적 농업 경영이 가능하게 되었다고 생각한다. 즉, 한 사람이 경작할 수 있는 면적이 늘어남은 물론 많은 양의 다양한 농작물 수확이 가능하게 되어 판매까지 활성화되었다는 것이다. 그 결과 양반과 농민 가운데 다수의 부농이 나타나게 되었다고 주장한다.

그런데 A는 조선 후기에 다수의 양반이 광작을 통해 부농이 되었다는 주장이 근거가 없다고 비판한다. 그에 의하면 조선 전기에는 자녀 균분 상속이 일반적이었다. 그런데 균분 상속을 하게 되면 자식들이 소유하게 될 땅의 면적이 선대에 비해 줄어들게 된다. 이에 조선 후기 양반들은 가문의 경제력을 보전해야 한다고 생각해 대를 이을 장자에게만 전답을 상속해 주기 시작했고, 그 결과 장자를 제외한 사람들은 영세한 소작인으로 전락했다는 것이 그의 주장이다.

또한, A는 조선 후기의 대다수 농민은 소작인이었으며, 그나마 이들이 소작할 수 있는 땅도 적었다고 주장한다. 그는 반복된 자연재해로 전답의 상당수가 황폐해져 전체적으로 경작지가 줄어들었기 때문에 이앙법 확산의 효과를 기대하기 어려운 여건이었다고 하였다. 이런 여건에서 정부의 재정 지출 증가로 농민의 부세 부담 또한 늘어났고, 늘어난 부세를 부담하기 위해 한정된 경작지에 되도록 많은 작물을 경작하려 한 결과 집약적 농업이 성행하게 되었다고 보았다. 그런데 집약적으로 농사를 짓게 되면 농업 생산력이 높아질 리 없다는 것이 그의 주장이다. 가령 면화를 재배하면서도 동시에 다른 작물을 면화 사이에 심어 기르는 경우가 많았는데, 이렇듯 제한된 면적에 한꺼번에 많은 양의 작물을 재배하면 지력이 떨어지고 수확량은 줄어들어 자연히 시장에 농산물을 내다 팔 여력이 거의 없게 된다는 것이다.

요컨대 A의 주장은 ______________________는 것이다.

① 이앙법의 확산 효과는 시기별, 신분별로 다르게 나타났다
② 자녀 균분 상속제가 사라져 농작물 수확량이 급속히 감소하였다
③ 집약적 농업이 성행하였기 때문에 이앙법의 확산을 기대하기 어려웠다
④ 조선 후기에는 양반이든 농민이든 부농으로 성장할 수 있는 가능성이 높지 않았다
⑤ 대다수 농민이 광작과 상업적 농업에 주력했음에도 불구하고 자연재해로 인해 생산력은 오히려 낮아졌다

정답 해설

제시문은 첫 번째 문단에서 이앙법의 확산이 양반과 농민들 중에서 다수의 부농이 나타나게 된 계기가 되었다는 역사학자들의 주장을 언급한 후 두 번째 문단에서 양반층에게는 이 주장이 적용되기 어렵다고 하였고, 세 번째 문단에서 농민층이 부농으로 성장하기 어려웠던 이유를 들면서 첫 번째 문단의 내용을 비판하고 있다. 따라서 빈칸에 들어갈 내용으로 가장 적절한 것은 이 둘을 모두 포괄하고 있는 ④이다.

정답 ④

| 문제 2 |

다음 글의 빈칸에 들어갈 내용으로 가장 적절한 것은?

1979년 경찰관 출신이자 샌프란시스코 시의원이었던 화이트 씨는 시장과 시의원을 살해했다는 이유로 1급 살인죄로 기소되었다. 화이트의 변호인은 피고인이 스낵과자를 비롯해, 컵케이크, 캔디 등을 과다 섭취했는데 당분 과다로 뇌의 화학적 균형이 무너져 정신에 장애가 왔다고 주장하면서 책임 경감을 요구했다. 재판부는 변호인의 주장을 인정하여 계획 살인죄보다 약한 일반 살인죄를 적용하여 7년 8개월의 금고형을 선고했다. 이 항변은 당시 미국에서 인기 있던 스낵과자의 이름을 따 '트윙키 항변'이라 불렸고 사건의 사회성이나 의외의 소송 전개 때문에 큰 화제가 되었다.
1982년 슈엔달러는 교정시설에 수용된 소년범 276명을 대상으로 섭식과 반사회 행동의 상관관계에 대해 실험하였다. 기존 식단에서 각설탕을 배식하다가 꿀로 바꾸어 보고, 설탕이 많이 들어간 음료수를 주다가 설탕이 가미되지 않은 천연 과일 주스를 주는 식으로 변화를 주었다. 설탕처럼 정제한 당의 섭취를 원천적으로 차단했더니 그 결과 시설 내 폭행, 절도, 규율 위반, 패싸움 등이 실험 전에 비해 무려 45%나 감소하였다. 이 실험이 직접적으로 보여주는 것은 ______________________________는 것이다.

① 과도한 영양섭취가 범죄 발생에 영향을 미친다
② 과다한 정제당 섭취가 반사회적 행동을 유발할 수 있다
③ 가공 식품의 섭취가 일반적으로 폭력 행위를 증가시킨다
④ 정제당 첨가물로 인한 모든 범죄 행위는 그 책임이 경감되어야 한다
⑤ 범죄 예방을 위해 교정시설 내 소년범들에게 천연 과일을 제공해야 한다

정답 해설

제시문은 당분 과다로 뇌의 화학적 균형이 무너져 정신에 장애가 왔다고 주장하는 내용과 설탕처럼 정제한 당의 섭취를 원천적으로 차단한 사례를 뒷받침하는 내용이므로 과다한 정제당 섭취가 반사회적 행동을 유발할 수 있다는 내용의 ②가 빈칸에 들어가는 것이 가장 적절하다.

정답 ②

TOPIC

20 내용의 수정

01 유형의 이해

빈칸 채우기와 함께 표현능력을 평가하는 또 하나의 유형이다. 이 유형의 제시문은 문제의 특성상 설명문 유형이 자주 출제되는 편인데, 문제의 포인트가 세부 내용을 묻는 것이 아닌 만큼 제시문의 구성 자체는 매우 단순한 편이다. 즉, 서두에서 전체적인 배경 설명과 함께 주제를 어느 정도 암시하며, 중반부에서는 이를 구체적으로 서술한 후 마지막 문단에서 이를 정리하여 결론에 이르는 구조를 벗어나지 않는다.

02 접근법

(1) 주제 찾기

이 유형의 문제를 정확하게 풀기 위해서 가장 중요한 것은 제시문의 '주제'를 찾는 것이다. 최근 의사소통능력에서 출제된 문제들을 살펴보면 거의 대부분 정답이 되는 부분은 전체 주제에서 어긋나게 표현된 부분을 찾는 것이었다. 이는 반드시 들어맞는 규칙은 아니지만 통상적으로 제시문에서 반론을 다루는 부분은 극히 일부에 지나지 않는다는 점에서 소위 문제를 낼 수 있는 부분이 주제와 연관된 문장들에 많을 수밖에 없기 때문이다. 이는 시간이 촉박하여 선택지 전체를 모두 판단할 수 없을 때 유용하게 활용되는 방법이다.

(2) 백지상태에서의 풀이는 금물

이 유형 역시 선택지를 최대한 이용해야 한다. 즉, 제시문에서 밑줄이 그어진 문장을 아예 처음부터 선택지의 문장으로 바꿔서 읽는 것이다. 이렇게 풀이하지 않고 일단 밑줄을 읽고 나서 그것이 어색하다고 생각되어 선택지를 읽는 과정을 거친다고 생각해 보자. 아마 대부분 이렇게 푸는 것이 더 자연스러울 것이지만 이 방법은 불필요한 시간이 소모될 수밖에 없다. 물론 실제 풀이를 해보면 이 과정이 매우 부자연스러울 것이다. 하지만 지속적인 반복을 통해 이 시간을 단축시켜야 한다.

대표예제

다음 글에서 밑줄 친 ㉠~㉥의 수정 방안으로 적절하지 않은 것은?

안녕하세요? 저는 학생 여러분께 건의할 사항이 있어 이 글을 씁니다. 우리 모두가 쾌적한 환경에서 건강하게 학교생활을 할 수 있도록 학생들 모두 실내에서는 실내화를 착용했으면 좋겠습니다. 실내에서는 실내화를 착용하는 것이 원칙이지만 실외화를 신고 다니는 학생들이 너무 많습니다. 이는 교실 청결은 물론 학생들의 호흡기 건강에 매우 ㉠ 나쁜 악영향을 미칩니다. 특히 꽃가루가 날리는 계절이나 미세 먼지가 많을 때, 비가 온 뒤에는 더욱 문제가 됩니다. ㉡ 다만 계단이나 복도에 흙이 많이 떨어져 있어 그곳을 청소하는 학생들이 고생을 합니다. 저 역시 흙이 많이 떨어져 있거나 비가 와 진흙이 묻은 날에는 청소 시간 내에 ___㉢___ 다 끝내지 못해 수업 시간에 늦은 적이 있었습니다. ㉣ 따라서 학교에서는 청소 도구를 더 확보해 주셨으면 좋겠습니다.
실내화 착용에 대한 설문 조사 결과, 전체 학생의 50% 정도가 실내화를 착용하지 않는다고 응답했고, 실내화를 신지 않는 이유에 대해서는 '갈아 신는 것이 귀찮아서'라는 응답이 가장 많았습니다. ㉤ 이처럼 학생 대부분이 필요성을 인식하고 있지만 단지 귀찮다는 이유로 실내화를 착용하지 않는 것은 문제가 있다고 생각합니다. ㉥ 하지만 '실내화 착용이 필요한가?'라는 질문에는 85% 이상의 학생이 필요하다고 응답했습니다.
쾌적한 학교생활과 학생들의 건강, 청소하는 친구들을 위해서라도 하루빨리 모든 학생들이 실내화를 착용하길 바랍니다. 감사합니다.

① 의미가 중복되었으므로 ㉠은 '나쁜 영향'으로 수정한다.
② 맥락을 고려하여 ㉡을 '그러나'로 수정한다.
③ 필요한 문장 성분이 없으므로 ㉢에 '청소를'을 첨가한다.
④ 글의 핵심 논지에서 벗어난 내용이므로 ㉣은 삭제한다.
⑤ 내용의 자연스러운 연결을 위해 ㉤과 ㉥의 순서를 맞바꾼다.

정답 해설

제시문에서는 쾌적한 환경에서 건강하게 학교생활을 할 수 있도록 실내에서는 실내화를 착용하자고 주장하고 있다. 따라서 ㉡은 문맥상 '그러나'가 아니라 '또한'으로 수정하는 것이 적절하다.

오답분석

① '악영향'의 '악(惡)-'은 '나쁜'의 뜻을 더하는 한자 접두사이므로 ㉠은 의미가 중복된다.
③ ㉢을 포함한 문장은 필수 성분을 다 갖추지 못했다. 즉, '끝내지 못해'라는 서술어의 목적어가 없다.
④ 제시문은 실내에서의 실내화 착용을 주장한다. 그러나 ㉣에서 말하는 '청소 도구 확보'는 논지에서 벗어나 있다.
⑤ ㉤에서 말하는 '학생 대부분'은 ㉥의 '85% 이상의 학생'을 가리킨다. 따라서 ㉤과 ㉥의 순서를 맞바꿔야 한다.

정답 ②

| 문제 1 |

다음 중 글의 전체 흐름과 맞지 않는 한 곳을 찾아 수정하려고 할 때, 가장 적절한 것은?

소아시아 지역에 위치한 비잔틴 제국의 수도 콘스탄티노플이 이슬람교를 신봉하는 오스만인들에 의해 함락되었다는 소식이 인접해 있는 유럽 지역에까지 전해지자 교회의 한 수도원 서기는 "㉠ 지금까지 이보다 더 끔찍했던 사건은 없었으며, 앞으로도 결코 없을 것이다."라고 기록했다. 1453년 5월 29일 화요일, 해가 뜨자마자 오스만 제국의 군대는 난공불락으로 유명한 케르코포르타 성벽의 작은 문을 뚫고 진군하기 시작했다. 해가 질 무렵, 약탈당한 도시에 남아있는 모든 것들은 그들의 차지가 되었다. 비잔틴 제국의 86번째 황제였던 콘스탄티노스 11세는 서쪽 성벽 아래에 있는 좁은 골목에서 전사하였다. 이것으로 ㉡ 1,100년 이상 존재했던 소아시아 지역의 기독교도 황제가 사라졌다.

잿빛 말을 타고 화요일 오후 늦게 콘스탄티노플에 입성한 술탄 메흐메드 2세는 우선 성소피아 대성당으로 갔다. 그는 이 성당을 파괴하는 대신 이슬람 사원으로 개조하라는 명령을 내렸고, 우선 그 성당을 철저하게 자신의 보호하에 두었다. 또한, 학식이 풍부한 그리스 정교회 수사에게 격식을 갖추어 공석중인 총대주교직을 수여하고자 했다. 그는 이슬람 세계를 위해 ㉢ 기독교의 제단뿐만 아니라 그 이상의 것들도 활용했다. 역대 비잔틴 황제들이 제정한 법을 그가 주도하고 있던 법제화의 모델로 이용하였던 것이다. 이러한 행위들은 ㉣ 단절을 추구하는 정복왕 메흐메드 2세의 의도에서 비롯된 것이라고 할 수 있다.

그는 자신이야말로 지중해를 '우리의 바다'라고 불렀던 로마 제국의 진정한 계승자임을 선언하고 싶었던 것이다. 일례로 그는 한때 유럽과 아시아를 포함한 지중해 전역을 지배했던 제국의 정통 상속자임을 선언하면서, 의미심장하게도 자신의 직함에 '룸 카이세리', 즉 로마의 황제라는 칭호를 추가했다. 또한, 그는 패권 국가였던 로마의 옛 명성을 다시 찾기 위한 노력의 일환으로 로마 사람의 땅이라는 뜻을 지닌 루멜리아에 새로 수도를 정했다. 이렇게 함으로써 그는 ㉤ 오스만 제국이 유럽으로 확대될 것이라는 자신의 확신을 보여 주었다.

① ㉠ : '지금까지 이보다 더 영광스러운 사건은 없었으며'로 고친다.
② ㉡ : '1,100년 이상 존재했던 소아시아 지역의 이슬람 황제가 사라졌다.'로 고친다.
③ ㉢ : '기독교의 제단뿐만 아니라 그 이상의 것들도 파괴했다.'로 고친다.
④ ㉣ : '연속성을 추구하는 정복왕 메흐메드 2세의 의도에서 비롯된 것'으로 고친다.
⑤ ㉤ : '오스만 제국이 아시아로 확대될 것이라는 자신의 확신을 보여 주었다.'로 고친다

정답 해설

메흐메드 2세는 성당을 파괴하지 않고 이슬람 사원으로 개조하였고, 학식이 풍부한 그리스 정교회 수사에게 총대주교직을 수여하고자 하였다. 또한, 역대 비잔틴 황제들이 제정한 법을 그가 주도하고 있던 법제화의 모델로 이용하였다고 하였다. 따라서 메흐메드 2세가 '단절'이 아닌 '연속성'을 추구하는 것으로 보는 것이 적절하다.

오답분석

① '비잔틴 제국의 수도 콘스탄티노플이 이슬람교를 신봉하는 오스만인들에 의해 함락되었다.'는 소식에 대해 유럽 교회의 수도원 서기가 '영광스러운 사건'으로 기록하는 것은 적절하지 않다.
② 이슬람교를 신봉하는 오스만인들이 기독교 제국인 비잔틴의 수도 콘스탄티노플을 함락하여 콘스탄티노스 11세를 제거한 것이므로 이를 '이슬람 황제'로 수정하는 것은 적절하지 않다.
③ 바로 뒤의 문장에 '역대 비잔틴 황제들이 제정한 법'을 모델로 삼았다는 내용을 통해 제단 이상의 것들도 활용했다는 점을 알 수 있다.
⑤ 메흐메드 2세는 자신이야말로 로마 제국의 진정한 계승자임을 선언하고 싶었다고 하였으므로 오스만 제국이 '아시아'로 확대될 것이라는 확신을 보여주었다는 내용으로 수정하는 것은 적절하지 않다.

정답 ④

| 문제 2 |

다음 중 글의 논지를 고려할 때 보완 방안으로 적절하지 않은 것은?

20세기에 가장 광범위하게 퍼져있던 정치형태는 독재였다. 세계 거의 모든 곳에서 비대의제 독재가 표준이었다. 18세기부터 제국주의 열강은 자기 식민지에서 독재를 강요했다. 제국주의의 시대가 저문 뒤 이들이 지배했던 지역이 신생독립국이 된 뒤에도 상황은 그리 달라지지 않았는데 이들 나라에서 만연한 독재는 발전을 가로막았다.
2차 세계대전 이후 신생독립국들 대부분은 처음에 독립투쟁 지도자들이 권력을 장악했다. 하지만 ㉠ 이들은 그 지지를 빠르게 잃었다. 이들이 권력을 오래 유지한 경우는 매우 드물었다. ㉡ 이들 나라는 많은 국내 문제에 직면해 있었는데, 식민 지배를 겪거나 외세의 입김을 받아 정치구조가 허약했고 정당성 있는 정치집단이나 성숙한 정치문화도 형성되지 못해 국내 문제들을 해소할 수 없었다. ㉢ 만연한 사회경제적 긴장은 억압을 낳았고 이 억압은 독재로 이어졌다. ㉣ 독재를 수립하기 위한 쿠데타가 전 세계에서 거의 끊임없이 일어났다. 신생국들은 비교적 급속히 일당제 국가나 군사독재 체제로 빨려들었다.
결국 20세기 말 세계의 대다수 국가는 군사 통치하에 있거나 개인 독재 혹은 일당제 정부 아래 있게 되었다. 40개 이상의 나라에 군사 통치자가 있고 22개국에는 군사화된 정당 제도가 있었다. 30개 국가는 일당제 국가이고, 많은 경우 이 상황이 헌법으로 공식화되었다. ㉤ 독재자는 국가의 발전과 공업화라는 이데올로기의 실천자로 자임했다. 세계 인구의 압도적 다수는 자신들이 통치 받는 방식에 관해 발언권이 없었다.

① ㉠ : 독립 직후 집권한 독립투쟁 지도자들이 지지 기반을 잃었던 사례를 제시하고 그 과정을 기술한다.
② ㉡ : 신생독립국들이 직면한 정치, 경제, 교육 문제들을 구체적으로 열거한다.
③ ㉢ : 사회경제적 긴장이 초래된 신생독립국을 거명하고 이들 국가에서 민주주의가 파괴되는 과정을 상술한다.
④ ㉣ : 1945년 이후 대륙별로 쿠데타의 사례들을 정리해서 제시한다.
⑤ ㉤ : 국익 실현에 독재가 긍정적 영향을 미쳤음을 통계치를 통해 보여 준다.

정답 | 해설

독재자가 국가의 발전에 기여했다는 것은 어디까지나 자신들의 주장일 뿐이며, 제시문은 독재에 대해 비판적인 입장이다. 따라서 독재가 긍정적 영향을 미쳤음을 보여준다는 것은 적절하지 않다.

오답분석

① 독립투쟁 지도자들이 지지 기반을 잃었던 사례를 제시하고 그 과정을 기술하면 글의 논지가 훨씬 정확해지므로 적절한 내용이다.
② 직면했던 국내 문제가 무엇인지를 구체적으로 언급하는 것이므로 적절한 내용이다.
③ 구체적인 사례를 들어 뒷받침하는 경우 글의 논지를 보다 뚜렷하게 할 수 있으므로 적절한 내용이다.
④ 구체적인 사실 논거를 들면 글의 신뢰도와 정확도를 높일 수 있으므로 적절한 내용이다.

정답 ⑤

TOPIC

21 서술의 전개 방식

01 유형의 이해

제시문이 어떠한 방식으로 주제를 서술하고 있는지 그 방법을 묻는 다소 독특한 유형이다. 주로 글의 전개 방식, 서술 방식, 설명 방식, 문단 전개 방식, 내용 전개 방식, 논지 전개 방식, 서술상의 특징, 집필 의도 등의 표현으로 문제가 출제되고 있다.

02 접근법

유형	설명
문제의 제기와 해결방안 제시	문제를 제기하고 원인을 규명하며 대안을 제시하는 유형
개념의 규정과 적용	용어의 개념을 규정하고 이를 현상에 적용하여 설명하는 유형
반박과 옹호	상대방의 주장을 반박하고 자신의 주장을 옹호하는 유형
가설의 설정과 논증	현상을 분석하기 위하여 가설을 설정하고 이를 입증해 나가는 유형
기준의 설정과 비교	분석 기준을 설정하고 이에 따라 대상을 비교, 대조, 분석하는 유형
변증법적 전개	정, 반, 합의 변증법적 논리에 따라 글을 전개하는 유형
현상의 분석과 일반화	구체적인 현상을 분석하여 그것이 가지는 의미를 일반화하는 유형
정보의 나열	전달하고자 하는 중심 화제의 세부 정보를 나열하는 유형
관점의 제시와 타당성 입증	관점이나 견해, 입장을 제시하고 구체적 사례나 논거를 통해 관점이나 견해의 타당성을 입증하는 유형

대표예제

다음 글의 내용 전개 방식으로 가장 적절한 것은?

광고는 문화 현상이다. 이 점에 대해서 의심하는 사람은 거의 없다. 그럼에도 불구하고 많은 사람들이 광고를 단순히 경제적인 영역에서 활동하는 상품 판매 도구로만 인식하고 있다. 이와 같이 광고를 경제현상에 집착하여 논의하게 되면 필연적으로 극단적인 옹호론과 비판론으로 양분될 수밖에 없다. 예컨대, 옹호론에서 보면 마케팅적 설득이라는 긍정적 성격이 부각되는 반면, 비판론에서는 이데올로기적 조작이라는 부정적 성격이 두드러지는 이분법적 대립이 초래된다는 것이다.
물론 광고는 숙명적으로 상품 판촉수단으로서의 굴레를 벗어날 수 없다. 상품광고가 아닌 공익광고나 정치광고 등도 현상학적으로는 상품 판매를 위한 것이 아니라 할지라도, 본질적으로 상품과 다를 바 없이 이념과 슬로건, 그리고 정치적 후보들을 판매하고 있다.
그런데 현대적 의미에서 상품 소비는 물리적 상품 교환에 그치는 것이 아니라 기호와 상징들로 구성된 의미 교환 행위로 파악된다. 따라서 상품은 경제적 차원에만 머무르는 것이 아니라 문화적 차원에서 논의될 필요가 있다. 현대사회에서 상품은 기본적으로 물질적 속성의 유용성과 문제적 속성의 상징성이 이중적으로 중첩되어 있다. 더구나 최근 상품의 질적인 차별이 없어짐으로써 상징적 속성이 더욱더 중요하게 되었다.
현대 광고에 나타난 상품의 모습은 초기 유용성을 중심으로 물질적 기능이 우상으로 숭배되는 모습에서 근래 상품의 차이가 사람의 차이가 됨으로써 기호적 상징이 더 중요시되는 토테미즘 양상으로 변화되었다고 한다. 이와 같은 광고의 상품 '채색' 활동 때문에 현대사회의 지배적인 '복음'은 상품의 소유와 소비를 통한 욕구 충족에 있다는 비판을 받는다. 광고는 상품과 상품이 만들어 놓는 세계를 미화함으로써 개인의 삶과 물질적 소유를 보호하기 위한 상품 선택의 자유와 향락을 예찬한다.
이러한 맥락에서 오늘날 광고는 소비자와 상품 사이에서 일어나는 일종의 담론이라고 할 수 있다. 광고 읽기는 단순히 광고를 수용하거나 해독하는 행위에 그치지 않고 '광고에 대한 비판적인 안목을 갖고 비평을 시도하는 것'을 뜻한다고 할 수 있다.

① 대상을 새로운 시각으로 바라보고, 이해할 수 있게 하였다.
② 대상의 의미를 통시적 관점으로 고찰하고 있다.
③ 대상의 문제점을 파악하고 나름의 해결책을 모색하고 있다.
④ 대상에 대한 견해 중 한쪽에 치우쳐 논리를 전개하고 있다.
⑤ 대상에 대한 상반된 시각을 예시를 통해 소개하고 있다.

정답 해설

제시문에서는 광고를 단순히 상품 판매 도구로만 보지 않고, 문화적 차원에서 소비자와 상품 사이에 일어나는 일종의 담론으로 해석하여 광고라는 대상을 새로운 시각으로 바라보고 있다. 따라서 글의 내용 전개 방식으로 가장 적절한 것은 ①이다.

정답 ①

| 문제 1 |

다음 글의 내용 전개 방식으로 가장 적절한 것은?

> 지구가 스스로 빙빙 돈다는 것, 또 그런 상태로 태양 주변을 빙빙 돌고 있다는 것은 선구자들의 연구 덕분에 증명된 사실이다. 하지만 돌고 있는 것은 지구뿐만이 아니다. 물 역시 지구 내에서 끊임없이 돌고 있다. '물이 돌고 있다.'는 의미는 지구처럼 물이 시계방향이나 반시계방향으로 빙빙 돌고 있다는 뜻은 아니다. 지구 내 물의 전체 양은 변하지 않은 채 상태와 존재 위치만 바뀌면서 계속해서 '순환'하고 있음을 말한다.
> 그러면 '물의 순환'을 과학적으로 어떻게 정의할 수 있을까? 한마디로 물이 기체, 액체, 고체로 그 상태를 바꾸면서 지표면과 지하, 대기 사이를 순환하고, 이 과정에서 비와 눈 같은 여러 가지 기상 현상을 일으킨다고 할 수 있다. 강과 바다에서 물이 증발하면 수증기가 되는데, 수증기가 상공으로 올라가다 보면 기압이 낮아져 팽창하게 된다. 그러면서 에너지를 쓰게 되고 온도가 낮아지다 보면 수증기는 다시 작은 물방울이나 얼음 조각으로 변하는데, 그것이 우리가 알고 있는 구름이다. 구름의 얼음 조각이 커지거나 작은 물방울들이 합해지면 큰 물방울이 눈이나 비가 되어 내리고, 지표 사이로 흘러 들어간 물은 다시 강과 바다로 가게 된다. 이러한 현상은 영원히 반복된다.
> 이처럼 물의 순환은 열을 흡수하느냐와 방출하느냐에 따라 물의 상태가 변함으로써 발생한다. 쉽게 말해 얼음이 따뜻한 곳에 있으면 물이 되고, 물에 뜨거운 열을 가하면 수증기가 되는 것처럼, '고체 → 액체 → 기체' 혹은 '고체 → 기체'로 변화할 때는 열을 흡수하고, 반대의 경우에는 열을 방출하는 것이다. 흡수된 열에너지는 운동에너지로 전환되어 고체보다는 액체, 액체보다는 기체 상태에서 분자 사이의 움직임을 더 활발하게 만든다.

① 대상에 대한 다양한 관점을 소개하면서 이를 서로 절충하고 있다.
② 전문가의 견해를 토대로 현상의 원인을 분석하고 있다.
③ 비유의 방식을 통해 대상의 속성을 드러내고 있다.
④ 대상의 상태 변화 과정을 통해 현상을 설명하고 있다.
⑤ 묘사를 통해 대상을 구체적으로 설명하고 있다.

정답 해설

제시문에서는 물이 기체, 액체, 고체로 변화하는 과정을 통해 지구 내 '물의 순환' 현상을 설명하고 있다. 따라서 글의 내용 전개 방식으로 가장 적절한 것은 ④이다.

정답 ④

| 문제 2 |

다음은 랜섬웨어에 대한 글이다. 글의 내용 전개 방식으로 가장 적절한 것은?

> 생활 속 보안을 위해 우리들이 가장 먼저 생각해야 하는 것은 무엇일까? 그것은 우리가 무엇을 가지고 있으며, 그 가치가 얼마나 되는지 확인하는 것이다. 그 가치가 얼마인지 정확히 모르겠다면, 그것을 잃어버렸을 때 어떤 일이 벌어질지 생각해 보자.
> 만약 당신이 기업연구소에서 일하고 있고, 몇 년 동안 쌓인 연구 자료가 컴퓨터에 저장되어 있다고 가정해 볼 때, 컴퓨터 속에는 구하기 힘든 각종 연구보고서, 논문, 발표자료, 회사의 기밀자료, 도면 등이 저장되어 있을 것이다. 열심히 연구하던 중에 잠깐 메일을 확인하다가 당신의 호기심을 자극하는 제목의 전자메일을 클릭한 뒤, 그 메일의 첨부파일을 열어보는 것만으로도 당신의 컴퓨터는 랜섬웨어에 감염될 수 있다. 몇 년 동안 쌓아두었던 연구자료가 모두 암호화되어서 열어 볼 수 없는 상황이 벌어질 수 있다는 것이다.
> 또한, 크리스마스 카드가 도착했다는 문자가 수신된 상황을 가정해 보자. 문자를 보고 흥분되고 기대되는 마음에 문자 속 인터넷주소(URL)를 클릭했더니, 크리스마스 카드를 보려면 앱을 설치하라고 한다. '좀 번거롭기는 하지만, 뭐 어때?'라는 마음으로 그 앱을 설치하면 스마트폰에 있는 당신의 모든 정보는 해커들의 손에 들어갈 수 있다. 당신의 연락처, 동영상, 사진, 통화 내역, 문자 메시지, 인증서 등이 해커의 손에 들어가고, 그 내용 중 공개되어서는 안 될 정보를 가지고 협박한다면 어떻게 되겠는가?
> 그렇다면 랜섬웨어에 대한 대비책은 무엇일까? 첫째, 철저한 백업이다. 백업이야말로 여러 가지 재난적인 상황에 효과적인 대비책이다. 둘째, 잘 알고 있는 사람이 보낸 메일이 아니라면 첨부파일 다운로드나 실행에 주의한다. 셋째, 인터넷에서 받은 실행 파일은 위변조를 확인한 뒤 설치한다. 그리고 스미싱 문자에 대한 대비책은 문자로 전송된 경로를 클릭하거나 출처가 확인되지 않은 앱을 설치하지 않는 것이다. 문자로 전송된 경로를 클릭하는 것만으로도 악성코드가 스마트폰에 설치되어 해킹을 당할 수 있으므로 문자 속 URL을 클릭하지 말아야 한다.
> 현재 새로운 해킹 기술들이 계속 나오고 있지만, 간단한 원칙만 실천해도 해킹당할 가능성이 확 낮아진다. 컴퓨터는 정해진 일을 위해서만 쓰는 것, 스마트폰에 남들이 보면 안 되는 사항을 저장해 놓지 않는 것만으로도 우선은 안심이다. 내 것을 지키기 위해서는 내가 무엇을 가지고 있는지 그 가치를 제대로 알고 있어야 한다. 그리고 하지 말라고 주의를 주는 행위를 할 때는 특히 주의를 기울여야 한다.

① 대상에 대한 장점을 부각시켜 상대방을 설득하고 있다.
② 두 가지 상반되는 주장을 비교하여 제시하고 있다.
③ 문제 상황에 대해 사례를 들어 설명하고, 그에 대한 대책 방안을 제시하고 있다.
④ 대상에 대한 옳은 예와 옳지 않은 예를 제시하고 있다.
⑤ 사건이 가지는 역사적 의의와 시사점에 대해 서술하고 있다.

정답 해설

제시문에서는 특정 상황을 가정하여 컴퓨터와 스마트폰이 랜섬웨어에 감염되는 사례를 통해 문제 상황을 제시한 뒤, 이에 대한 보안 대책 방안을 설명하고 있다. 따라서 글의 내용 전개 방식으로 가장 적절한 것은 ③이다.

정답 ③

아이들이 답이 있는 질문을 하기 시작하면 그들이 성장하고 있음을 알 수 있다.

– 존 J. 플롬프 –

PART 3

정형화된 문제

TOPIC

22 글로 작성된 규정

01 유형의 이해

일상생활에서 가장 많이 볼 수 있는 안내문 등을 이용한 유형으로, 난이도는 높지 않으나 제시되는 규정의 분량이 많아 시간 소모가 다소 발생하는 유형이다. 이 유형은 별다른 추론의 과정이 요구되는 것이 아니므로 선택지에 대응하는 규정이 있는 부분을 찾아내기만 하면 된다. 따라서 빨리 여러번 읽으며 풀기보다는 약간 템포를 늦게 가져가더라도 한 번에 정확히 푸는 것이 결과적으로는 정답률을 높이게 된다. 중요한 것은 규정을 처음부터 끝까지 다 읽고 선택지를 판단해서는 안 된다는 것이다.

02 접근법

(1) 소제목과 선택지 연결

규정 자체가 일반인들을 대상으로 하는 것인 만큼 소주제별로 제목이 붙여져 있다. 만약 이 제목에 번호가 매겨져 있다면 그 번호를 그대로 활용하면 될 것이며, 그렇지 않다면 스스로 번호를 매기는 것이 좋다. 그리고 세부적인 내용은 일단 패스하고 곧바로 선택지로 이동해 해당 선택지가 몇 번 규정과 연관된 것인지를 연결해 놓자. 이 유형의 선택지들은 난이도가 낮게 구성되므로 곧바로 연결이 가능하며, NCS 수준에서는 규정 2개 이상과 선택지가 연결되는 경우는 없기 때문에 이와 같이 풀어도 문제가 없다.

(2) 선택지와 규정의 입체적 풀이

선택지와 해당 규정의 위치를 연결시켜 놓았으므로 곧바로 선택지의 정오를 판단한다. 가급적 여러 개의 선택지가 걸려있는 규정을 먼저 확인하는 것이 좋다.

(3) 각주와 단서

만약 각주가 들어있는 규정이 있다면 가장 우선적으로 판단하는 것이 좋다. 특히 이 유형에서 각주는 주로 예외 사항을 제시하는 경우가 많은데 이 예외사항에 해당하는 사례가 자주 선택지로 구성되는 편이다.

대표예제

다음은 안전한 도로 이용을 위한 고장 시 조치요령이다. 이에 대한 설명으로 적절하지 않은 것은?

> ■ **갓길의 이용**
> 고속도로에서 고장이나 연료가 소진되어 운전할 수 없는 경우에 주차하려 할 때는 다른 차의 주행을 방해하지 않도록 충분한 공간이 있는 갓길 등에 주차하여야 한다.
>
> ■ **고장차량 표지의 설치**
> 자동차의 운전자는 교통안전 표지를 설치하는 경우 그 자동차의 후방에서 접근하는 자동차의 운전자가 확인할 수 있는 위치에 설치하여야 한다. 또한, 고속도로 등에서 자동차를 운행할 수 없게 되었을 때는 고장자동차 표지를 설치하여야 하며, 그 자동차를 고속도로가 아닌 다른 곳으로 옮겨 놓는 등의 필요한 조치를 하여야 한다. 밤에는 고장자동차 표지와 함께 사방 500m 지점에서 식별할 수 있는 적색의 섬광신호・전기제등 또는 불꽃신호를 추가로 설치하여야 한다. 강한 바람이 불 때는 고장차량 표지 등이 넘어지지 않도록 필요한 조치를 마련하고, 특히 차체 후부 등에 연결하여 튼튼하게 하여야 한다. 또한, 수리 등이 끝나고 현장을 떠날 때는 고장차량 표지 등 장비를 챙기는 것을 잊어서는 안 된다.
>
> ■ **차의 이동과 비상 전화 이용**
> 고속도로상에서 고장이나 연료가 떨어져서 운전할 수 없을 때는 비상조치를 끝낸 후 가장 가까운 비상전화로 견인차를 부르거나 가능한 한 빨리 그곳으로부터 차를 이동해야 한다.

① 고속도로에서 운전할 수 없는 경우에는 갓길 등에 주차하여야 한다.
② 교통안전 표지는 후방의 운전자가 확인할 수 있는 위치에 설치하여야 한다.
③ 밤에 고장자동차 표지를 설치할 때는 불꽃신호를 추가로 설치하여야 한다.
④ 고속도로에서 자동차를 운행할 수 없게 되었을 때는 몸부터 우선 대피하여야 한다.
⑤ 고속도로에서 비상조치를 끝낸 후 비상전화로 견인차를 부르거나 차를 빨리 이동해야 한다.

정답 해설

고속도로에서 자동차를 운행할 수 없게 되었을 때는 자동차를 고속도로가 아닌 다른 곳으로 옮겨 놓는 등의 필요한 조치를 하여야 한다.

정답 ④

| 문제 1 |

다음 S공사의 메트로미술관 대관안내 중 미술관 사용 시 유의사항에 대한 설명으로 가장 적절한 것은?

〈미술관 사용 시 유의사항〉

1. 전시 전에 역장에게 꼭 전시 신고한 후 직원의 안내를 받아 전시하여 주시기 바랍니다.
2. 전시면 사용요령
   - 전시장 벽면 사용 시 양면테이프나 못 등은 사용할 수 없으며, 스프레이를 뿌리거나 페인트를 사용하는 것은 절대 불가합니다.
   - 메트로미술관 1, 2관에서 현수막 사용 시 미술관 입구에 현수막 봉이 설치되어 있으므로 현수막을 봉에 설치하여 주시기 바랍니다.

     ※ 현수막 크기 : 가로 4.7m×세로 1m
   - 전시 벽면에 액자 틀 먼지로 인해 자국이 남는 경우가 있으니 액자 틀 뒷면을 깨끗이 닦은 상태에서 사용해 주시기 바랍니다.
   - 전시작품 설치 시 반드시 전시 고리를 이용하여 작품을 설치하여 주시고, 작품설명 표지는 액자 틀에 부착하여 주시기 바랍니다(전시 고리는 역무실에서 수령).
   - 전시 고리는 작품 부착 시 불량상태를 꼭 확인한 후 사용하여 주시고, 불량 고리는 역무실에 교체를 요구하여 주시기 바랍니다.

     ※ 전시 고리 분실 시 분실수량만큼 구매하여 역무실에 반납하여야 합니다.
   - 전시면 이외의 공간(유리문 등)은 사용이 불가하며, 이용승객 통행에 지장을 주는 작품을 설치할 수 없습니다.
3. 쓰레기 처리요령
   - 화환 등 대형 폐기물은 판매처에서 회수하도록 하시거나 분해하여 꽃은 종량제 규격봉투에 담고, 받침대 등은 정리하여 끈으로 묶은 후 대형 폐기물 스티커를 부착하여 주십시오(무단 방치 금지).
   - 일반쓰레기는 종로구 종량제 규격봉투에 담아 처리하여 주십시오.

① 일반쓰레기는 아무 비닐봉투에 담아 역사 내 쓰레기통에 버린다.

② 전시 고리 중 불량 고리를 확인했다면 개인 사비로 사야 한다.

③ 벽면에 작품을 부착할 때 필요 시 관리자에게 요청한 후 못으로 고정할 수 있다.

④ 작품설명 표지는 액자 바로 밑 전시 벽면에 부착한다.

⑤ 2관에서 현수막을 사용하려면 가로 4.7m×세로 1m 크기로 제작해 미술관 입구에 있는 현수막 봉에 설치해야 한다.

PART 3

정답 해설

전시면 사용요령에 따르면 현수막 크기는 가로 4.7m×세로 1m이며, 메트로미술관 1, 2관에서 현수막 사용 시 미술관 입구에 현수막 봉이 설치되어 있으므로 현수막을 봉에 설치하라고 설명하고 있다.

오답분석

① 일반쓰레기는 종로구 종량제 규격봉투에 담아 처리해야 한다.
② 불량 고리는 역무실에 교체를 요구해야 한다.
③ 전시장 벽면에 못은 사용할 수 없다.
④ 작품설명 표지는 액자 틀에 부착해야 한다.

정답 ⑤

TOPIC

23 표로 작성된 규정

01 유형의 이해

앞서 살펴본 '글로 작성된 규정'은 대부분 하나의 항목에 대해 세부적인 사항을 규정하고 있는 반면, '표로 작성된 규정'은 여러 개의 항목들을 조건에 따라 다르게 규율하는 것을 주된 내용으로 한다. 이러한 규정은 평소 신문 등에서 자주 접할 수 있는 것이므로 이런 형식의 자료를 접하면 주의 깊게 읽어보는 것이 좋다.

02 접근법

(1) 의외의 첫 부분

이 유형의 경우 의외로 가장 처음에 나오는 내용이 선택지에 활용되는 경우가 대단히 많으며, 심지어 정답이 되는 경우도 있다. 표로 구성된 부분에 너무 몰입하느라 아주 간단한 첫 부분의 내용을 놓치는 일이 없어야 할 것이다.

(2) 표 읽기

표에는 여러 항목들이 나열되어 있는데 이것을 모두 읽는 것은 전혀 의미가 없다. 따라서 하나의 항목만 제대로 읽으면서 표가 어떤 식으로 구성되어 있는지 판단한 후 나머지 항목은 넘겨야 한다. 왜냐하면 문제를 읽는 단계에서 각각의 항목을 모두 읽어 봤자 이들이 선택지에서 어떻게 활용되는지는 알 수 없기 때문이다.

대표예제

다음 자료를 이해한 내용으로 적절하지 않은 것은?

수신자 : 전 부서
제목 : 전자제품 판매 프로모션 안내
아래와 같이 전자제품 판매 프로모션을 기획하였으니 업무에 참고하시기 바랍니다.

– 아래 –

1. 기간 : 2024년 1월 2일(월) ~ 2월 28일(화)
2. 대상 : 행사 품목 구매 고객 중 응모한 자에 한함
3. 내용 : 해당 프로모션 당첨자에게 평생 전기세 지원 명목으로 일정 금액을 증정함(무상 A/S지원 포함)
4. 혜택 : 품목별 혜택이 상이함

품목	혜택	당첨자 수
냉장고	전기세 200만 원 지원, 10년 무상 A/S	2명
에어컨	전기세 200만 원 지원, 5년 무상 A/S	2명
세탁기	전기세 100만 원 지원, 5년 무상 A/S	3명
TV	전기세 50만 원 지원, 5년 무상 A/S	4명
PC	전기세 50만 원 지원, 3년 무상 A/S	4명

5. 기타
   - 제세공과금(22%, 현금)은 당첨자 본인 부담
   - 지정된 행사 매장에 방문 또는 상담 시 구매 여부와 관계없이 다이어리 증정(1,000부 선착순)
   - 3월 중순 당첨자 발표 예정(홈페이지 게시, 개별통보)

별첨1. 프로모션 제품별 가격표 1부
별첨2. 지정 행사장 위치 및 진행 계획 1부
별첨3. 온라인 홍보물 1부. 끝.

① 행사 품목 구매 고객 중 응모한 자에 한해서만 프로모션을 진행하는구나.
② 이번 프로모션은 품목별 혜택이 서로 다르긴 하지만 공통적으로 전기세 지원과 무상 A/S를 받을 수 있구나.
③ 전국 매장에 방문하거나 상담 시 구매 여부와 관계 없이 다이어리를 증정하는구나.
④ 프로모션 당첨자는 제세공과금 22%를 현금으로 부담해야 된다는 것을 응모자들에게 사전에 알려줄 필요가 있구나.
⑤ 이번 프로모션은 본 회사의 행사 품목을 구매한 고객 중 당첨자에게 전기세를 지원하는 데 의의를 두고 있겠어.

정답 해설

해당 프로모션은 지정된 행사 매장에 방문 또는 상담하는 고객에게 구매 여부와 관계 없이 다이어리를 증정한다고 되어 있으므로 적절하지 않은 내용이다.

정답 ③

| 문제 1 |

영업팀 사원인 K씨는 출장 유류비와 식대로 총 35만 원을 지불하고 영업처 식대로 10만 원을 지불했다. 다음 중 결재규정에 따라 K씨가 제출할 결재 양식은?

〈결재규정〉

- 결재를 받으려는 업무에 대하여 최고결재권자(대표이사) 포함 이하 직책자의 결재를 받아야 한다.
- 전결이라 함은 회사의 경영활동이나 관리활동을 수행함에 있어 의사결정이나 판단을 요하는 일에 대하여 최고결재권자의 결재를 생략하고, 자신의 책임하에 최종적으로 의사결정이나 판단을 하는 행위를 말한다.
- 전결사항에 관해서도 위임받은 자를 포함한 이하 직책자의 결재를 받아야 한다.
- 표시내용 : 결재를 올리는 자는 최고결재권자로부터 전결사항을 위임받은 자가 있는 경우 결재란에 전결이라고 표시하고 최종결재권자란에 위임받은 자를 표시한다.
- 최고결재권자의 결재사항 및 최고결재권자로부터 위임된 전결 사항은 아래의 표에 따른다.

구분	내용	금액기준	결재서류	팀장	본부장	대표이사
영업비	영업처 식대, 판촉물 구입비 등	30만 원 이하	접대비지출품의서, 지출결의서	○ □		
		30만 원 초과			○ □	
		50만 원 이상				○ □
출장비	출장 유류비, 출장 식대	30만 원 이하	출장계획서, 청구서	○ □		
		30만 원 초과			○	□
		50만 원 이상				○ □
교육비	내부교육비	50만 원 이하	기안서, 법인카드신청서	○	□	
	외부강사초청비	50만 원 이하			○	□
		50만 원 초과				○
		100만 원 초과				□

※ ○ : 기안서, 출장계획서, 접대비지출품의서

※ □ : 지출결의서, 각종 신청서 및 청구서

①

출장계획서				
결재	담당	팀장	본부장	대표이사
	K			전결

②

청구서			
결재	담당	팀장	본부장
	K		

③

출장계획서				
결재	담당	팀장	본부장	대표이사
	K			

④

출장계획서			
결재	담당	팀장	본부장
	K		전결

⑤

접대비지출품의서			
결재	담당	팀장	본부장
	K		

정답 해설

30만 원 초과 50만 원 미만의 출장계획서는 전결을 위임받은 본부장에게 결재를 받아야 하며, 30만 원 초과의 청구서는 대표이사의 결재를 받아야 한다. 따라서 출장계획서의 최종결재는 본부장 전결사항이므로 본부장 란에 '전결'을 표시하고 본부장의 서명이 기입되어야 한다.

오답분석

① 출장계획서는 본부장이 전결받았으므로 본부장에게 최종결재를 받아야 한다.
② 청구서는 대표이사에게 최종결재를 받아야 한다.
③ 출장계획서의 최종결재는 본부장 전결사항이므로, 본부장 란에 전결 표시와 서명이 기입되어야 한다.
⑤ 접대비지출품의서는 30만 원 이하이므로 팀장의 결재를 받아야 한다.

정답 ④

TOPIC

24 제목이 있는 법조문

01 유형의 이해

법령이나 조약을 구체적으로 제시하고 이를 해석할 수 있는지, 혹은 사례에 적용할 수 있는지를 묻는 문제가 종종 출제되고 있다. 법조문에 익숙하지 않은 수험생들은 이 유형의 문제를 처음 접했을 때 어렵게 느껴질 수도 있지만, 자세히 들여다보면 법조문 문제 역시 형태를 달리한 '내용일치 문제'에 해당한다. 특히 조문별로 제목이 붙어있는 경우는 이를 적절히 활용한다면 풀이 시간을 상당히 단축시킬 수 있다.

02 접근법

(1) 제목의 활용

제목이 있는 법조문의 경우는 대개 조문의 길이가 길게 출제되는 것이 보통이므로 이 조문들을 찬찬히 읽으면서 이해하는 것은 거의 도움이 되지 않는다. 따라서 처음에는 제목을 체크해 두고 그 제목을 통해서 법조문이 어떻게 구성되어 있는지 자기 나름대로의 스토리를 생각해 본 후에 선택지를 보기 바란다. 간혹 제목에 표시만 해 두고 그 제목을 통해서 법이 어떻게 구성되어 있는지를 생각하지 않고 풀이하는 경우가 있는데 그것은 별로 도움이 되지 않는다.

(2) 세부적인 내용의 처리

법조문형 문제는 시간이 무한정 주어진다면 모든 수험생이 다 풀 수 있는 문제이다. 하지만 현실은 그렇지 않기에 어느 정도의 요령이 필요하다. 가장 대표적으로 세부적인 항목이 제시되는 내용은 꼼꼼하게 읽지 말고 선택지를 판단할 때 찾아가는 식으로 풀이해야 한다. 단, 그 세부항목들이 어떤 것에 대한 것인지, 즉 상위범주에 대해서는 확실하게 정리를 하고 선택지를 읽어야 한다. 세부적인 내용은 꼼꼼하게 읽는다고 해서 모두 외워지는 것도 아니고 실제 선택지에서는 그중 한 개만 다뤄지기 때문이다. 선택지를 보고 역으로 올라오라는 의미는 바로 이런 세부사항을 처리하는 방법을 의미하는 것이지 조문 자체를 아예 읽지도 않고 선택지부터 보라는 의미가 아니다.

대표예제

K공사는 부대시설 건축을 위해 A건축회사와 계약을 맺었다. 다음 계약서를 보고 건축시설처의 L대리가 파악할 수 있는 내용으로 가장 적절한 것은?

〈공사도급계약서〉

상세시공도면 작성(제10조)

① '을'은 건축법 제19조 제4항에 따라 공사감리자로부터 상세시공도면의 작성을 요청받은 경우에는 상세시공도면을 작성하여 공사감리자의 확인을 받아야 하며, 이에 따라 공사를 하여야 한다.

② '갑'은 상세시공도면의 작성범위에 관한 사항을 설계자 및 공사감리자의 의견과 공사의 특성을 감안하여 계약서상의 시방에 명시하고, 상세시공도면의 작성비용을 공사비에 반영한다.

안전관리 및 재해보상(제11조)

① '을'은 산업재해를 예방하기 위하여 안전시설의 설치 및 보험의 가입 등 적정한 조치를 하여야 한다. 이때 '갑'은 계약금액의 안전관리비 및 보험료 상당액을 계상하여야 한다.

② 공사현장에서 발생한 산업재해에 대한 책임은 '을'에게 있다. 다만, 설계상의 하자 또는 '갑'의 요구에 의한 작업으로 인한 재해에 대하여는 그렇지 아니하다.

응급조치(제12조)

① '을'은 재해방지를 위하여 특히 필요하다고 인정될 때는 미리 긴급조치를 취하고 즉시 이를 '갑'에게 통지하여야 한다.

② '갑'은 재해방지 및 기타 공사의 시공상 긴급·부득이하다고 인정할 때는 '을'에게 긴급조치를 요구할 수 있다.

③ 제1항 및 제2항의 응급조치에 소요된 경비에 대하여는 제16조 제2항의 규정을 준용한다.

① 응급조치에 소요된 비용은 '갑'이 부담한다.

② '을'은 공사감리자로부터 요청이 없으면 상세시공도면을 작성하지 않아도 된다.

③ '을'은 재해방지를 위하여 미리 긴급조치를 취할 수 있고, 이를 '갑'에게 알릴 의무는 없다.

④ 공사현장에서 발생한 모든 산업재해에 대한 책임은 '을'에게 있다.

⑤ '을'은 산업재해를 예방하기 위한 조치를 해야 하고, '갑'은 계약금액에 이와 관련한 금액을 책정해야 한다.

정답 해설

제11조 제1항에 해당하는 내용이다.

오답분석

① 응급조치에 소요된 비용에 대해서는 제시문을 통해 확인할 수 없다.

② '을'은 공사감리자로부터 요청이 있으면 상세시공도면을 작성해야 하지만, 그렇지 않은 경우에는 어떻게 해야 하는지 알 수 없다.

③ '을'이 미리 긴급조치를 취할 수 있지만, 즉시 '갑'에게 통지해야 한다.

④ 설계상의 하자나 '갑'의 요구에 의한 작업으로 인한 재해에 대해서는 '을'의 책임은 없다.

정답 ⑤

| 문제 1 |

다음 글과 상황을 근거로 판단할 때 A지방자치단체 지방의회의 의결에 대한 설명으로 가장 적절한 것은?

의사정족수(제1조)
① 지방의회는 재적의원 3분의 1 이상의 출석으로 개의(開議)한다.
② 회의 중 제1항의 정족수에 미치지 못할 때에는 의장은 회의를 중지하거나 산회(散會)를 선포한다.

의결정족수(제2조)
① 의결사항은 재적의원 과반수의 출석과 출석의원 과반수의 찬성으로 의결한다.
② 의장은 의결에서 표결권을 가지며, 찬성과 반대가 같으면 부결된 것으로 본다.
③ 의장은 제1항에 따라 의결하지 못한 때에는 다시 그 일정을 정한다.

지방의회의 의결사항(제3조) 지방의회는 다음 사항을 의결한다.
1. 조례의 제정·개정 및 폐지
2. 예산의 심의·확정
※ 지방의회의원 중 사망한 자, 제명된 자, 확정판결로 의원직을 상실한 자는 재적의원에 포함되지 않는다.

〈상황〉

- A지방자치단체의 지방의회 최초 재적의원은 111명이다. 그중 2명은 사망하였고, 3명은 선거법 위반으로 구속되어 재판이 진행 중이며, 2명은 의회에서 제명되어 현재 총 104명이 의정활동을 하고 있다.
- A지방자치단체 ○○조례 제정안이 상정되었다.
- A지방자치단체의 지방의회는 의장을 포함한 53명이 출석하여 개의하였다.

① 의결할 수 없다.
② 부결된 것으로 본다.
③ 26명의 찬성만으로 의결할 수 있다.
④ 27명의 찬성만으로 의결할 수 있다.
⑤ 28명의 찬성만으로 의결할 수 있다.

정답 해설

최초 재적의원이 111명이지만 사망한 사람(2명)과 제명된 사람(2명)을 제외한 107명이 현재의 재적의원이며, 의장을 포함한 53명이 출석한 상태이다. 먼저, 제1조 제1항에서 '지방의회는 재적의원 3분의 1 이상의 출석으로 개의한다.'고 하였으므로 36명 이상이 출석하면 개의할 수 있다. 따라서 의사정족수는 충족하였다. 다음으로 제2조 제1항에서 '의결사항은 재적의원 과반수의 출석과 출석의원 과반수의 찬성으로 의결한다.'고 하였으므로 54명의 출석이 필요하다. 그런데 현재 출석한 의원은 의장을 포함한 53명이므로 의결정족수를 충족하지 못한다. 따라서 의결할 수 없다.

정답 ①

| 문제 2 |

다음 글을 근거로 판단할 때 가장 적절한 것은?

> **성년후견(제1조)**
> ① 가정법원은 질병, 장애, 노령, 그 밖의 사유로 인한 정신적 제약으로 사무를 처리할 능력이 지속적으로 결여된 사람에 대하여 본인, 배우자, 4촌 이내의 친족, 검사 또는 지방자치단체의 장의 청구에 의하여 성년후견개시의 심판을 한다.
> ② 성년후견인은 피성년후견인의 법률행위를 취소할 수 있다.
> ③ 제2항에도 불구하고 일용품의 구입 등 일상생활에 필요하고 그 대가가 과도하지 아니한 법률행위는 성년후견인이 취소할 수 없다.
>
> **피성년후견인의 신상결정(제2조)**
> ① 피성년후견인은 자신의 신상에 관하여 그의 상태가 허락하는 범위에서 단독으로 결정한다.
> ② 성년후견인이 피성년후견인을 치료 등의 목적으로 정신병원이나 그 밖의 다른 장소에 격리하려는 경우에는 가정법원의 허가를 받아야 한다.
>
> **성년후견인의 선임(제3조)**
> ① 성년후견인은 가정법원이 직권으로 선임한다.
> ② 가정법원은 성년후견인이 선임된 경우에도 필요하다고 인정하면 직권으로 또는 청구권자의 청구에 의하여 추가로 성년후견인을 선임할 수 있다.

① 성년후견인의 수는 1인으로 제한된다.
② 지방자치단체의 장은 가정법원에 성년후견개시의 심판을 청구할 수 있다.
③ 성년후견인은 피성년후견인이 행한 일용품 구입행위를 그 대가의 정도와 관계없이 취소할 수 없다.
④ 가정법원은 성년후견개시의 심판절차에서 직권으로 성년후견인을 선임할 수 없다.
⑤ 성년후견인은 가정법원의 허가 없이 단독으로 결정하여 피성년후견인을 치료하기 위해 정신병원에 격리할 수 있다.

정답 해설

제1조 제1항에 따르면 가정법원은 본인, 배우자, 4촌 이내의 친족, 검사 또는 지방자치단체의 장의 청구에 의하여 성년후견개시의 심판을 한다고 하였으므로 적절한 내용이다.

오답분석

① 가정법원은 성년후견인이 선임된 경우에도 필요하다고 인정하면 직권으로 또는 청구권자의 청구에 의하여 추가로 성년후견인을 선임할 수 있다고 하였으므로 그 수가 1인으로 제한되는 것은 아니다.
③ 일용품의 구입 등 일상생활에 필요하고 그 대가가 과도하지 아니한 법률행위는 성년후견인이 취소할 수 없다고 하였으므로 대가의 정도에 따라 취소할 수도 있다.
④ 성년후견인은 가정법원이 직권으로 선임한다고 하였으므로 적절하지 않은 내용이다.
⑤ 성년후견인은 가정법원이 직권으로 선임하고, 성년후견인이 피성년후견인을 치료 등의 목적으로 정신병원이나 그 밖의 다른 장소에 격리하려는 경우에는 가정법원의 허가를 받아야 한다고 하였으므로 적절하지 않은 내용이다.

정답 ②

TOPIC

25 제목이 없는 법조문

01 유형의 이해

법조문 앞에 제목이 없는 유형은 제목이 있는 경우에 비해 접근하기가 까다롭다. 조문 자체를 읽기 전에는 해당 조문들이 어떤 것을 규율하고 있는지를 알기가 곤란하기 때문이다. 최근에는 이와 같이 제목이 없는 형태로 출제되는 경우가 많다. 이러한 유형은 외견상 별다른 특성이 보이지 않아 수험생의 입장에서는 참 곤혹스러운 유형이다. 조문을 차근차근 읽어가기도 그렇고 선택지부터 보기에도 애매하기 때문이다.

02 접근법

이런 유형을 만나면 각 조문의 '주어'가 무엇인가와 익숙한 법률용어들에만 체크해 두고 선택지로 넘어가는 것이 좋다. 특성이 없는 조문이라는 것은 결국 출제의 포인트가 한정적이라는 얘기인데, 결국 그것은 주어와 법률용어를 섞어놓는 것 이외에는 별다른 포인트가 없다는 의미가 된다. 또한, 이 유형의 경우는 하나하나의 조문이 별개의 내용으로 구성되어 있는 경우가 대부분이다. 따라서 처음부터 차근차근 숙지하며 읽는다고 해도 흐름을 잡기가 쉽지 않아 괜한 시간낭비가 될 가능성이 높다.

대표예제

다음 글을 근거로 판단할 때 〈보기〉에서 적절한 것을 모두 고르면?

제1조
① 의회의 정기회는 법률이 정하는 바에 의하여 매년 1회 집회되며, 의회의 임시회는 대통령 또는 의회재적의원 4분의 1 이상의 요구에 의하여 집회된다.
② 정기회의 회기는 100일을, 임시회의 회기는 30일을 초과할 수 없다.
③ 대통령이 임시회의 집회를 요구할 때에는 기간과 집회요구의 이유를 명시하여야 한다.

제2조 의회는 헌법 또는 법률에 특별한 규정이 없는 한 재적의원 과반수의 출석과 출석의원 과반수의 찬성으로 의결한다. 가부동수(可否同數)인 때에는 부결된 것으로 본다.

제3조 의회에 제출된 법률안 및 기타의 의안은 회기 중에 의결되지 못한 이유로 폐기되지 아니한다. 다만, 의회의원의 임기가 만료된 때에는 그러하지 아니하다.

제4조 부결된 안건은 같은 회기 중에 다시 발의 또는 제출하지 못한다.

보기

ㄱ. 甲의원이 임시회의 기간과 이유를 명시하여 집회요구를 하는 경우 임시회가 소집된다.
ㄴ. 정기회와 임시회 회기의 상한일수는 상이하나 의결정족수는 특별한 규정이 없는 한 동일하다.
ㄷ. 乙의원이 제출한 의안이 계속해서 의결되지 못한 상태에서 乙의원의 임기가 만료되면 의안은 폐기된다.
ㄹ. 임시회에서 丙의원이 제출한 의안이 표결에서 가부동수인 경우, 丙의원은 동일 회기 중에 그 의안을 다시 발의할 수 없다.

① ㄱ, ㄴ
② ㄱ, ㄷ
③ ㄴ, ㄹ
④ ㄱ, ㄷ, ㄹ
⑤ ㄴ, ㄷ, ㄹ

정답 해설

ㄴ. 정기회의 회기는 100일을, 임시회의 회기는 30일을 초과할 수 없으나 의결정족수는 특별한 규정이 없는 한 재적의원 과반수의 출석과 출석의원 과반수의 찬성이므로 적절한 내용이다.
ㄷ. 의회의원의 임기가 만료된 때에는 제출된 의안이 폐기된다고 하였으므로 적절한 내용이다.
ㄹ. 표결에서 가부동수가 된 경우에는 부결된 것으로 보며, 부결된 안건은 같은 회기 중에 다시 발의할 수 없다고 하였으므로 적절한 내용이다.

오답분석

ㄱ. 임시회는 대통령 또는 의회재적의원 4분의 1 이상의 요구에 의해 집회된다고 하였으므로 적절하지 않은 내용이다.

정답 ⑤

| 문제 1 |

다음 글을 근거로 판단할 때 가장 적절한 것은?

> **제1조**
> ① 무죄재판을 받아 확정된 사건(이하 '무죄재판사건'이라 한다)의 피고인은 무죄재판이 확정된 때부터 3년 이내에 확정된 무죄재판사건의 재판서(이하 '무죄재판서'라 한다)를 법무부 인터넷 홈페이지에 게재하도록 해당 사건을 기소한 검사의 소속 지방검찰청에 청구할 수 있다.
> ② 피고인이 제1항의 무죄재판서 게재 청구를 하지 아니하고 사망한 때에는 그 상속인이 이를 청구할 수 있다. 이 경우 같은 순위의 상속인이 여러 명일 때에는 상속인 모두가 그 청구에 동의하였음을 소명하는 자료도 함께 제출하여야 한다.
> ③ 무죄재판서 게재 청구가 취소된 경우에는 다시 그 청구를 할 수 없다.
>
> **제2조**
> ① 제1조의 청구를 받은 날부터 1개월 이내에 무죄재판서를 법무부 인터넷 홈페이지에 게재하여야 한다.
> ② 다음 각 호의 어느 하나에 해당할 때에는 무죄재판서의 일부를 삭제하여 게재할 수 있다.
> 1. 청구인이 무죄재판서 중 일부 내용의 삭제를 원하는 의사를 명시적으로 밝힌 경우
> 2. 무죄재판서의 공개로 인하여 사건 관계인의 명예나 사생활의 비밀 또는 생명·신체의 안전이나 생활의 평온을 현저히 해칠 우려가 있는 경우
>
> ③ 제2항 제1호의 경우에는 청구인의 의사를 서면으로 확인하여야 한다.
> ④ 제1항에 따른 무죄재판서의 게재기간은 1년으로 한다.

① 무죄재판이 확정된 피고인 甲은 무죄재판이 확정된 때부터 3년 이내에 관할법원에 무죄재판서 게재 청구를 할 수 있다.

② 무죄재판이 확정된 피고인 乙이 무죄재판서 게재 청구를 취소한 후 사망한 경우, 乙의 상속인은 무죄재판이 확정된 때부터 3년 이내에 무죄재판서 게재 청구를 할 수 있다.

③ 무죄재판이 확정된 피고인 丙이 무죄재판서 게재 청구 없이 사망한 경우, 丙의 상속인은 같은 순위의 다른 상속인의 동의 없이 무죄재판서 게재 청구를 할 수 있다.

④ 무죄재판이 확정된 피고인 丁이 무죄재판서 게재 청구를 하면 그의 무죄재판서는 법무부 인터넷 홈페이지에 3년간 게재된다.

⑤ 무죄재판이 확정된 피고인 戊의 청구로 무죄재판서가 공개되면 사건 관계인의 명예를 현저히 해칠 우려가 있는 경우, 무죄재판서의 일부를 삭제하여 게재할 수 있다.

정답 해설

제2조 제2항 제2호에 따르면 무죄재판서의 공개로 인하여 사건 관계인의 명예나 사생활의 비밀 또는 생명·신체의 안전이나 생활의 평온을 현저히 해칠 우려가 있는 경우라면 무죄재판서의 일부를 삭제하여 게재할 수 있다고 하였으므로 적절하다.

오답분석

① 제1조 제1항에 따르면 무죄재판을 받아 확정된 사건의 피고인은 무죄재판이 확정된 때부터 3년 이내에 무죄재판서를 게재하도록 해당 사건을 기소한 검사의 소속 지방검찰청에 청구할 수 있으므로 적절하지 않다.
② 제1조 제3항에 따르면 무죄재판서 게재 청구가 취소된 경우에는 다시 그 청구를 할 수 없다고 하였으므로 적절하지 않다.
③ 제1조 제2항에 따르면 무죄재판서 게재 청구를 하지 아니하고 사망한 때에는 그 상속인이 이를 청구할 수 있는데, 같은 순위의 상속인이 여러 명일 경우 상속인 모두가 그 청구에 동의하였음을 소명하는 자료도 함께 제출하여야 하므로 적절하지 않다.
④ 제2조 제4항에 따르면 무죄재판서의 게재기간은 1년으로 한다고 하였으므로 적절하지 않다.

정답 ⑤

| 문제 2 |

다음 글을 근거로 판단할 때 스프링클러설비를 설치해야 하는 곳은?

스프링클러설비를 설치해야 하는 곳은 다음과 같다.

1. 종교시설(사찰・제실・사당은 제외한다), 운동시설(물놀이형 시설은 제외한다)로서 수용인원이 100명 이상인 경우에는 모든 층
2. 판매시설, 운수시설 및 창고시설 중 물류터미널로서 다음의 어느 하나에 해당하는 경우에는 모든 층
   - ○ 층수가 3층 이하인 건축물로서 바닥면적 합계가 6,000m^2 이상인 곳
   - ○ 층수가 4층 이상인 건축물로서 바닥면적 합계가 5,000m^2 이상인 곳
3. 다음의 어느 하나에 해당하는 경우에는 모든 층
   - ○ 의료시설 중 정신의료기관, 노인 및 어린이 시설로서 해당 용도로 사용되는 바닥면적의 합계가 600m^2 이상인 곳
   - ○ 숙박이 가능한 수련시설로서 해당 용도로 사용되는 바닥면적의 합계가 600m^2 이상인 곳
4. 기숙사(교육연구시설・수련시설 내에 있는 학생 수용을 위한 것을 말한다) 또는 복합건축물로서 연면적 5,000m^2 이상인 경우에는 모든 층
5. 교정 및 군사시설 중 다음의 어느 하나에 해당하는 경우에는 해당 장소
   - ○ 보호감호소, 교도소, 구치소, 보호관찰소, 갱생보호시설, 치료감호시설, 소년원의 수용거실
   - ○ 경찰서 유치장

① 경찰서 민원실

② 수용인원이 500명인 사찰의 모든 층

③ 연면적 15,000m^{2}인 5층 복합건축물의 모든 층

④ 2층 건축물로서 바닥면적 합계가 5,000m^{2}인 물류터미널의 모든 층

⑤ 외부에서 입주한 편의점의 바닥면적을 포함한 바닥면적 합계가 500m^{2}인 정신의료기관의 모든 층

정답 해설

복합건축물로서 연면적 5,000m^2 이상인 경우는 모든 층에 스프링클러설비를 설치해야 한다. 따라서 해당 건축물은 설치대상에 해당한다.

오답분석

① 경찰서 유치장은 설치대상이지만 경찰서 민원실은 설치대상이 아니다.
② 수용인원이 100명 이상인 종교시설은 원칙적으로 설치대상이지만 사찰은 제외하므로 설치대상이 아니다.
④ 물류터미널로서 3층 이하인 경우 바닥면적 합계가 6,000m^2 이상이라면 설치를 해야 하지만 해당 건축물의 바닥면적은 이에 미치지 못하므로 설치대상이 아니다.
⑤ 정신의료기관의 경우 해당 용도로 사용되는 바닥면적의 합계가 600m^2 이상이라면 설치를 해야 하지만 해당 시설은 바닥면적의 합계가 이에 미치지 못할 뿐만 아니라 편의점이 해당 용도로 사용되는 시설에 포함된다고 볼 수도 없으므로 설치대상이 아니다.

정답 ③

| 문제 3 |

다음 K국의 법률을 근거로 할 때 조치로 적절하지 않은 것은?

> 제1조
> ① A장관은 다음 각 호의 어느 하나에 해당하는 사람에 대하여는 6개월 이내의 기간을 정하여 출국을 금지할 수 있다.
> 1. 형사재판에 계류 중인 사람
> 2. 징역형이나 금고형의 집행이 끝나지 아니한 사람
> 3. 1천만 원 이상의 벌금이나 2천만 원 이상의 추징금을 내지 아니한 사람
> 4. 5천만 원 이상의 국세·관세 또는 지방세를 정당한 사유 없이 그 납부기한까지 내지 아니한 사람
>
> ② A장관은 범죄 수사를 위하여 출국이 적당하지 아니하다고 인정되는 사람에 대하여는 1개월 이내의 기간을 정하여 출국을 금지할 수 있다. 다만 다음 각 호에 해당하는 사람은 그 호에서 정한 기간으로 한다.
> 1. 소재를 알 수 없어 기소중지결정이 된 사람 또는 도주 등 특별한 사유가 있어 수사진행이 어려운 사람 : 3개월 이내
> 2. 기소중지결정이 된 경우로서 체포영장 또는 구속영장이 발부된 사람 : 영장 유효기간 이내

① 사기사건으로 인해 유죄판결을 받고 현재 고등법원에서 항소심이 진행 중인 甲에 대하여 5개월 간 출국을 금지할 수 있다.
② 추징금 2천 5백만 원을 내지 않은 乙에 대하여 3개월 간 출국을 금지할 수 있다.
③ 소재를 알 수 없어 기소중지결정이 된 강도사건 피의자 丙에 대하여 2개월 간 출국을 금지할 수 있다.
④ 징역 2년을 선고받고 그 집행이 끝나지 않은 丁에 대하여 3개월 간 출국을 금지할 수 있다.
⑤ 정당한 사유 없이 2천만 원의 지방세를 납부기한까지 내지 않은 戊에 대하여 4개월 간 출국을 금지할 수 있다.

정답 해설

5천만 원 이상의 지방세를 정당한 사유 없이 그 납부기한까지 내지 아니한 사람에게는 6개월 이내의 기간을 정하여 출국을 금지할 수 있다고 하였으나 ⑤는 2천만 원의 지방세를 납부기한까지 내지 아니한 경우이므로 적절하지 않다.

오답분석

① 형사재판에 계류 중인 사람에 대해서는 6개월 이내의 기간을 정하여 출국을 금지할 수 있다고 하였으므로 적절하다.
② 2천만 원 이상의 추징금을 내지 아니한 사람에 대해서는 6개월 이내의 기간을 정하여 출국을 금지할 수 있다고 하였으므로 적절하다.
③ 소재를 알 수 없어 기소중지결정이 된 사람에게는 3개월 이내의 기간을 정하여 출국을 금지할 수 있다고 하였으므로 적절하다.
④ 징역형의 집행이 끝나지 아니한 사람에게는 6개월 이내의 기간을 정하여 출국을 금지할 수 있다고 하였으므로 적절하다.

정답 ⑤

TOPIC

26 첫째, 둘째, 셋째

01 유형의 이해

제시문을 읽다보면 어떠한 내용들을 '첫째 ~, 둘째 ~'와 같이 여럿으로 나누어 나열하는 형태를 볼 수 있다. 이는 거의 모든 형태의 제시문에서 볼 수 있는데, 이러한 장치가 포함된 제시문들은 일종의 독해 공식이 존재하므로 이곳에서 확실하게 정리해 두자.

02 접근법

가장 먼저 '첫째 ~, 둘째 ~' 등으로 나열된 문장들을 먼저 읽어 보자. 이렇게 나열된 문장들은 대부분 제시문의 중반부 이후에 들어있으므로 이 문장들을 갑자기 읽을 경우 맥락이 와닿지 않을 수도 있다. 그런데 지금 이 단계는 제시문을 제대로 읽기 전에 가볍게 스캐닝하는 과정이니만큼 크게 걱정할 필요는 없다. 나열된 문장들을 다 읽었다면 이제 '첫째 ~' 앞에 위치한 문장을 살펴보자. 대부분 바로 앞 혹은 그 앞에 있는 문장에서 'A는 3가지로 나눌 수 있다.'와 같이 나열된 내용들이 무엇에 대한 것인지 명시되어 있을 것이다. 그것이 바로 전체 제시문의 주제가 된다. 이 주제를 파악했다면 이제 제시문의 처음부터 읽어나가 보자. 대개 이런 형태의 제시문들은 서두에 상당히 추상적이고 까다로운 내용이 많은 편인데 우리는 이미 주제를 파악한 상태이므로 이런 부분을 빠르게 읽고 넘길 수 있다. 한 번 해 보면 아무리 긴 제시문이라도 빠르게 내용 파악이 가능할 것이다.

대표예제

다음 글의 내용으로 가장 적절한 것은?

유토피아는 우리가 살고 있는 세계와는 다른 '또 다른 세계'이며, 나아가 전적으로 인간의 지혜로 설계된 세계이다. 유토피아를 설계하는 사람은 완전히 뜯어고쳐야 할 만큼 이 세상이 잘못되어 있다고 생각한다. 또한, 그는 새 세계를 만들고 관리할 능력이 인간에게 있다고 믿는다. 어떤 사람이 유토피아를 꿈꾸고 설계하는지 또는 설계하지 않는지는 그 사람이 세상을 대하는 태도와 밀접하게 연관되어 있다.
인간이 세상을 대하는 태도는 다음 세 가지로 나눌 수 있다. 첫째, 산지기의 태도이다. 산지기의 주요 임무는 인위적인 간섭을 최소화하면서 맡겨진 땅을 지키는 것이다. 이른바 땅의 자연적 균형을 유지하는 것이 그의 목적이다. 신의 설계에 담긴 지혜와 조화, 질서를 인간이 다 이해할 수는 없으나, 삼라만상이 적재적소에 놓여 있는 신성한 존재의 사슬이라는 것이 산지기의 신념이다.
둘째, 정원사의 태도이다. 정원사는 자기가 끊임없이 보살피고 노력하지 않으면 이 세상이 무질서해질 것이라고 여긴다. 그는 우선 바람직한 배치도를 머리에 떠올린 후 정원을 그 이미지에 맞추어 개조한다. 그는 적합한 종류의 식물을 키우고 잡초들은 뽑아 버림으로써 자신이 생각해 놓은 대로 대지를 디자인한다.
셋째, 사냥꾼의 태도이다. 사냥꾼은 사물의 전체적인 균형에 대해서는 무관심하다. 사냥꾼이 하는 유일한 일은 사냥감으로 자기 자루를 최대한 채우는 것이다. 사냥이 끝난 후에 숲에 동물들이 남아 있도록 할 의무가 자기에게 있다고 생각하지 않는다.

① 유토피아는 인간이 지향하고 신이 완성한다.
② 정원사는 세상에 대한 인간의 적극적 개입을 지양한다.
③ 산지기는 인간과 자연이 조화되는 유토피아를 설계한다.
④ 사냥꾼은 세상을 바꾸는 일보다 이용하는 데에 관심이 있다.
⑤ 신이 부여한 정연한 질서가 세계에 있다는 믿음은 세 태도 중 둘에서 나타난다.

정답 해설

사냥꾼은 사냥감으로 자기 자루를 최대한 채우는 것, 즉 세상을 이용하는 것에만 관심이 있으므로 적절한 내용이다.

오답분석

① 유토피아가 인간의 지혜로 설계된 세계라는 점에서 인간이 지향하는 것이라는 것까지는 알 수 있으나 그것을 신이 완성하는지의 여부는 언급하고 있지 않다.
② 정원사는 자신이 생각해 놓은 대로 대지를 디자인한다는 점에서 인간의 적극적인 개입을 지향한다는 점을 알 수 있다.
③ 산지기는 신의 설계에 담긴 자연적 균형을 유지하는 태도를 지니고 있다. 그런데 유토피아는 인간이 원하는 대로 인간의 지혜로 설계된 세계이므로 산지기는 이러한 유토피아를 꿈꾸는 것 자체를 하지 않는다고 볼 수 있다. 따라서 산지기는 유토피아를 설계하는 것이 아니므로 적절하지 않은 내용이다.
⑤ 산지기는 신이 부여한, 즉 신의 설계에 담긴 지혜와 조화, 질서가 존재한다고 하였으나 나머지 두 유형에서는 그에 대한 언급이 없다. 오히려 정원사는 그런 질서가 존재하지 않으므로 인간이 개입해야 한다는 입장이고, 사냥꾼은 그런 질서에 대한 관심 자체가 없다.

정답 ④

| 문제 1 |

다음 글에서 오프라 윈프리의 설득 비결로 가장 적절한 것은?

> 1954년 1월 29일, 미시시피주에서 사생아로 태어난 오프라 윈프리는 어릴 적 사촌에게 강간과 학대를 당하고 14살에 미혼모가 되었으나, 2주 후에 아기가 죽는 등 불우한 어린 시절을 보냈다. 그 후 고등학생 때 한 라디오 프로에서 일하게 되었고, 19살에는 지역의 저녁 뉴스에서 공동뉴스 캐스터를 맡게 되었다. 그러나 곧 특기인 즉흥적 감정 전달 덕분에 뉴스 캐스터가 아닌 낮 시간대의 토크쇼에서 진행자로 활동하게 되었다. 에이엠 시카고(AM Chicago)는 시카고에서 낮은 시청률을 가진 30분짜리 아침 토크쇼였지만 오프라 윈프리가 맡은 이후, 시카고에서 가장 인기 있는 토크쇼였던 '도나휴'를 능가하게 되었다. 그리고 그 쇼가 바로 전국적으로 방영되었던 '오프라 윈프리 쇼'의 시초였다.
>
> 이렇듯 그녀가 토크쇼의 진행자로서 크게 성공할 수 있었던 요인은 무엇이었을까? 얼마 전 우리나라에서 방송되었던 한 프로그램에서는 그 이유에 대해 '말하기와 듣기'라고 밝혔다. 실제로 그녀는 방송에서 자신의 아픈 과거를 고백함으로써 게스트들의 진심을 이끌어 냈으며, 재밌는 이야기에 함께 웃고 슬픈 이야기를 할 때는 함께 눈물을 흘리는 등 공감 능력을 통해 상대방의 닫힌 마음을 열었다. 친숙한 고백적 형태의 미디어 커뮤니케이션이라는 관계 형성 토크의 새로운 영역을 개척한 것이다.
>
> 오프라 윈프리는 상대방의 설득을 얻어내기 위한 방법으로 다섯 가지를 들었다. 첫째, 항상 진솔한 자세로 말하여 상대방의 마음을 열어야 한다. 둘째, 아픔을 함께 하는 자세로 말하여 상대방의 공감을 얻어야 한다. 셋째, 항상 긍정적으로 말한다. 넷째, 사랑스럽고 따뜻한 표정으로 대화한다. 다섯째, 말할 때는 상대방을 위한다는 생각으로 정성을 들여 말해야 한다. 또한, 그녀는 '바위 같은 고집쟁이도 정성을 다해 말하면 꼼짝없이 마음의 문을 열고 설득당할 것이다.'라고도 말했다.

① 자신감 있는 태도
② 화려한 경력
③ 공감의 화법
④ 상대방에 대한 사전 조사
⑤ 사실적 근거

정답 해설

오프라 윈프리는 상대방의 설득을 얻어 내기 위해서는 진솔한 자세로 상대방의 마음을 열고, 아픔을 함께 하는 자세로 상대방의 공감을 얻어야 한다고 하였으므로, 그녀의 설득 비결로 가장 적절한 것은 ③이다.

정답 ③

| 문제 2 |

다음 글을 근거로 판단할 때 가장 적절한 것은?

> A국의 지방자치단체는 국가에 비해 재원확보능력이 취약하고 지역 간 재정 불균형이 심한 편이다. 이에 따라 국가는 지방자치단체의 재정활동을 지원하고 지역 간 재정 불균형을 해소하기 위해 지방교부세와 국고보조금을 교부하고 있다.
> 지방교부세는 국가가 각 지방자치단체의 재정부족액을 산정해 국세로 징수한 세금의 일부를 지방자치단체로 이전하는 재원이다. 이에 비해 국고보조금은 국가가 특정한 행정업무를 지방자치단체로 하여금 처리하도록 하기 위해 지방자치단체에 지급하는 재원으로, 국가의 정책상 필요한 사업뿐만 아니라 지방자치단체가 필요한 사업을 지원하기 위한 것이다.
> 국고보조금의 특징은 다음과 같다. 첫째, 국고보조금은 매년 지방자치단체장의 신청에 의해 지급된다. 둘째, 국고보조금은 특정 용도 외의 사용이 금지되어 있다는 점에서 용도에 제한을 두지 않는 지방교부세와 다르다. 셋째, 국고보조금이 투입되는 사업에 대해서는 상급기관의 행정적・재정적 감독을 받게 되어 예산운용의 측면에서 지방자치단체의 자율성이 약화될 수 있다. 넷째, 국고보조금은 지방자치단체가 사업 비용의 일부를 부담해야 한다는 것이 전제 조건이다. 따라서 재정력이 양호한 지방자치단체의 경우는 국고보조사업을 수행하는 데 문제가 없으나, 재정력이 취약한 지방자치단체는 지방비 부담으로 인해 상대적으로 국고보조사업 신청에 소극적이다.

① 국가는 지방자치단체가 필요로 하는 사업에 용도를 지정하여 지방교부세를 지급한다.
② 국고보조금은 지방교부세에 비해 예산운용의 측면에서 지방자치단체의 자율성을 약화시킬 수 있다.
③ 지방자치단체의 R&D 사업에 지급된 국고보조금의 경우, 해당 R&D 사업 외의 용도로 사용될 수 있다.
④ 일반적으로 재정력이 취약한 지방자치단체는 재정력이 양호한 지방자치단체에 비해 국고보조사업 신청에 더 적극적이다.
⑤ 국고보조금은 지방자치단체가 필요로 하는 사업에는 지원되지 않기 때문에 지방자치단체 간 재정불균형을 해소하는 기능은 없다.

정답 해설

제시문에서는 '국고보조금이 투입되는 사업에 대해서는 상급기관의 행정적・재정적 감독을 받게 되어 예산운용의 측면에서 지방자치단체의 자율성이 약화될 수 있다.'라고 하였다.

오답분석

① 지방자치단체가 필요로 하는 사업에 용도를 지정하여 국가가 지급하는 것은 지방교부세가 아니라 국고보조금이다.
③ 국고보조금은 특정 용도 외의 사용이 금지되어 있다고 하였다.
④ 재정력이 취약한 지방자치단체는 지방비 부담으로 인해 상대적으로 국고보조사업 신청에 소극적이라고 하였다.
⑤ 국가는 지방자치단체의 재정활동을 지원하고 지역 간 재정불균형을 해소하기 위해 지방교부세와 국고보조금을 교부하고 있다고 하였다. 따라서 국고보조금에도 재정불균형을 해소하는 기능이 존재한다.

정답 ②

TOPIC

27 A와 B의 의견 대립

01 유형의 이해

어느 특정한 주제에 대해 찬성과 반대와 같은 두 가지의 입장이 제시되며, 선택지를 통해 각각의 견해 및 이들 간의 관계를 판단하는 유형이다. 대부분은 결론은 대립하는 모양새를 보일지라도 그 세부 내용에서는 서로 같은 입장을 취하는 부분이 존재하는 편이며, 이 교차점을 이용해 선택지가 구성된다. 여기서는 가장 기본적인 형태인 두 가지의 견해가 제시되는 경우를 살펴보자.

02 접근법

(1) A, B형 제시문

가장 전형적인 유형이다. 난이도가 낮다면 A, B라는 단어가 제시문 전체에 걸쳐 등장하므로 이른바 '찾아가며 풀기' 전략이 통할 수 있으나 다른 단어로 치환하여 등장할 경우는 그것이 사실상 불가능하다. 따라서 A, B형이 존재한다는 것에 그치지 말고 각각의 키워드 중 가장 핵심적인 것 하나씩을 뽑는다는 목표를 가지고 제시문을 읽는 것이 올바른 독해법이다.

(2) 통합형 제시문

위와 달리 전체 제시문 안에서 각각의 견해가 구분되지 않고 문단 속에 녹아들어 있는 경우이다. 수험생의 입장에서는 가장 까다로운 형태인데, 사실 이 유형은 제시문의 내용 자체는 어렵지 않은 반면 각각의 견해에 대한 내용이 제시문 여기저기에 흩어져 있다는 것이 문제가 된다. 따라서 제목과 대립되는 단어에 자신만의 표시를 해 두는 것이 중요하다. 통상 선택지에서는 대립되는 견해가 여럿 등장하지만 제시문에서는 한눈에 이것이 구분되지 않는 경우가 많다.

대표예제

다음 글의 내용으로 적절하지 않은 것은?

오늘날 대부분의 경제 정책은 경제의 규모를 확대하거나 좀 더 공평하게 배분하는 것을 도모한다. 하지만 뉴딜 시기 이전의 상당 기간 동안 미국의 경제 정책은 성장과 분배의 문제보다는 '자치(Self Rule)에 가장 적절한 경제 정책은 무엇인가?'의 문제를 중시했다.
그 시기에 정치인 A와 B는 거대화된 자본 세력에 대해 서로 다르게 대응하였다. A는 거대 기업에 대항하기 위해 거대 정부로 맞서기보다 기업 담합과 독점을 무너뜨려 경제권력을 분산시키는 것을 대안으로 내세웠다. 그는 산업 민주주의를 옹호했는데 그 까닭은 그것이 노동자들의 소득을 증진시키기 때문이 아니라 자치에 적합한 시민의 역량을 증진시키기 때문이었다. 반면 B는 경제 분산화를 꾀하기보다 연방 정부의 역량을 증가시켜 독점자본을 통제하는 노선을 택했다. 그에 따르면, 민주주의가 성공하기 위해서는 거대 기업에 대응할 만한 전국 단위의 정치권력과 시민 정신이 필요하기 때문이었다. 이렇게 A와 B의 경제 정책에는 차이점이 있지만, 둘 다 경제 정책이 자치에 적합한 시민 도덕을 장려하는 경향을 지녀야 한다고 보았다는 점에서는 일치한다.
하지만 뉴딜 후반기에 시작된 성장과 분배 중심의 정치경제학은 시민 정신 중심의 정치경제학을 밀어내게 된다. 실제로 1930년대 대공황 이후 미국의 경제 회복은 시민의 자치 역량과 시민 도덕을 육성하는 경제 구조 개혁보다는 케인스 경제학에 입각한 중앙정부의 지출 증가에서 시작되었다. 그에 따라 미국은 자치에 적합한 시민 도덕을 강조할 필요가 없는 경제 정책을 펼쳐나갔다. 또한, 모든 가치에 대한 판단은 시민 도덕에 의지하는 것이 아니라 개인이 알아서 해야 하는 것이며 국가는 그 가치관에 중립적이어야만 공정한 것이라는 자유주의 철학이 우세하게 되었다. 모든 이들은 자신이 추구하는 가치와 상관없이 일정 정도의 복지 혜택을 받을 권리를 가지게 되었다. 하지만 공정하게 분배될 복지 자원을 만들기 위해 경제 규모는 확장되어야 했으며, 정부는 거대화된 경제권력들이 망하지 않도록 국민의 세금을 투입하여 관리하기 시작했다. 그리고 시민들은 자치하는 자, 즉 스스로 통치하는 자가 되기보다 공정한 분배를 받는 수혜자로 전락하게 되었다.

① A는 시민의 소득 증진을 위하여 경제권력을 분산시키는 방식을 택하였다.
② B는 거대 기업을 규제할 수 있는 전국 단위의 정치권력이 필요하다는 입장이다.
③ A와 B는 시민 자치 증진에 적합한 경제 정책이 필요하다는 입장이다.
④ A와 B의 정치경제학은 모두 1930년대 미국의 경제 위기 해결에 주도적 역할을 하지 못하였다.
⑤ 케인스 경제학에 기초한 정책은 시민의 자치 역량을 육성하기 위한 경제 구조 개혁 정책이 아니었다.

정답 해설

A가 산업 민주주의를 옹호한 이유는 노동자들의 소득을 증진시키기 때문이 아니라 자치에 적합한 시민역량을 증진시키기 때문이라고 하였으므로 적절하지 않은 내용이다.

정답 ①

| 문제 1 |

다음 글을 읽고 추론한 내용으로 적절하지 않은 것은?

『논어』 가운데 해석상 가장 많은 논란을 일으킨 구절은 '극기복례(克己復禮)'이다. 이 구절을 달리 해석하는 A학파와 B학파는 문장의 구절을 구분하는 것부터 견해가 다르다. A학파는 '극기'와 '복례'를 하나의 독립된 구절로 구분한다. 그들에 따르면, '극'과 '복'은 서술어이고, '기'와 '예'는 목적어이다. 이에 반해 B학파는 '극'을 서술어로 보고 '기복례'는 목적어구로 본다. 두 학파가 동일한 구절을 이와 같이 서로 다르게 구분하는 이유는 '극'과 '기' 그리고 '예'에 대한 이해가 다르기 때문이다.

A학파는 천리(天理)가 선천적으로 마음에 내재해 있다는 심성론에 따라 이 구절을 해석한다. 그들은 '극'은 '싸워서 이기다'로, '복'은 '회복하다'로 해석한다. 그리고 '기'는 '몸으로 인한 개인적 욕망'으로 '예'는 '천리에 따라 행위하는 것'으로 규정한다. 따라서 '극기'는 '몸의 개인적 욕망을 극복하다.'로 해석하고, '복례'는 '천리에 따라 행위하는 본래 모습을 회복하다'로 해석한다.

이와 달리 B학파는 심성론에 따라 해석하지 않고 예를 중심으로 해석한다. 이들은 '극'을 '능숙하다'로, '기'는 '몸'으로 이해한다. 또 '복'을 '한 번 했던 동작을 거듭하여 실천하다'로 풀이한다. 그리고 예에 대한 인식도 달라서 '예'를 천리가 아닌 '본받아야 할 행위'로 이해한다. 예를 들면, 제사에 참여하여 어른들의 행위를 모방하면서 자신의 역할을 수행하는 것이 이에 해당한다. 따라서 이들의 해석에 따르면, '기복례'는 '몸이 본받아야 할 행위를 거듭 실행함'이 되고, '극'과 연결하여 해석하면 '몸이 본받아야 할 행위를 거듭 실행하여 능숙하게 되다'가 된다.

두 학파가 동일한 구절을 달리 해석하는 또 다른 이유는 그들이 지향하는 철학적 관심이 다르기 때문이다. A학파는 '극기'를 '사욕의 제거'로 해석하면서, 용례상으로나 구문론상으로 "왜 꼭 그렇게 해석해야만 하는가?"라는 질문에 답하는 대신 자신들의 철학적 체계에 따른 해석을 고수한다. 그들의 관심은 악의 문제를 어떻게 설명할 것인가라는 문제에 집중되고 있다. B학파는 '극기복례'에 사용된 문자 하나하나의 용례를 추적하여 A학파의 해석이 『논어』가 만들어졌을 당시의 유가 사상과 거리가 있다는 것을 밝히려 한다. 그들은 욕망의 제거가 아닌 '모범적 행위의 창안'이라는 맥락에서 유가의 정통성을 찾으려 한다.

① A학파는 '기'를 극복의 대상으로 삼고, 천리를 행위의 기준으로 삼을 것이다.

② A학파에 의하면 '예'의 실천은 태어날 때부터 마음에 갖추고 있는 원리에 따라 이루어질 것이다.

③ B학파는 마음의 본래 모습을 회복함으로써 악을 제거하려 할 것이다.

④ B학파는 '기'를 숙련 행위의 주체로 이해하며, 선인의 행위를 모범으로 삼을 것이다.

⑤ B학파에 의하면 '예'의 실천은 구체적 상황에서 규범 행위의 모방과 재연을 통해서 이루어질 것이다.

정답 해설

마음의 본래 모습을 회복하여 악을 제거하려는 것은 A학파이며, B학파는 이러한 해석이 논어가 만들어졌을 당시의 유가 사상과 거리가 있다고 보고 있으므로 적절하지 않은 내용이다.

오답분석

① A학파는 '극기'의 의미를 '몸으로 인한 개인적 욕망'인 '기'를 극복하는 것으로 해석하고, '복례'의 의미를 '천리에 따라 행위하는' 본래 모습으로의 회복으로 보고 있으며, 천리를 행위의 기준으로 삼고 있다. 따라서 적절한 내용이다.
② A학파는 '예'를 '천리에 따라 행위하는 것'으로 규정하고 있으며 이 '천리'는 태어날 때부터 마음에 내재해 있는 것으로 보고 있다. 따라서 적절한 내용이다.
④ B학파는 '기'를 몸으로 보아 숙련 행위의 주체로 이해하였고, '예'를 본받아야 할 행위로 이해하며, 제사에 참여하여 어른들의 행위를 모방하듯이 '선인의 행위'를 모범으로 삼을 것임을 추론할 수 있으므로 적절한 내용이다.
⑤ B학파는 '기복례'를 '몸이 본받아야 할 행위를 모방하면서 거듭 실행함'으로 해석하고 제사에 참여하여 어른들의 행위를 모방하면서 자신의 역할을 수행하는 것을 이에 대한 예로 들고 있으므로 적절한 내용이다.

정답 ③

| 문제 2 |

다음 글의 내용으로 가장 적절한 것은?

1918년 샌프란시스코에 물이 부족해지자 헤츠헤치 계곡을 수몰시키는 댐을 건설하여 샌프란시스코에 물을 안정적으로 공급하자는 계획이 등장했다. 이 계획안을 놓고 핀쇼와 뮤어 사이에 중요한 논쟁이 벌어지는데, 이는 이후 환경문제에 대한 유력한 두 가지 견해를 상징적으로 드러낸다.

핀쇼는 당시 미국 산림청장으로서 미국에서 거의 최초로 전문적인 교육과 훈련을 받은 임업전문가 중 한 사람이었다. 또한, 핀쇼는 환경의 보호관리(Conservation) 운동의 창시자였다. 이 운동은 산림 지역을 지혜롭게 이용하기 위해서는 이를 보호하는 동시에 적절하게 관리해야 한다는 주장을 폈다. 핀쇼는 국유림을 과학적으로 경영하고 관리해야 한다고 생각하였다. 그의 기본 방침은 국유지는 대중의 필요와 사용을 위해 존재한다는 것이었다. 그는 "어떤 사람은 산림이 아름답고 야생 생물의 안식처라는 이유를 들어 이를 보존해야 한다고 주장하지만 우리의 산림정책 목표는 산림을 보존하는 것이 아니라 이를 활용하여 행복한 가정을 꾸미고 대중의 복지를 추구하는 것"이라고 말하였다.

반면, 시에라 클럽의 창립자이며 자연보존(Preservation) 운동의 대변자인 뮤어는 계곡의 보존을 주장하였다. 그는 자연을 인간의 소비를 위한 단순한 상품으로만 간주하는 보호관리주의가 심각한 문제점을 지닌다고 생각하였다. 그는 야생 자연의 정신적이고 심미적인 가치를 강조했으며, 모든 생명체의 내재적 가치를 존중하였다. 그는 헤츠헤치 계곡이 원형대로 보존되어야 하며, 댐을 건설하여 계곡을 파괴하는 인간의 행위는 막아야 한다고 주장하였다. 이러한 초기의 논쟁은 환경 이론의 지배적인 두 흐름이 지니고 있는 세계관을 상징적으로 잘 보여준다. 보호관리주의자들은 오직 소수의 이익을 위한 자연환경 착취를 금지해야 인간이 자연으로부터 더 오랜 시간 동안, 더 큰 이익을 얻을 수 있다고 주장하였다. 반면에 보존주의자들은 자연을 파괴하거나 변형하려는 인간의 활동으로부터 자연을 있는 그대로 보존해야 한다고 주장하였다. 다시 말해 이들의 목표는 야생 자연을 원형 그대로 보존하는 것이었다. 보호관리주의자들의 윤리적 근거는 자연 환경이 인간의 이익을 위한 수단으로서 가치를 지닌다는 것이다. 즉, 자연과 자원은 도구적 가치를 지닌다. 이와 달리 보존주의자들은 자연을 종교적 영감, 정서적 안식, 심미적 경험의 원천으로 인식한다. 이는 자연이 도구적 가치를 지님과 동시에 그 자체로 목적으로서의 가치도 있다는 점을 인정하는 것이다.

① 보호관리주의와 보존주의는 모두 자연의 이중적인 가치를 인정한다.
② 보호관리주의와 보존주의는 모두 자연의 도구적 가치를 인정한다.
③ 핀쇼는 인간과 자연의 대등한 관계가 자연자원의 효과적 활용에 꼭 필요하다고 주장했다.
④ 뮤어는 자연보존의 윤리적 근거를 자연이 인간에게 주는 수단적 가치와 경제적 이익에서 찾았다.
⑤ 핀쇼와 뮤어는 자연개발을 통한 이익이 해당 지역 주민과 일반 대중 중 어느 쪽에 우선적으로 배정되어야 하는가를 두고 논쟁하였다.

정답 해설

보호관리주의는 자연이 도구적 가치만 지닌다고 하였고, 보존주의는 자연이 도구적 가치를 지님과 동시에 그 자체로 목적으로서의 가치도 있다고 보았다. 따라서 두 입장 모두 자연의 도구적 가치를 인정하고 있음을 알 수 있다.

오답분석

① 자연의 이중적인 가치를 인정하는 것은 보존주의의 입장이다.
③ 핀쇼는 보호관리론자로, 국유지는 대중의 필요와 사용을 위해 존재하며 인간이 자연에 비해 우위에 있다는 입장을 보이고 있으므로 적절하지 않은 내용이다.
④ 뮤어는 자연보존주의자이며, 자연이 인간에게 주는 수단적 가치와 경제적 이익을 강조하는 것은 보호관리주의의 입장이다.
⑤ 핀쇼는 자연개발을 찬성하는 입장이고 뮤어는 자연개발에 반대하는 입장이다. 따라서 자연개발을 통한 이익이 어디에 귀속되어야 하는지는 논쟁의 대상이 아니므로 적절하지 않은 내용이다.

정답 ②

TOPIC

28 3명 이상의 의견 대립

01 유형의 이해

보통의 난이도에서는 앞에서 살펴본 두 가지의 견해가 대립되는 형태로 출제되는 편이지만 간혹 3 ~ 4가지의 견해가 제시되는 경우도 있다. 이 형태는 대개 (A, B) vs (C)와 같이 결론이 서로 일치하는 그룹이 존재하기 마련인데, 그 그룹 안에서의 차이점을 판단하는 것이 포인트가 되는 경우가 많다.

02 접근법

(1) (가), (나), (다)형 제시문

3 ~ 4가지 견해가 등장하는 경우이며, 명시적으로 (가) ~ (다)가 주어지는 경우도 있지만 그렇지 않고 문단으로만 구분되는 경우도 있다. 이 경우는 시각적으로 각각의 견해가 구분되는 만큼 상대적으로 풀이가 용이한 편이다. 다만, 이 경우는 각각의 문단에 해당되는 견해만 서술하는 것이 아니라 다른 견해와의 차이점(예를 들어 B견해를 논하면서 'B는 A와는 달리 ~ 하다.'라고 언급하는 부분)이 같이 녹아있는 경우가 많다. 바로 이 부분을 잘 구분하는 것이 관건이며, 실제 정답도 이 포인트에 있는 경우가 많다.

(2) 양립 가능하다.

3가지 이상의 견해가 등장하는 경우, 선택지에서 'A와 B의 견해는 양립 가능하다.'라는 표현이 종종 등장한다. 이것은 두 논증의 내용이 서로 동일하다는 것을 의미하진 않는다. 이는 두 논증의 교집합이 존재할 수 있는지를 묻는 것이다. 따라서 외견상으로는 서로 대립되는 내용처럼 보일지라도 절충점이 존재한다면 그것은 양립 가능하다. 또한, 어느 하나가 다른 하나의 논증에 포함되는 경우에도 양립 가능하다고 판단한다.

대표예제

다음 글의 내용으로 적절하지 않은 것은?

갈릴레오는 『두 가지 주된 세계 체계에 관한 대화』에서 등장인물인 살비아티에게 자신을 대변하는 역할을 맡겼다. 심플리치오는 아리스토텔레스의 자연철학을 대변하는 인물로, 살비아티의 대화 상대역을 맡고 있다. 또 다른 등장인물인 사그레도는 건전한 판단력을 지닌 자로, 살비아티와 심플리치오 사이에서 중재자 역할을 맡고 있다.

이 책의 마지막 부분에서 사그레도는 나흘간의 대화를 마무리하며 코페르니쿠스의 지동설을 옳은 견해로 인정한다. 그리고 그는 그 견해를 지지하는 세 가지 근거를 제시한다. 첫째는 행성의 겉보기 운동과 역행 운동에서, 둘째는 태양이 자전한다는 것과 그 흑점들의 운동에서, 셋째는 조수 현상에서 찾아낸다.

이에 반해 살비아티는 지동설의 근거로서 사그레도가 언급하지 않은 항성의 시차(視差)를 중요하게 다룬다. 살비아티는 지구의 공전을 입증하기 위한 첫 번째 단계로 지구의 공전을 전제로 한 코페르니쿠스의 이론이 행성의 겉보기 운동을 얼마나 간단하고 조화롭게 설명할 수 있는지를 보여준다. 그런 다음 그는 지구의 공전을 전제로 할 때, 공전 궤도의 두 맞은편 지점에서 관측자에게 보이는 항성의 위치가 달라지는 현상, 즉 항성의 시차를 기하학적으로 설명한다.

그렇다면 사그레도는 왜 이 중요한 사실을 거론하지 않았을까? 그것은 세 번째 날의 대화에서 심플리치오가 아리스토텔레스의 이론을 옹호하면서 지동설에 대한 반박 근거로 공전에 의한 항성의 시차가 관측되지 않음을 지적한 것과 관련이 있다. 당시 갈릴레오는 자신의 망원경을 통해 별의 시차를 관측하지 못했다. 그는 그 이유가 항성이 당시 알려진 것보다 훨씬 멀리 있기 때문이라고 주장하였지만, 반대자들에게 그것은 임기응변적인 가설로 치부될 뿐이었다. 결국 그 작은 각도가 나중에 더 좋은 망원경에 의해 관측되기까지 항성의 시차는 지동설의 옹호자들에게 '불편한 진실'로 남아 있었다.

① 아리스토텔레스의 철학을 따르는 심플리치오는 지구가 공전하지 않음을 주장한다.

② 사그레도는 항성의 시차에 관한 기하학적 예측에 근거하여 코페르니쿠스의 지동설을 받아들인다.

③ 사그레도와 살비아티는 둘 다 행성의 겉보기 운동을 근거로 하여 코페르니쿠스의 지동설을 옹호한다.

④ 심플리치오는 관측자에게 항성의 시차가 관측되지 않았다는 사실에 근거하여 코페르니쿠스의 지동설을 반박한다.

⑤ 살비아티는 지구가 공전한다면 공전궤도상의 지구의 위치에 따라 항성의 시차가 존재할 수밖에 없다고 예측한다.

PART 3

정답 해설

사그레도와 살비아티 모두 지동설을 인정하지만 항성의 시차에 대한 관점은 다르다고 볼 수 있다. 살비아티는 이를 기하학적으로 예측하여 받아들이지만, 사그레도는 실제로 그것이 관측된 바 없다는 심플리치오의 반박으로 인해 이를 지동설의 근거로 받아들이고 있지 않기 때문이다.

정답 ②

| 문제 1 |

다음 중 A ~ D의 견해에 대한 분석으로 적절하지 않은 것은?

> 서구 열강이 동아시아에 영향력을 확대시키고 있던 19세기 후반, 동아시아 지식인들은 당시의 시대 상황을 전환의 시대로 인식하고 이러한 상황을 극복하기 위해 여러 방안을 강구했다. 조선 지식인들 역시 당시 상황을 위기로 인식하면서 다양한 해결책을 제시하고자 했지만, 서양 제국주의의 실체를 정확하게 파악할 수 없었다. 그들에게는 서양 문명의 본질에 대해 치밀하게 분석하고 종합적으로 고찰할 지적 배경이나 사회적 여건이 조성되지 못했기 때문이다. 그들은 자신들의 세계관에 근거하여 서양 문명을 판단할 수밖에 없었다. 당시 지식인들에게 비친 서양 문명의 모습은 대단히 혼란스러웠다. 과학기술 수준은 높지만 정신문화 수준은 낮고, 개인의 권리와 자유가 무한히 보장되어 있지만 사회적 품위는 저급한 것으로 인식되었다. 그래서 그들은 서양 자본주의 문화의 원리와 구조를 정확히 인식하지 못해 빈부격차의 심화, 독점자본의 폐해, 금융질서의 혼란에 대처할 능력이 없었다. 이뿐만 아니라 겉으로는 보편적 인권과 민주주의를 표방하면서도 실제로는 제국주의적 야욕을 드러내는 서구 열강의 이중성을 깊게 인식할 수 없었다.
> 당시 조선 지식인들은 근대 서양 문화에 대한 이러한 인식에 기초하여 전통과 근대성, 동양과 서양의 문화에 대해 다양한 관점을 드러냈다. A는 전통 유가 이데올로기와 조선의 주체성을 중시하며 서양 문화 전반을 배척하는 관점을 드러내었다. B는 전통 문화를 비판하고 근대화와 개화를 중시하며, 개인적 자유의 확립과 부강한 근대적 국민국가의 건설을 위해 서양 문화 전반에 대한 적극적인 수용을 주장했다. C는 일본과 서양 문화를 비롯한 외세의 침략에 저항하고, 민중의 생존권을 확보하고 만민평등권을 쟁취하기 위해 전통사상과 제도를 타파하고자 했다. D는 동양 문화와 서양 문화가 대립적인 것이 아니라 상호보완적인 것이라고 생각하고, 동양 문화의 장점과 서양 문화의 장점을 융합하고자 하였다. 그래서 유교적 가치를 바탕으로 서양의 과학기술뿐 아니라 근대 민주주의, 시장경제 등 사회 분야에서도 서양 제도의 수용이 필요하다고 주장했다. 특히 D는 이전의 성리학자들이 부국강병의 문제를 소홀하게 취급했던 것을 비판했다. 그는 서양의 발전이 경제의 발전에 있다고 판단하고, 부국강병의 원천이 국가 경제 발전에 있다고 보았다.

① A와 C는 군왕제에 대해 서로 다른 입장을 보일 것이다.
② A는 D의 경제사상에 대해 반대할 것이다.
③ B와 C는 과학기술에 대해 같은 입장을 취할 것이다.
④ B는 D의 정치사상은 받아들일 수 있지만 유가윤리는 거부할 것이다.
⑤ C와 D는 신분제에 대해 부정적 태도를 취할 것이다.

정답 해설

B는 서양 문화 전반에 대한 적극적인 수용을 주장하였지만 C는 서양 문화를 비롯한 외세의 침략에 저항하였다고 하였으므로 서로 반대되는 입장임을 알 수 있다. 따라서 적절하지 않은 내용이다.

오답분석

① A는 전통 유가 이데올로기와 조선의 주체성을 중시하였으나 C는 만민평등권을 쟁취하기 위해 전통사상과 제도를 타파하고자 했으므로 적절한 내용이다.
② A는 서양 문화 전반을 배척하는 관점을 보였지만 D는 서양의 과학기술뿐 아니라 근대 민주주의, 시장경제 등 사회 분야에서도 서양 제도의 수용이 필요하다고 하였으므로 적절한 내용이다.
④ B는 전통 문화를 비판하고 서양 문화 전반에 대한 적극적인 수용을 주장했는데 D는 유교적 가치를 바탕으로 근대 민주주의 등의 서양 제도의 수용이 필요하다고 하였으므로 적절한 내용이다.
⑤ C는 만민평등권을 쟁취하기 위해 전통사상과 제도를 타파하고자 했으며, D는 근대 민주주의와 같은 사회 분야에서도 서양 제도의 수용이 필요하다고 주장했으므로 적절한 내용이다.

정답 ③

| 문제 2 |

다음 중 밑줄 친 ㉠~㉣에 대한 판단으로 가장 적절한 것은?

> 동물실험이란 교육, 시험, 연구 및 생물학적 제제의 생산 등 과학적 목적을 위해 동물을 대상으로 실시하는 실험 및 그 절차를 말한다. 동물실험은 오랜 역사를 가진 만큼 이에 대한 찬반 입장이 복잡하게 얽혀있다. 인간과 동물의 몸이 자동 기계라고 보았던 근대 철학자 ㉠ 데카르트는 동물은 인간과 달리 영혼이 없어 쾌락이나 고통을 경험할 수 없다고 믿었다. 데카르트는 살아있는 동물을 마취도 하지 않은 채 해부 실험을 했던 것으로 악명이 높다. 당시에는 마취술이 변변치 않았을 뿐더러 동물이 아파하는 행동도 진정한 고통의 반영이 아니라고 보았기 때문에 그는 양심의 가책을 느끼지 않았을 것이다. ㉡ 칸트는 이성 능력과 도덕적 실천 능력을 가진 인간은 목적으로서 대우해야 하지만, 이성도 도덕도 가지지 않는 동물은 그렇지 않다고 보았다. 그는 동물을 학대하는 일은 옳지 않다고 생각했는데, 동물을 잔혹하게 대하는 일이 습관화되면 다른 사람과의 관계에도 문제가 생기고 인간의 품위가 손상된다고 보았기 때문이다.
> 동물실험을 옹호하는 여러 입장들은 인간은 동물이 가지지 않은 언어 능력, 도구 사용 능력, 이성 능력 등을 가진다는 점을 근거로 삼는 경우가 많지만, 동물들도 지능과 문화를 가진다는 점을 들어 인간과 동물의 근본적 차이를 부정하는 이들도 있다. 현대의 ㉢ 공리주의 생명윤리학자들은 이성이나 언어 능력에서 인간과 동물이 차이가 있더라도 동물실험이 정당화되는 것은 아니라고 본다. 이들에게 도덕적 차원에서 중요한 기준은 고통을 느낄 수 있는지의 여부이다. 인종이나 성별과 무관하게 고통은 최소화되어야 하듯 동물이 겪고 있는 고통도 마찬가지이다. 이들이 문제 삼는 것은 동물실험 자체라기보다는 그것이 초래하는 전체 복지의 감소에 있다. 따라서 동물에 대한 충분한 배려 속에서 전체적인 복지를 증대시킬 수 있다면, 일부 동물실험은 허용될 수 있다.
> 이와 달리, 현대 철학자 ㉣ 리건은 몇몇 포유류의 경우 각 동물 개체가 삶의 주체로서 갖는 가치가 있다고 주장하면서 이러한 동물에게는 실험에 이용되지 않을 권리가 있다고 본다. 이런 고유한 가치를 지닌 존재는 존중되어야 하며 결코 수단으로 취급되어서는 안 된다. 따라서 개체로서의 가치와 동물권을 지니는 대상은 그 어떤 실험에도 사용되지 않아야 한다.

① ㉠과 ㉡은 이성과 도덕을 갖춘 인간의 이익을 우선시하기 때문에 동물실험에 찬성한다.
② ㉠과 ㉢은 동물이 고통을 느낄 수 있는지 여부에 관해 견해가 서로 다르다.
③ ㉡과 ㉣은 인간과 동물의 근본적 차이로 인해 동물을 인간과 다르게 대우해도 좋다고 본다.
④ ㉢은 언어와 이성 능력에서 인간과 동물이 차이가 있음을 부정한다.
⑤ ㉣은 동물이 고통을 느낄 수 있는 존재이기 때문에 각 동물 개체가 삶의 주체로서 가치를 지닌다고 본다.

정답 해설

㉠은 동물이 인간과 달리 영혼이 없어 쾌락이나 고통을 경험할 수 없다고 하였지만, ㉢은 동물도 고통을 겪는다는 입장이므로 적절한 내용이다.

오답분석

① ㉡은 인간이 이성능력과 도덕적 실천 능력을 가졌다고 하였으나 이것으로 인해 그가 인간의 이익을 우선시하여 동물실험에 찬성했는지는 알 수 없다. 반대로 ㉠은 동물은 인간과 달리 영혼이 없어 쾌락이나 고통을 경험할 수 없기 때문에 동물실험에 찬성하는 입장이다.
③ ㉡은 인간은 이성 능력과 도덕적 실천 능력을 가지고 있다는 점이 동물과 다르기에 인간과 동물을 다르게 대우해야 한다고 보았다. 하지만 ㉣은 포유류의 예를 들면서 각 동물 개체가 삶의 주체로서 갖는 가치가 있다고 주장하여 인간과 동물을 다르게 대우하는 것에 반대하고 있다.
④ ㉢은 이성이나 언어 능력에서 인간과 동물이 차이가 있다고 하였으므로 적절하지 않은 내용이다.
⑤ ㉣은 각 동물 개체가 삶의 주체로서 갖는 가치가 있다고 하였지만 그것이 동물이 고통을 느끼기 때문인지는 알 수 없다.

정답 ②

TOPIC

29 대화체 지문

01 유형의 이해

이름이 주어진 복수의 인물들의 대화가 주어지는 경우가 이에 해당하는데, 구체적인 접근법은 앞서 살펴본 복수 견해의 관계 유형과 유사하지만 대화의 내용이 피상적인 경우가 많은 데다가 상대방의 의견을 자신이 대신 말해주는 구조(예를 들어, '당신은 ~ 라고 생각하고 있는 것 같군요.'라고 묻자 '그렇습니다.'라고 대답하는 경우)가 많은 것이 특징이다.

02 접근법

서술형 제시문과 달리 눈에 띄는 단어나 어구가 없으므로 자칫 긴장을 풀고 읽을 경우 끝까지 다 읽었음에도 정말 아무것도 건지지 못하는 상황이 생길 수 있다. 따라서 사소한 표현일지라도 이것이 함축하는 의미가 무엇인지를 잘 따져보기 바란다. 최근에는 두 견해가 서로 일치하는 부분을 찾는 선택지가 종종 출제되고 있다. 과거에는 '甲은 찬성하고 乙은 반대할 것이다.'와 같이 두 견해의 차이점을 묻는 경우가 많았던 반면, 최근에는 '甲과 乙 모두 찬성할 것이다.'와 같이 두 견해의 공통점을 묻는 경우가 많다. 실제 문제를 풀어보면 공통점을 묻는 후자의 경우의 난이도가 훨씬 높다.

대표예제

다음 대화 참여자들의 입장에 대한 설명으로 적절하지 않은 것은?

춘향 : 최근 연안 여객 선박과 고래가 충돌하여 발생하는 재산피해 및 인명사고에 대한 보고가 늘고 있습니다. 고래 개체 수가 충분히 늘었다는 것이지요. 연안 해운의 안전을 위해서라도 이제는 포경을 재개해야 할 시점이라고 봅니다.
몽룡 : 국제포경위원회(IWC)는 1986년 고래 자원의 보호를 위해 상업적 포경을 금지했고, 1994년에는 남빙양에 '고래성역'을 설정했습니다. 이미 포경 금지에 관해 IWC 내부적으로 국제합의가 이루어져 있는 셈이지요.
향단 : 아직 고래의 개체 수는 충분하지 못합니다. 게다가 고래는 지구환경과 생태계의 상징적 동물로 인식되고 있어요. 포경을 재개한다면 환경정책이 경제적 압력에 굴복한 대표적 사례로 남을 것입니다.
길동 : 전 세계 고래의 개체 수는 상업적 포경 금지 후 계속 증가하고 있고, 이에 따라 1997년 고래류의 먹이 양은 5억 2,000만 톤에 이르렀습니다. 이는 전 세계 어업생산의 약 4 ~ 5배에 달하는 수준입니다. 수산자원의 관리 차원에서 인류가 잡는 어업만을 규제할 것이 아니라, 고래가 잡아먹는 먹이를 관리한다는 차원에서 고래잡이가 재개되어야 한다고 봅니다.
방자 : IWC 회원국 중에도 일본, 노르웨이 등의 국가는 고래류를 식량 자원으로 간주하며 포경을 재개할 것을 끈질기게 주장하고 있습니다.
학도 : 문제는 고래의 개체 수가 지속생산이 가능한 수준으로 유지될 수 있느냐에 달려 있습니다. 고래 자원에 대한 정확한 과학적 조사가 선행된 뒤에 상업적 포경 여부와 수준이 결정되어야 합니다.

① 춘향은 향단과 상반되는 입장을 취하고 있다.
② 방자의 예는 몽룡의 주장에 대한 반례에 해당한다.
③ 향단은 길동과 상반되는 입장을 취하고 있다.
④ 길동의 예는 춘향의 견해를 지지하는 사례이다.
⑤ 학도는 길동과 대립되는 견해를 취하고 있다.

정답 해설

학도의 주장은 정확한 과학적 조사가 선행된 뒤에 상업적 포경 여부와 수준이 결정되어야 한다는 것이므로 중립적 주장을 한 것으로 볼 수 있다. 따라서 포경이 재개되어야 한다는 길동의 주장과 대립되지 않으므로 적절하지 않은 내용이다.

오답분석

① 춘향은 고래의 개체 수가 충분히 늘었으므로 포경을 재개하자는 입장이며, 향단은 고래의 개체 수가 충분하지 않기 때문에 포경을 재개하면 안 된다는 입장이므로 적절한 내용이다.
② 몽룡은 포경 금지에 관해 IWC 내부적으로 국제합의가 이루어져 있다고 주장하는 데 반해 방자는 IWC 회원국 중에도 일본, 노르웨이 등의 국가는 포경을 재개할 것을 끈질기게 주장하고 있다는 주장을 하고 있으므로 적절한 내용이다.
③ 향단은 고래의 개체 수가 충분하지 않으므로 포경을 재개하면 안 된다는 입장인 데 반해 길동은 고래의 개체 수는 상업적 포경 금지 후 계속 증가하고 있으므로 포경을 재개하자는 입장이므로 적절한 내용이다.
④ 길동은 1997년 고래류의 먹이 양이 5억 2,000만 톤에 이르렀으며 이는 전 세계 어업 생산의 약 4 ~ 5배에 달하는 수준이라고 하였다. 즉, 포경을 재개하여 재산 피해 및 인명사고를 줄이자는 춘향의 견해를 지지하는 사례이므로 적절한 내용이다.

정답 ⑤

| 문제 1 |

다음 대화에 대한 분석으로 적절한 것을 〈보기〉에서 모두 고르면?

갑 : 17세기 화가 페르메르의 작품을 메헤렌이 위조한 사건은 세상을 떠들썩하게 했지. 메헤렌의 그 위조품이 지금도 높은 가격에 거래된다고 하는데, 이 일은 예술 감상에서 무엇이 중요한지를 생각하게 만들어.

을 : 눈으로 위조품과 진품을 구별할 수 없다고 하더라도 위조품은 결코 예술적 가치를 가질 수 없어. 예술품이라면 창의적이어야 하는데 위조품은 창의적이지 않기 때문이지. 예술적 가치는 진품만이 가질 수 있어.

병 : 메헤렌의 작품이 페르메르의 작품보다 반드시 예술적이지 못하다고 할 수 있을까? 메헤렌의 작품이 부정적으로 평가되는 것은 메헤렌이 사람들을 속였기 때문이지 그의 작품이 예술적으로 열등해서가 아니야.

갑 : 예술적 가치는 시각적으로 식별할 수 있는 특성으로 결정돼. 그런데 많은 사람들이 위조품과 진품을 식별할 수 없다고 해서 식별이 불가능한 것은 아니야. 전문적인 훈련을 받은 사람은 두 작품에서 시각적으로 식별 가능한 차이를 찾아내겠지.

을 : 위작이라고 알려진 다음에도 그 작품을 칭송하는 것은 이해할 수 없는 일이야. 왜 많은 사람들이 「모나리자」의 원작을 보려고 몰려들겠어? 『모나리자』를 완벽하게 복제한 작품이라면 분명히 그렇게 많은 사람들의 관심을 끌지는 못할 거야.

병 : 사람들이 『모나리자』에서 감상하는 것이 무엇이겠어? 그것이 원작이라는 사실은 감상할 수 있는 대상이 아니야. 결국 사람들은 『모나리자』가 갖고 있는 시각적 특징에 예술적 가치를 부여하는 것이지.

보기

ㄱ. 예술적 가치로서의 창의성은 시각적 특성으로 드러나야 한다는 데 갑과 을은 동의할 것이다.
ㄴ. 시각적 특성만으로는 그 누구도 진품과 위조품을 구별할 수 없다면 이 둘의 예술적 가치가 같을 수 있다는 데 갑과 병은 동의할 것이다.
ㄷ. 메헤렌의 위조품이 고가에 거래되는 이유가 그 작품의 예술적 가치에 있다는 데 을과 병은 동의할 것이다.

① ㄱ
② ㄴ
③ ㄱ, ㄷ
④ ㄴ, ㄷ
⑤ ㄱ, ㄴ, ㄷ

정답 해설

'갑'은 시각적으로 식별할 수 있는 특성으로 예술적 특성이 결정된다고 하였으므로 진품과 위조품의 시각적 특성이 구분되지 않는다면 둘의 예술적 가치는 같다고 볼 것이다. 또한, '병' 역시 작품이 갖고 있는 시각적 특징에 예술적 가치를 부여하는 것이며 원작인지의 여부는 중요하지 않다고 하였으므로 진품과 위조품의 시각적 특성이 구분되지 않는다면 둘의 예술적 가치는 같다고 볼 것이다.

오답분석

ㄱ. '갑'은 예술적 가치는 시각적으로 식별할 수 있는 특성으로 결정된다고 하였으나 '을'은 시각적으로는 차이가 없는 위조품은 창의성을 가지고 있지 않으므로 예술적 가치가 없다고 하였다. 따라서 적절하지 않은 내용이다.

ㄷ. '을'은 예술적 가치는 진품만이 가질 수 있다고 하였으므로 메헤렌의 위조품에는 예술적 가치가 없다고 판단할 것이다. 따라서 메헤렌의 위조품이 고가에 거래되는 이유가 그 작품의 예술적 가치에 있다는 데 동의하지 않을 것이다. 반면, '병'은 예술적 가치란 작품이 갖고 있는 시각적 특징에 기인하는 것이므로 메헤렌의 위조품에도 예술적 가치가 있다고 볼 것이며, 메헤렌의 위조품이 고가에 거래되는 이유가 그 작품의 예술적 가치에 있다는 것에 동의할 것이다.

정답 ②

| 문제 2 |

다음 중 A의 견해로 적절하지 않은 것은?

왕이 말했다. "선생께서 먼 길을 오셨는데, 장차 무엇으로 우리 국가에 이익이 있게 하시겠습니까?" A가 대답했다. "왕께서는 어떻게 이익을 말씀하십니까? 오직 인의(仁義)가 있을 따름입니다. 모든 사람이 이익만을 추구한다면, 서로 빼앗지 않고는 만족하지 못할 것입니다. 사람의 도리인 인을 잘 실천하는 사람이 자기 부모를 버린 경우는 없으며, 공적 직위에서 요구되는 역할인 의를 잘 실천하는 사람이 자기 임금을 저버린 경우는 없습니다." 왕이 물었다. "탕(湯)이 걸(桀)을 방벌하고, 무(武)가 주(紂)를 정벌하였다는데 정말 그런 일이 있었습니까? 신하가 자기 군주를 시해한 것이 정당합니까?" A가 대답했다. "인을 해친 자를 적(賊)이라 하고, 의를 해친 자를 잔(殘)이라 하며, 잔적(殘賊)한 자를 일부(一夫)라 합니다. 일부인 걸과 주를 죽였다는 말은 들었지만 자기 군주를 시해하였다는 말은 듣지 못했습니다. 무릇 군주란 백성의 부모로서 그 도리와 역할을 다하는 인의의 정치를 해야 하는 공적 자리입니다. 탕과 무는 왕이 되었을 때 비록 백성들을 수고롭게 했지만, 그 지위에 요구되는 역할을 온전히 다하는 정치를 행했기 때문에 오히려 최대의 이익을 누릴 수 있었습니다. 걸과 주는 이와 반대되는 정치를 행하면서 자신의 이익만을 추구하며, 자신을 태양에 비유하였습니다. 하지만 백성들은 오히려 태양과 함께 죽고자 하였습니다. 백성들이 그 임금과 함께 죽고자 한다면, 군주가 어떻게 정당하게 그 지위와 이익을 향유할 수 있겠습니까?"

① 인의에 의한 정치를 펼치는 왕은 백성들을 수고롭게 할 수도 있다.
② 인의를 잘 실천하면 이익의 문제는 부차적으로 해결될 가능성이 있다.
③ 탕과 무는 자기 군주를 방벌했다는 점에서 인의 가운데 특히 의를 잘 실천하지 못한 사람이다.
④ 군주는 그 자신과 국가의 이익 이전에 군주로서의 도리와 역할을 온전히 수행하는 데 최선을 다해야 한다.
⑤ 공적 지위에 있는 자가 직책에 요구되는 도리와 역할을 수행하지 않고 사익(私益)을 추구하면 그 권한과 이익을 제한하는 것은 정당하다.

정답 해설

제시문에 따르면 인을 해친 자를 적이라 하고, 의를 해친 자를 잔이라 하며, 잔적한 자를 일부라 하는데, 탕과 무가 일부인 걸과 주를 죽인 것을 인과 의를 실천한 것으로 여긴다고 하였으므로 적절하지 않은 내용이다.

오답분석

①·② 인의에 의한 정치를 펼쳤던 탕과 무는 왕이 되었을 때 백성들을 수고롭게 했지만, 그 지위에 요구되는 역할을 온전히 다하는 정치를 행했기 때문에 오히려 최대의 이익을 누릴 수 있었다고 하였으므로 적절한 내용이다.
④ 군주란 이와 반대로 백성의 부모로서 그 도리와 역할을 다하는 인의의 정치를 해야 하는 공적 자리라고 하였으므로 적절한 내용이다.
⑤ 걸과 주는 자신의 역할을 저버리고 사익만을 추구하였는데, 이러한 행위를 일삼던 걸과 주를 탕과 무가 죽인 것을 인을 실천한 것으로 여겼다고 하였다. 따라서 적절한 내용이다.

정답 ③

| 문제 3 |

다음 대화의 ㉠에 대한 분석으로 가장 적절한 것은?

> 갑 : 우리는 타인의 언어나 행동을 관찰함으로써 타인의 마음을 추론한다. 예를 들어, 우리는 철수의 고통을 직접적으로 관찰할 수 없다. 그러면 철수가 고통스러워한다는 것을 어떻게 아는가? 우리는 철수에게 신체적인 위해라는 특정 자극이 주어졌다는 것과 그가 신음 소리라는 특정 행동을 했다는 것을 관찰함으로써 철수가 고통이라는 심리 상태에 있다고 추론하는 것이다.
>
> 을 : 그러한 추론이 정당화되기 위해서는 내가 보기에 ㉠ A원리가 성립한다고 가정해야 한다. 그렇지 않다면, 특정 자극에 따른 철수의 행동으로부터 철수의 고통을 추론하는 것은 잘못이다. 그런데 A원리가 성립하는지는 아주 의심스럽다. 예를 들어, 로봇이 우리 인간과 유사하게 행동할 수 있다고 하더라도 로봇이 고통을 느낀다고 생각하는 것은 잘못일 것이다.
>
> 병 : 나도 A원리는 성립하지 않는다고 생각한다. 아무런 고통을 느끼지 못하는 사람이 있다고 해 보자. 그런데 그는 고통을 느끼는 척하는 방법을 배운다. 많은 연습 끝에 그는 신체적인 위해가 가해졌을 때 비명을 지르고 찡그리는 등 고통과 관련된 행동을 완벽하게 해낸다. 그렇지만 그가 고통을 느낀다고 생각하는 것은 잘못일 것이다.
>
> 정 : 나도 A원리는 성립하지 않는다고 생각한다. 위해가 가해져 고통을 느끼지만 비명을 지르는 등 고통과 관련된 행동은 전혀 하지 않는 사람도 있기 때문이다. 가령 고통을 느끼지만 그것을 표현하지 않고 잘 참는 사람도 많지 않은가? 그런 사람들을 예외적인 사람으로 치부할 수는 없다. 고통을 참는 것이 비정상적인 것은 아니다.
>
> 을 : 고통을 참는 사람들이 있고 그런 사람들이 비정상적인 것은 아니라는 데는 나도 동의한다. 하지만 그러한 사람의 존재가 내가 얘기한 A원리에 대한 반박 사례인 것은 아니다.

① 어떤 존재의 특정 심리 상태 X가 관찰 가능할 경우, X는 항상 특정 자극에 따른 행동 Y와 동시에 발생한다.
② 어떤 존재의 특정 심리 상태 X가 항상 특정 자극에 따른 행동 Y와 동시에 발생할 경우, X는 관찰 가능한 것이다.
③ 어떤 존재에게 특정 자극에 따른 행동 Y가 발생할 경우, 그 존재에게는 항상 특정 심리 상태 X가 발생한다.
④ 어떤 존재에게 특정 심리 상태 X가 발생할 경우, 그 존재에게는 항상 특정 자극에 따른 행동 Y가 발생한다.
⑤ 어떤 존재에게 특정 심리 상태 X가 발생할 경우, 그 존재에게는 항상 특정 자극에 따른 행동 Y가 발생하고, 그 역도 성립한다.

정답 해설

'갑'의 논리를 정리하면 '자극' → '특정한 심리 상태' → '특정한 행동'의 과정을 통해 '특정한 행동'을 하는 것이 관찰되면 '특정한 심리 상태'에 있는 것을 추론할 수 있다는 것이다. 그런데 '을'은 '특정한 심리 상태'가 없더라도 '자극' → '특정한 행동'이 가능한 경우를 로봇의 예를 들어 설명하고 있다. 따라서 이와 같은 문제를 해결하기 위해서는 '자극' → '특정한 행동' → '특정한 심리 상태'의 관계가 성립해야 하므로 ③이 가장 적절하다.

정답 ③

TOPIC

30 역사 소재

01 유형의 이해

과거의 대상을 설명하는 형태이며, 한자와 생소한 용어가 많이 등장하므로 제시문을 읽는 것 자체에 시간 소모가 큰 유형이다. 하지만 이 유형의 제시문은 복잡한 추론과정을 거치는 것이 아니라 단순히 사실을 나열한 것에 불과하므로 난이도 자체는 낮은 편에 속한다.

02 접근법

이 유형의 제시문은 반드시 선택지부터 확인하여 제시문의 공략포인트를 미리 정해 두어야 불필요한 시간 낭비를 막을 수 있다. 적어도 선택지의 문장들은 그 의미를 곧바로 파악하기는 어려울지라도 현대적 표현으로 치환되어 구성되어 있으므로 보다 이해하기가 쉽다. 이때 선택지 독해는 단순히 눈으로 훑고 지나가는 것이 아니라 꼼꼼하게 읽으면서 각각의 의미와 각 선택지의 키워드를 머릿속에 넣어두는 것을 의미한다. 한 번에 안 된다면 두 번 읽는 한이 있어도 선택지를 먼저 분석해야 한자가 가득한 제시문의 늪에 빠지지 않는다.

대표예제

다음 글을 근거로 판단할 때 〈보기〉에서 적절한 것을 모두 고르면?

진경산수화(眞景山水畵)는 18세기 초반에 우리 실경(實景)을 많이 그렸던 겸재 정선(鄭敾)의 산수화를 대표로 하여, 이후 18세기 후반에 계속 그려진 우리 산천이 담긴 산수화를 지칭하는 말이다. 여기에서 사용된 '진경(眞景)'과 달리 '진경(眞境)'은 이전 시대의 기록에도 많이 나타나지만, 그 의미는 선경(仙境)의 뜻으로만 사용되었다. 여기에 새 의미를 부여한 사람은 실학자 이익이고, 경계 '경(境)' 대신에 경치 '경(景)'을 쓴 사람은 강세황이다. 실학자 이익은 실재하는 경물이라는 의미로 진경(眞境)을 사용하였으며, 우리 산수를 실제로 마주 대하는 사실정신을 강조하여 선경의 탈속성(脫俗性)을 제거하였다. 이것이 18세기 후반 강세황에 의해 적극 수용되어 진경(眞景)이란 말로 자리 잡게 된 것이다.

실재하는 경치를 그린 예는 고려시대나 조선시대 초·중기에도 있었다. 그러나 우리 회화에서 '진경산수화'가 새로운 회화영역으로서 본격적으로 발전한 것은 중국의 남종화(南宗畵) 양식에 바탕을 두고 우리나라에 실재하는 경관을 특유의 화풍으로 그린 겸재 정선에게서 비롯되었다. 사전적 해석으로 진경(眞景)은 '실재하는 풍경'이라는 뜻의 실경(實景)을 말한다. 그러나 진(眞)이라는 한자는 『설문해자(說問解字)』에 따르면 '선인이 변형해 놓고 하늘에 오른 땅'이라는 뜻을 지닌다. 이로 보아 진경(眞景)은 실경으로서의 단순한 경치뿐만 아니라 선경(仙境)의 의미, 즉 이상 세계까지 내포하고 있음을 알 수 있다. 그러므로 진경(眞景)이라는 말을 조선 후기의 맥락에서 이해하자면 참된 경치, 마음 속 경치를 포함하며 경치의 본질 혹은 진실까지 포함한 넓은 개념으로 보면 된다. 따라서 진경산수화는 실경을 바탕으로 작가가 경치를 보고 느낀 감동과 환희까지 투영한 그림으로 보면 될 것이다.

보기

ㄱ. 진경산수화는 중국 남종화 양식의 영향을 받았다.
ㄴ. 진경산수화는 이익에 의해 본격적으로 발전하기 시작하였다.
ㄷ. 진경산수화는 작가가 현실 세계와 무관한 이상 세계를 상상하여 그린 그림이다.
ㄹ. 선경(仙境)의 탈속성을 제거한 의미인 진경(眞景)이란 단어는 18세기 초반에 이미 정착되어 있었다.

① ㄱ
② ㄱ, ㄴ
③ ㄴ, ㄷ
④ ㄷ, ㄹ
⑤ ㄱ, ㄷ, ㄹ

정답 해설

진경산수화가 본격적으로 발전한 것은 중국의 남종화 양식에 바탕을 두고 우리나라에 실재하는 경관을 그린 정선부터라고 하였으므로 적절한 내용이다.

오답분석

ㄴ. 이익은 진경에 새로운 의미를 부여했을 뿐이며, 진경산수화를 본격적으로 발전시킨 것은 정선이라고 볼 수 있으므로 적절하지 않은 내용이다.
ㄷ. 진경산수화는 실경을 바탕으로 작가가 경치를 보고 느낀 것까지 포함한 넓은 개념이라고 하였으므로 현실 세계와 무관한 것은 아니다.
ㄹ. 선경의 탈속성을 제거한 의미인 진경이라는 단어는 18세기 후반 강세황에 의해 적극 수용되었다고 하였으므로 적절하지 않은 내용이다.

정답 ①

| 문제 1 |

다음 글을 근거로 판단할 때 가장 적절한 것은?[단, 올해는 1564년이고, 가장 최근에 치러진 소과(小科)는 1563년이었으며, 대과(大科)는 1562년이었다]

> 시험제도, 즉 고시(考試)는 생원진사과, 문과와 무과 그리고 잡과 등이 있었다. 경학에 뛰어난 인재를 선발하는 생원과(生員科)와 문학적 재능이 뛰어난 인재를 뽑는 진사과(進士科)는 3년마다 각각 100명씩 선발했다. 이를 소과(小科) 혹은 사마시(司馬試)라고도 불렀다. 생원과 진사가 되면 바로 하급관원이 되기도 했지만, 그보다는 문과에 다시 응시하거나 성균관에 진학하는 경우가 더 많았다. 사마시는 1차 시험인 초시(初試)에서 7배수를 뽑았는데, 이는 도별 인구 비율로 강제 배분되었다. 그러나 2차 시험인 복시(覆試)에서는 도별 안배를 없애고 성적순으로 뽑았다.
> 고시 중에서 고급 문관을 선발하는 가장 경쟁률이 높고 비중이 큰 것을 문과(文科) 혹은 대과(大科)라고 불렀다. 문과는 3년마다 선발하는 정기 시험인 식년시(式年試)와 수시로 시험하는 별시(別試), 증광시(增廣試) 그리고 국가에 경사가 있을 때 시행하는 경과(慶科) 등이 있었다. 정기시험에는 1만 명 이상의 지원자들이 경쟁을 벌여 최종적으로 33명을 뽑는데, 초시에서는 7배수인 240명을 각 도의 인구 비율로 뽑았다. 그러나 2차 시험인 복시(覆試)에서는 도별 안배를 없애고 성적순으로 33명을 뽑았으며, 궁궐에서 치르는 3차 시험인 전시(殿試)에서는 갑과 3인, 을과 7인 병과 23인의 등급을 정하여 그 등급에 따라 최고 6품에서 최하 9품의 품계를 받았다. 현직 관원인 경우는 현재의 직급에서 1 ~ 4계(階)를 올려 주었다.

① 성균관에 입학할 수 있는 최대의 인원은 해마다 200명이다.

② 1560년에 한성부에 살던 정3품 관료의 아들 甲은 사마시 복시에 700등으로 합격하였다.

③ 정9품인 현직 관원 乙은 1559년에 문과 정기 시험에 응시하여 2차 시험에서 30등으로 합격하였다.

④ 진사(進士) 丙은 1547년에 사마시 초시를 합격하고 이후 6번이나 문과 정기 시험을 치렀다.

⑤ 현직관원인 丁은 왕세자의 탄생으로 경과(慶科)를 보아 33명을 뽑는 2차 시험에서 수석의 영광을 차지하였다.

정답 해설

가장 최근에 실시된 문과는 1562년이었으므로 1559년에도 문과 정기시험이 있었을 것이며, 2차 시험인 복시에서는 33명을 뽑았다고 하였으므로 적절한 내용이다.

오답분석

① 생원과 진사 중에서 성균관에 진학하는 경우가 더 많았다는 것은 알 수 있으나 성균관의 입학에 대한 언급은 없으므로 적절하지 않은 내용이다.

② 사마시 초시에서 7배수인 700명을 뽑았으며, 복시에서는 성적순으로 100명을 뽑았으므로 적절하지 않은 내용이다.

④ 가장 최근에 실시된 소과는 1563년이었는데, 소과는 3년마다 열리므로 16년 전인 1547년에는 소과가 열리지 않았다. 따라서 적절하지 않은 내용이다.

⑤ 33명을 뽑는 것은 정기시험인 식년시에 해당하며, 경과에 대해서는 언급되지 않았으므로 적절하지 않은 내용이다.

정답 ③

| 문제 2 |

다음 글을 근거로 판단할 때 〈보기〉에서 적절한 것을 모두 고르면?

무릇 오곡이란 백성들이 생존의 양식으로 의존하는 것이기에 군주는 식량 증산에 힘쓰지 않을 수 없고, 재물을 쓰는 데 절약하지 않을 수 없다. 오곡 가운데 한 가지 곡식이 제대로 수확되지 않으면 이것을 근(饉)이라 하고, 두 가지 곡식이 제대로 수확되지 않으면 이것을 한(旱)이라고 한다. 세 가지 곡식이 제대로 수확되지 않으면 이것을 흉(凶)이라고 한다. 또한, 네 가지 곡식이 제대로 수확되지 않으면 이것을 궤(饋)라고 하고, 다섯 가지 곡식 모두 제대로 수확되지 않으면 이것을 기(饑)라고 한다. 근이 든 해에는 대부(大夫) 이하 벼슬하는 사람들은 모두 봉록의 5분의 1을 감봉한다. 한이 든 해에는 5분의 2를 감봉하고, 흉이 든 해에는 5분의 3을 감봉하고, 궤가 든 해에는 5분의 4를 감봉하며, 기가 든 해에는 아예 봉록을 주지 않고 약간의 식량만을 지급할 뿐이다.

곡식이 제대로 수확되지 않으면 군주는 먹던 요리의 5분의 3을 줄이고, 대부들은 음악을 듣지 않으며, 선비들은 농사에 힘쓸 뿐 배우러 다니지 않는다. 군주는 조회할 때 입는 예복이 낡아도 고쳐 입지 않고, 사방 이웃 나라의 사신들에게도 식사만을 대접할 뿐 성대한 잔치를 베풀지 않는다. 또한, 군주가 행차할 때 수레를 끄는 말의 수도 반으로 줄여 두 마리만으로 수레를 끌게 한다. 길을 보수하지 않고, 말에게 곡식을 먹이지 않으며, 궁녀들은 비단옷을 입지 않는다. 이것은 식량이 부족함을 백성들에게 인식시키고자 함이다.

보기

ㄱ. 대부 이하 벼슬하는 사람이 근(饉)이 들었을 때 받을 수 있는 봉록은 궤(饋)가 들었을 때 받을 수 있는 봉록의 4배일 것이다.
ㄴ. 오곡 모두 제대로 수확되지 않으면 대부 이하 벼슬하는 사람들은 봉록과 식량을 전혀 지급받지 못했을 것이다.
ㄷ. 곡식이 제대로 수확되지 않으면 군주가 행차할 때 탄 수레는 곡식을 먹인 말 두 마리가 끌었을 것이다.
ㄹ. 곡식이 제대로 수확되지 않으면 군주는 먹던 요리를 5분의 4로 줄였을 것이다.

① ㄱ
② ㄷ
③ ㄱ, ㄴ
④ ㄱ, ㄹ
⑤ ㄴ, ㄹ

정답 해설

근이 든 해에는 대부 이하 벼슬하는 사람들은 모두 봉록의 5분의 1을 감봉한다고 하였고, 궤가 든 해에는 5분의 4를 감봉한다고 하였다. 따라서 근이 든 해에는 5분의 4만큼의 봉록을, 궤가 든 해에는 5분의 1만큼의 봉록을 받게 되므로 근이 들었을 때 받을 수 있는 봉록은 궤가 들었을 때 받을 수 있는 봉록의 4배일 것이다.

오답분석

ㄴ. 다섯 가지 곡식 모두 제대로 수확되지 않은 것을 기라고 하였는데 '기가 든 해에는 아예 봉록을 주지 않고 약간의 식량만을 지급할 뿐이다.'라고 하였다. 따라서 식량까지 전혀 지급받지 못한 것은 아니다.
ㄷ. '군주가 행차할 때 수레를 끄는 말의 수를 반으로 줄여 두 마리만으로 수레를 끌게 한다.'고 하였고, 말에게 곡식을 먹이지 않는다고 하였다.
ㄹ. '곡식이 제대로 수확되지 않으면 군주는 먹던 요리의 5분의 3을 줄였다.'고 하였으므로 평상시의 5분의 2를 먹었을 것이다.

정답 ①

많이 보고 많이 겪고 많이 공부하는 것은 배움의 세 기둥이다.

– 벤자민 디즈라엘리 –

PART 4

논증의 심화

TOPIC

31 강화와 약화(1)

01 유형의 이해

강화·약화 문제는 제시문의 논리적 구조를 얼마나 제대로 이해하고 있는지를 평가하는 유형이다. 이 유형의 문제를 만나게 되면 논리식을 복잡하게 세울 것이 아니라 결론을 끌어내기 위해 어떤 방향으로 논증이 흘러가는지 정리하는 것을 최우선으로 해야 한다. 그리고 선택지를 이 흐름에 대입시켜 전개 방향이 옳게 가는 것인지 반대로 가는 것인지를 판단한 후 정오를 판단하면 된다. NCS 수준에서는 논리적으로는 그다지 엄밀해 보이지 않는 일종의 '감'으로도 풀이가 가능한 수준으로 출제가 되는 경우가 많다.

02 접근법

(1) (추론형)+(일치·부합형)=(강화·약화)

사실 강화·약화 문제는 논리적으로 엄밀하게 분석한다면 끝도 없이 어려워지는 유형이다. 하지만 NCS 수준에서는 그러한 풀이를 요구하는 것이 아니라 전체 논증과 방향성이 일치하는지 여부를 판정하는 수준으로 출제된다. 크게 보아 강화·약화 유형은 추론형과 일치·부합형 문제를 섞어 놓은 것이다. 딱 그만큼의 수준으로 풀이하면 된다.

(2) 핵심 논지 이외의 것들

입장의 강화·약화 문제는 반드시 핵심 논지와 연결되어야 하는 것은 아니며, 논지를 전개해 나가는 데 언급되었던 세부적인 논증들 모두가 대상이 될 수 있다. 따라서 논지와 직접 연결되지 않는다고 하여 무조건 영향을 미치지 않는다고 판단하는 실수를 범하지 말기 바란다.

대표예제

다음 글의 주장을 강화하는 것을 〈보기〉에서 모두 고르면?

우리는 물체까지의 거리 자체를 직접 볼 수는 없다. 거리는 눈과 그 물체를 이은 직선의 길이인데, 우리의 망막에는 직선의 한쪽 끝 점이 투영될 뿐이기 때문이다. 그러므로 물체까지의 거리 판단은 경험을 통한 추론에 의해서 이루어진다고 보아야 한다. 예컨대 우리는 건물, 나무 같은 친숙한 대상들의 크기가 얼마나 되는지, 이들이 주변 배경에서 얼마나 공간을 차지하는지 등을 경험을 통해 이미 알고 있다. 우리는 물체와 우리 사이에 혹은 물체 주위에 이런 친숙한 대상들이 어느 정도 거리에 위치해 있는지를 우선 지각한다. 이로부터 우리는 그 물체가 얼마나 멀리 떨어져 있는지를 추론하게 된다. 또한, 그 정도 떨어진 다른 사물들이 보이는 방식에 대한 경험을 토대로, 그보다 작고 희미하게 보이는 대상들은 더 멀리 떨어져 있다고 판단한다. 거리에 대한 이런 추론은 과거의 경험에 기초하는 것이다.

반면에 물체가 손이 닿을 정도로 아주 가까이에 있는 경우, 물체까지의 거리를 지각하는 방식은 이와 다르다. 우리의 두 눈은 약간의 간격을 두고 서로 떨어져 있다. 이에 우리는 두 눈과 대상이 위치한 한 점을 연결하는 두 직선이 이루는 각의 크기를 감지함으로써 물체까지의 거리를 알게 된다. 물체를 바라보는 두 눈의 시선에 해당하는 두 직선이 이루는 각은 물체까지의 거리가 멀어질수록 필연적으로 더 작아진다. 대상까지의 거리가 몇 미터만 넘어도 그 각의 차이는 너무 미세해서 우리가 감지할 수 없다. 하지만 팔 뻗는 거리 안의 가까운 물체에 대해서는 그 각도를 감지하는 것이 가능하다.

보기

ㄱ. 100미터 떨어진 지점에 민수가 한 번도 본 적이 없는 대상만 보이도록 두고 다른 사물들은 보이지 않도록 민수의 시야 나머지 부분을 가린다면, 민수는 그 대상을 보고도 얼마나 떨어져 있는지 판단하지 못한다.

ㄴ. 아무것도 보이지 않는 캄캄한 밤에 안개 속의 숲길을 걷다가 앞쪽 멀리서 반짝이는 불빛을 발견한 태훈이는 불빛이 있는 곳까지의 거리를 어렵지 않게 짐작한다.

ㄷ. 태어날 때부터 한쪽 눈이 실명인 영호는 30센티미터 거리에 있는 낯선 물체 외엔 어떤 것도 보이지 않는 상황에서 그 물체까지의 거리를 바르게 판단한다.

① ㄱ
② ㄷ
③ ㄱ, ㄴ
④ ㄴ, ㄷ
⑤ ㄱ, ㄴ, ㄷ

정답 해설

제시문에 따르면 물체까지의 거리가 먼 경우에는 주변의 물체들에 대한 과거의 경험에 기초하여 거리를 추론한다. 그런데 해당 물체에 대한 경험도 없고 다른 사물들을 보이지 않도록 한 상태라면 이 추론 과정이 작동하지 않아 거리를 판단할 수 없다. 따라서 ㄱ은 이와 같은 입장을 반영하고 있으므로 제시문의 주장을 강화한다.

오답분석

ㄴ. 제시문의 주장에 따르면 경험적 판단기준이 없는 상황에서는 거리를 짐작할 수 없어야 한다. 그러나 ㄴ은 이와 상반된 내용을 다루고 있으므로 제시문의 주장을 약화한다고 볼 수 있다.

ㄷ. 한쪽 눈이 실명이라면 두 직선이 이루는 각의 크기를 감지할 수 없으므로 거리를 파악할 수 없어야 한다. 그러나 ㄷ은 그 반대로 나타나고 있으므로 제시문의 주장을 약화시킨다.

정답 ①

PART 4

| 문제 1 |

다음 글의 논지를 지지하는 것을 〈보기〉에서 모두 고르면?

과학과 예술이 무관하다는 주장의 첫 번째 근거는 과학과 예술이 인간의 지적 능력의 상이한 측면을 반영한다는 것이다. 즉, 과학은 주로 분석・추론・합리적 판단과 같은 지적 능력에 기인하는 반면에, 예술은 종합・상상력・직관과 같은 지적 능력에 기인한다고 생각한다. 두 번째 근거는 과학과 예술이 상이한 대상을 다룬다는 것이다. 과학은 인간 외부에 실재하는 자연의 사실과 법칙을 다루기에 과학자는 사실과 법칙을 발견하지만, 예술은 인간의 내면에 존재하는 심성을 탐구하며, 미적 가치를 창작하고 구성하는 활동이라고 본다. 그러나 이렇게 과학과 예술을 대립시키는 태도는 과학과 예술의 특성을 지나치게 단순화하는 것이다. 과학이 단순한 발견의 과정이 아니듯이 예술도 순수한 창조와 구성의 과정이 아니기 때문이다. 과학에는 상상력을 이용하는 주체의 창의적 과정이 개입하며, 예술 활동은 전적으로 임의적인 창작이 아니라 논리적 요소를 포함하는 창작이다. 과학 이론이 만들어지기 위해 필요한 것은 냉철한 이성과 객관적 관찰만이 아니다. 새로운 과학 이론의 발견을 위해서는 상상력과 예술적 감수성이 필요하다. 반대로 최근의 예술적 성과 중에는 과학기술의 발달에 의해 뒷받침된 것이 많다.

보기

ㄱ. 과학자 왓슨과 크릭이 없었더라도 누군가 DNA 이중나선 구조를 발견하였겠지만, 셰익스피어가 없었다면 『오셀로』는 결코 창작되지 못하였을 것이다.
ㄴ. 물리학자 파인만이 주장했듯이 과학에서 이론을 정립하는 과정은 가장 아름다운 그림을 그려나가는 예술가의 창작 작업과 흡사하다.
ㄷ. 입체파 화가들은 수학자 푸앵카레의 기하학 연구를 자신들의 그림에 적용하고자 하였으며, 이런 의미에서 피카소는 "내 그림은 모두 연구와 실험의 산물이다."라고 말하였다.

① ㄱ
② ㄷ
③ ㄱ, ㄴ
④ ㄴ, ㄷ
⑤ ㄱ, ㄴ, ㄷ

정답 해설

ㄴ. 과학에서 이론을 정립하는 과정은 예술가의 창작 작업과 흡사하다고 하였으므로 과학과 예술이 서로 연관된 것이라는 제시문의 내용을 지지한다.
ㄷ. 입체파 화가들이 기하학 연구를 자신들의 그림에 적용하고, 피카소 역시 자신의 그림이 모두 연구와 실험의 산물이라고 하였으므로 과학과 예술이 서로 연관된 것이라는 제시문의 내용을 지지한다.

오답분석

ㄱ. 제시문은 과학과 예술이 전혀 동떨어진 분야가 아닌 서로 연관된 것이라는 내용의 글이다. 하지만 ㄱ에서는 예술은 특정인만의 독특한 속성에 의해서 창조되는 것이지만, 과학은 그렇지 않다고 하면서 서로 연관성이 없는 분야라고 서술하고 있다. 따라서 ㄱ은 논지를 지지하지 않거나 아니면 논지와는 무관한 진술이라고 할 수 있다.

정답 ④

| 문제 2 |

다음 논증에 대한 〈보기〉의 분석을 판단하시오.

집단 내지 국가의 청렴도를 평가하는 잣대로 종종 공공 물품을 사적으로 사용하는 정도가 활용된다. 이와 관련하여 M시의 경우 회사원들이 사내용 물품을 개인적인 용도로 사용하는 정도가 꽤 높은 것으로 밝혀졌다. 이는 M시의 대표적인 A회사에서 직원 200명을 대상으로 회사물품을 사적인 용도로 사용한 적이 있는지를 설문조사한 결과에 따른 것이다. 조사 결과 '늘 그랬다'는 직원은 5%, '종종 그랬다'는 직원은 15%, '가끔 그랬다'는 직원은 35%, '어쩌다 한두 번 그랬다'는 직원은 25%, '전혀 그런 적이 없다'는 직원은 10%, 응답을 거부한 직원은 10%였다. 설문조사에 응한 직원들 중에서 가끔이라도 사용한 적이 있다고 답한 직원의 비율이 절반을 넘었다. 따라서 M시의 회사원들은 낮은 청렴도를 가졌다고 평가할 수 있다.

보기

ㄱ. 설문조사에 응한 A회사의 직원들 중 회사물품에 대한 사적 사용 정도를 실제보다 축소하여 답한 직원들이 많다는 사실은 위 논증의 결론을 강화한다. (○, ×)

ㄴ. M시에 있는 또 다른 대표적인 B회사에서 동일한 설문조사를 했는데 A회사와 거의 비슷한 결과가 나왔다는 사실은 위 논증의 결론을 강화한다. (○, ×)

PART 4

정답 해설

ㄱ. A회사의 직원들의 설문조사 결과가 실제보다 축소된 것이라면 실제는 A회사의 청렴도가 더 낮다는 것을 의미한다. 또한, A회사는 M시의 대표적인 기업이므로 이와 같은 사실은 M시의 청렴도가 낮다는 결론을 강화한다.

ㄴ. A회사뿐만 아니라 B회사에서도 동일한 설문 결과가 나왔다면 주어진 결론을 보다 더 일반화할 수 있으므로 결론을 강화한다.

정답 ㄱ. ○
ㄴ. ○

TOPIC

32 강화와 약화(2)

01 유형의 이해

'강화·약화'라는 단어가 직접적으로 제시되는 경우도 있지만 그에 못지 않게 '평가'라는 표현도 자주 등장한다. 난이도가 높은 문제의 경우 문제만으로는 판단하기 어렵고 선택지를 통해서야 비로소 강화·약화형 문제임을 알 수 있게끔 구성되기도 한다.

02 접근법

(1) 논지 찾기

대부분의 문제가 논지를 강화 혹은 약화하는 것을 찾는 것이니만큼 가장 먼저 해야 할 일은 논지를 찾는 것이다. 문제는 그것만으로는 부족하다는 것이다. 이 유형의 제시문을 몇 개 모아두고 꼼꼼히 분석해 보자. 문장 하나하나가 치밀한 구조로 연결되어 있음을 알 수 있으며, 그 구조를 파악하는 것이 이 문제의 핵심이라는 것을 알 수 있을 것이다. 즉, 논지를 끌어내기 위해 제시문이 어떠한 코스를 선택했는지를 판단해야 한다는 것이다. 강화·약화 유형의 문제는 이 코스들의 중간 정거장 하나를 선택해 흔들어 보는 것이다. 대부분의 제시문들이 정·반·합의 변증법적 관계 내지는 시간의 흐름에 따른 순차적 구조로 구성되어 있으므로 이 정거장들을 자신만의 방법을 이용해 표기해 두자.

(2) '강화하지 않는다'와 '약화하지 않는다'

선택지에서 이와 같은 표현을 접할 경우가 있는데 이 표현은 액면 그대로 해석해야 한다. 즉, '강화하지 않는다'라는 것은 약화되거나 아무런 영향이 없다는 의미 그 이상도 이하도 아니다. 따라서 앞서 언급한 것처럼 약화인지 아무런 영향이 없는 것인지는 굳이 구별하여 판단할 필요가 없다. 또한, 기출문제를 분석해 보면 아무런 영향이 없다고 서술한 선택지가 정답이 되는 경우는 거의 없었다는 점도 첨언해 둔다.

대표예제

다음 글에서 A의 가설을 약화하는 것을 〈보기〉에서 모두 고르면?

얼룩말의 얼룩무늬가 어떻게 생겨났는지는 과학계의 오랜 논쟁거리다. 월러스는 "얼룩말이 물을 마시러 가는 해질녘에 보면 얼룩무늬가 위장 효과를 낸다."라고 주장했지만, 다윈은 "눈에 잘 띌 뿐"이라며 그 주장을 일축했다. 검은 무늬는 쉽게 더워져 공기를 상승시키고 상승한 공기가 흰 무늬 부위로 이동하면서 작은 소용돌이가 일어나 체온조절을 돕는다는 가설도 있다. 위험한 체체파리나 사자의 눈에 얼룩무늬가 잘 보이지 않는다거나 고유의 무늬 덕에 얼룩말들이 자기 무리를 쉽게 찾는다는 견해도 있다.
최근 A는 실험을 토대로 새로운 가설을 제시했다. 그는 얼룩말과 같은 속(屬)에 속하는 검은 말, 갈색 말, 흰 말을 대상으로 몸통에서 반사되는 빛의 특성을 살펴 보았다. 검정이나 갈색처럼 짙은 색 몸통에서 반사되는 빛은 수평 편광으로 나타났다. 수평 편광은 물 표면에서 반사되는 빛의 특성이기도 한데, 물에서 짝짓기를 하고 알을 낳는 말파리가 아주 좋아하는 빛이다. 편광이 없는 빛을 반사하는 흰색 몸통에는 말파리가 훨씬 덜 꼬였다. A는 몸통 색과 말파리의 행태 간에 상관관계가 있다고 생각하고, 말처럼 생긴 일정 크기의 모형에 검은색, 흰색, 갈색, 얼룩무늬를 입힌 뒤 끈끈이를 발라 각각에 말파리가 얼마나 꼬이는지를 조사했다. 이틀간의 실험 결과 검은색 말 모형에는 562마리, 갈색에는 334마리, 흰색에 22마리의 말파리가 붙은 데 비해 얼룩무늬를 가진 모형에는 8마리가 붙었을 뿐이었다. 이것은 실제 얼룩말의 무늬와 유사한 얼룩무늬가 말파리를 가장 덜 유인한다는 결과였다. A는 이를 바탕으로 얼룩말의 얼룩무늬가 말의 피를 빠는 말파리를 피하는 방향으로 진행된 진화의 결과라는 가설을 제시했다.

보기

ㄱ. 실제 말에 대한 말파리의 행동반응이 말 모형에 대한 말파리의 행동반응과 다르다는 연구결과
ㄴ. 말파리가 실제로 흡혈한 피의 99% 이상이 검은색이나 진한 갈색 몸통을 가진 말의 것이라는 연구결과
ㄷ. 얼룩말 고유의 무늬 때문에 초원 위의 얼룩말이 사자와 같은 포식자의 눈에 잘 띈다는 연구결과

① ㄱ
② ㄷ
③ ㄱ, ㄴ
④ ㄴ, ㄷ
⑤ ㄱ, ㄴ, ㄷ

정답 해설

A는 말 모형에 대한 실험결과를 토대로 얼룩말의 얼룩무늬가 말의 피를 빠는 말파리를 피하는 방향으로 진행된 진화의 결과라는 가설을 제시했다. 따라서 전제가 되는 말 모형에 대한 실험결과가 실제 말에 대한 반응과 다르다면 가설은 약화될 것이다.

오답분석

ㄴ. A의 가설을 도출하기 위해 시행된 실험에서 대부분의 말파리가 검은색 또는 갈색 모형에 붙어 있었는데, 말파리가 실제 흡혈한 피의 결과도 이와 유사한 결과를 보였다면 이러한 연구결과는 A의 가설을 강화한다고 볼 수 있다.
ㄷ. A의 가설은 말파리와의 관계를 통해 얼룩무늬의 생성 원인을 밝히려고 하는 것인데, 이는 사자와 같은 포식자와의 관계와는 무관하므로 ㄷ은 A의 가설을 강화하지도 약화하지도 않는다.

정답 ①

| 문제 1 |

다음 논증에 대한 〈보기〉의 분석을 판단하시오.

팝아트는 대중문화를 찬양한다. 팝아트는 모든 사람이 늘 알고 있는 것을 예술로 변용시킨다. 나아가 팝아트는 순수 미술의 종언을 선언한다. 이것은 전통적 철학의 종언을 선언하는 분석철학과 유사하다. 분석철학이 플라톤에서부터 시작해 하이데거에 이르는 철학 전체와 맞섰다면, 팝아트는 일상 생활의 편에서 지금까지의 미술 전체에 맞선다.
그런데 순수 미술의 종언 이후에 예술은 어떠한 양상으로 전개되는가? 더 이상 미술이나 예술은 없는 것인가? 아니다. 어떤 목표를 추구했던 순수 미술의 역사가 종언을 고한 이후에 더 이상 일상에서 분리된 순수함이 강요될 필요는 없다. 이제 모든 것이 가능하며, 그 어떠한 것이라도 예술이 될 수 있다. 따라서 이러한 종언 이후의 예술작품은 더 이상 어떤 예술적 본질을 구현하는 것이 아니다. 가령 무엇을 모방 혹은 표현하는 본질적 기능을 수행하거나 미적 형식을 구현하기 때문에 어떤 것이 예술작품이 되는 것은 아니다. 더 이상 모든 예술작품에 공통적인 단 하나의 순수한 본질, 즉 가시적(可視的)인 어떤 본질은 요구되지 않는다. 그렇다면 예술작품에 고유한 미적 가치가 사라진 오늘날 예술작품의 기준이 무엇인가? 평범한 소변기를 『샘』이라는 제목으로 전시한 뒤샹의 예술작품은 외관상 실재 소변기와 식별이 불가능하다. 그럼에도 뒤샹의 소변기는 예술작품이 된다. 분명히 뒤샹의 작품은 소변기가 갖고 있는 성질과 다른 무엇을 갖고 있어야 한다. 그것은 순수 미술이 추구했던 미적인 본질이 아니다. 그것은 오히려 뒤샹이 소변기에 부여하는 어떤 의미이다. 뒤샹의 소변기는 더 이상 소변기가 아니라 대담함, 뻔뻔함, 불경스러움, 재치 등을 담고 있는 의미 대상이다. 뒤샹의 소변기는 비가시적(非可視的) 의미 대상이기 때문에 일상적 대상이 아니라 예술작품이 되는 것이다. 따라서 미적 본질이 없기 때문에 그 어떤 일상 사물도 예술작품이 될 수 있고, 그럼에도 예술작품과 일상 사물이 구분된다는 것은 부정되지 않는다.

보기

ㄱ. 예술작품에 고유한 미적 본질이 없다는 것은 글의 논지를 약화시킨다. (O, ×)
ㄴ. 분석철학과 팝아트가 서로 다른 영역이라는 것은 글의 논지를 약화시킨다. (O, ×)
ㄷ. 순수 미술 대상과 일상적 대상이 명백하게 다르다는 것은 글의 논지를 약화시킨다. (O, ×)

정답 해설

ㄱ. 뒤샹의 소변기의 예를 들면서 이에는 미적 본질이 없음에도 예술작품이 된다고 하였으므로 ㄱ은 논지를 강화한다.
ㄴ. 분석철학과 팝아트는 예시로 든 것뿐이며, 전체 논증에 어떠한 영향을 미치는 것은 아니므로 논지를 강화시키지도 약화시키지도 않는다.
ㄷ. 제시문에서는 어떤 일상 사물도 예술작품이 될 수 있다고 하였지만 ㄷ에서는 예술작품과 일상 사물이 명백하게 다르다고 하였으므로 이는 글의 논지를 약화시킨다고 볼 수 있다.

정답 ㄱ. ×
ㄴ. ×
ㄷ. O

| 문제 2 |

다음 글의 논지를 약화하는 내용으로 적절하지 않은 것은?

> 지구 곳곳에서 심각한 기후 변화가 나타나고 있고 그 원인이 인간의 활동에 있다는 주장은 일견 과학적인 것처럼 들리지만 따지고 보면 진실과는 거리가 먼, 다분히 정치적인 프로파간다에 불과하다. "자동차는 세워두고, 지하철과 천연가스 버스 같은 대중교통을 이용합시다."와 같은 기후 변화와 사실상 무관한 슬로건에 상당수의 시민이 귀를 기울이도록 만든 것은 환경주의자들의 성과였지만, 그 성과는 사회 전체의 차원에서 볼 때 가슴 아파해야 할 낭비의 이면에 불과하다.
> 희망컨대 이제는 진실을 직시하고, 현명해져야 한다. 기후 변화가 일어나는 이유는 인간이 발생시키는 온실가스 때문이 아니라 태양의 활동 때문이라고 보는 것이 합리적이다. 태양 표면의 폭발이나 흑점의 변화는 지구의 기후 변화에 막대한 영향을 미친다. 결과적으로 태양의 활동이 활발해지면 지구의 기온이 올라가고, 태양의 활동이 상대적으로 약해지면 기온이 내려간다. 환경주의자들이 말하는 온난화의 주범은 사실 자동차가 배출하는 가스를 비롯한 온실가스가 아니라 태양이다. 태양 활동의 거시적 주기에 따라 지구 대기의 온도는 올라가다가 다시 낮아지게 될 것이다.
> 대기화학자 브림블컴은 런던의 대기오염 상황을 16세기 말까지 추적해 올라가서 20세기까지 거시적 변화의 추이를 연구했는데, 그 결과 매연의 양과 아황산가스 농도가 모두 19세기 말까지 빠르게 증가했다가 그 이후 아주 빠르게 감소하여 1990년대에는 16세기 말보다도 낮은 수준에 도달했음이 밝혀졌다. 반면에 브림블컴이 연구 대상으로 삼은 수백 년의 기간 동안 지구의 평균 기온은 지속적으로 상승해 왔다. 두 변수의 이런 독립적인 행태는 인간이 기후에 미치는 영향이 거의 없다는 것을 보여준다.

① 인간이 출현하기 이전인 고생대 석탄기에 북유럽의 빙하지대에 고사리와 같은 난대성 식물이 폭넓게 서식하였다.

② 태양 활동의 변화와 기후 변화의 양상 간의 상관관계를 조사해 보니 양자의 주기가 일치하지 않았다.

③ 태양 표면의 폭발이 많아지는 시기에 지구의 평균 기온은 오히려 내려간 사례가 많았다.

④ 최근 20년간 세계 여러 나라가 연대하여 대기오염을 줄이는 적극적인 노력을 기울인 결과 지구의 평균 기온 상승률이 완화되었다.

⑤ 최근 300년간 태양의 활동에 따른 기후 변화의 몫보다는 인간의 활동에 의해 좌우되는 기후 변화의 몫이 더 크다는 증거가 있다.

정답 해설

인간이 출현하기 이전인 고생대 석탄기에 빙하지대에 고사리와 같은 난대성 식물이 서식하였다는 사실은 기후 변화가 인간의 활동 때문이 아니라 태양의 활동 때문이라는 것을 나타내는 내용이므로 논지를 약화하지 않는다.

오답분석

②·③ 태양 활동 주기와 기후 변화의 양상이 일치하지 않거나 태양 표면의 폭발이 많아지는 시기에 지구의 평균 기온이 오히려 내려갔다면 태양의 활동으로 인해 기후 변화가 일어났다는 제시문의 논지를 약화시킨다.

④ 세계 여러 나라가 연대하여 대기오염을 줄이는 노력을 한 결과 지구의 평균 기온 상승률이 완화되었다면 이는 역으로 인간의 활동이 기후 변화의 원인이라는 것을 나타내는 내용이므로 제시문의 논지를 약화시킨다.

⑤ 인간의 활동이 태양의 활동보다 더 큰 영향을 미친다는 것이므로 제시문의 논지를 약화시킨다.

정답 ①

TOPIC

33 사례의 연결

01 유형의 이해

강화·약화 유형이 한 단계 업그레이드 된 것이 바로 '사례 연결형 문제'이다. 이는 주로 과학 실험형 제시문과 결합되어 출제되는 편이며, 추상적인 진술이 아닌 구체적인 실험 내지는 관찰 결과가 제시된 논증에 어떠한 영향을 미치는지를 판단하게끔 하고 있다.

02 접근법

이 유형에서 가장 중요한 것은 실험 내지는 관찰 결과의 '독립변수'가 무엇인지를 찾는 것이다. 즉, 이 독립변수의 조작 여부를 다루는 선택지를 최우선으로 판단하도록 하자. 독립변수가 아닌 제3의 변수가 조작된 선택지는 곧바로 배제해도 무방하다.

대표예제

다음 밑줄 친 부분을 설명하기 위한 예로 가장 적절한 것은?

> "이산화탄소가 물에 녹는 현상은 물리 변화인가, 화학 변화인가?", "진한 황산을 물에 희석하여 묽은 황산을 만드는 과정은 물리 변화인가, 화학 변화인가?" 이러한 질문을 받으면 대다수의 사람은 물리 변화라고 답하겠지만, 안타깝게도 정답은 화학 변화이다. 우리는 흔히 물리 변화는 '물질의 성질은 변하지 않고, 그 상태나 모양만이 변하는 현상'으로, 화학 변화는 '어떤 물질이 원래의 성질과는 전혀 다른 새로운 물질로 변하는 현상'으로 알고 있다. 하지만 정작 '물질의 성질'이 무엇을 의미하는지에 대해서는 정확하게 알고 있지 못하다.

① 진흙에 물이 섞여 진흙탕이 되었다.
② 색종이를 접어 종이비행기를 만들었다.
③ 찬물과 더운물이 섞여 미지근하게 되었다.
④ 포도를 병에 넣어 두었더니 포도주가 되었다.
⑤ 흰색과 검은색 물감을 섞어 회색 물감을 만들었다.

정답 해설

화학 변화는 어떤 물질이 원래의 성질과는 전혀 다른 새로운 물질로 변화하는 현상으로, ④의 예가 가장 적절하다.

정답 ④

PART 4

| 문제 1 |

다음 글의 밑줄 친 ㉠의 사례로 보기 어려운 것은?

디지털 이미지는 사용자가 가장 손쉽게 정보를 전달할 수 있는 멀티미디어 객체이다. 일반적으로 디지털 이미지는 화소에 의해 정보가 표현되는데, M×N개의 화소로 이루어져 있다. 여기서 M과 N은 가로와 세로의 화소 수를 의미하며, M과 N을 곱한 값을 해상도라 한다.
무선 네트워크와 모바일 기기의 사용이 보편화되면서 다양한 스마트 기기의 보급이 진행되고 있다. 스마트 기기는 그 사용 목적이나 제조 방식, 가격 등의 요인에 의해 각각의 화면 표시 장치들이 서로 다른 해상도와 화면 비율을 가진다. 이에 대응하여 동일한 이미지를 다양한 화면 표시 장치 환경에 맞출 필요성이 발생했다. 하나의 멀티미디어 객체를 텔레비전용, 영화용, 모바일 기기용 등 표준적인 화면 표시 장치에 맞추어 각기 독립적인 이미지 소스로 따로 제공하는 것이 아니라, 하나의 이미지 소스를 다양한 화면 표시 장치에 맞도록 적절히 변환하는 기술을 요구하고 있다.
이러한 변환 기술을 '이미지 리타깃팅'이라고 한다. 이는 A×B의 이미지를 C×D 화면에 맞추기 위해 해상도와 화면 비율을 조절하거나 이미지의 일부를 잘라 내는 방법 등으로 이미지를 수정하는 것이다. 이러한 수정에서 입력 이미지에 있는 콘텐츠 중 주요 콘텐츠는 그대로 유지되어야 한다. 즉, 리타깃팅 처리 후에도 원래 이미지의 중요한 부분을 그대로 유지하면서 동시에 왜곡을 최소화하는 형태로 주어진 화면에 맞게 이미지를 변형하여야 한다. 이러한 조건을 만족하기 위해 ㉠ <u>다양한 접근</u>이 일어나고 있는데, 이미지의 주요한 콘텐츠 및 구조를 분석하는 방법과 분석된 주요 사항을 바탕으로 어떤 식으로 이미지 해상도를 조절하느냐가 주요 연구 방향이다.

① 광고 사진에서 화면 전반에 걸쳐 흩어져 있는 콘텐츠를 무작위로 추출하여 화면을 재구성하는 방법
② 풍경 사진에서 전체 풍경에 대한 구도를 추출하고 구도가 그대로 유지될 수 있도록 해상도를 조절하는 방법
③ 인물 사진에서 얼굴 추출 기법을 사용하여 인물의 주요 부분을 왜곡하지 않고 필요 없는 부분을 잘라 내는 방법
④ 정물 사진에서 대상물의 영역은 그대로 두고 배경 영역에 대해서는 왜곡을 최소로 하며 이미지를 축소하는 방법
⑤ 상품 사진에서 상품을 충분히 인지할 수 있을 정도의 범위 내에서 가로와 세로의 비율을 화면에 맞게 조절하는 방법

정답 해설

제시문에서 언급한 '다양한 접근'이란 표시되는 장치에 맞추어 해상도, 크기 등을 조절하거나 주요 콘텐츠를 제외한 나머지 소스를 잘라내는 방법 등을 의미한다. 하지만 ①은 기존의 콘텐츠를 재구성하는 것이므로 표시되는 장치에 타깃을 맞춘 것이라고 보기는 어렵다.

정답 ①

| 문제 2 |

다음 연구결과에 대한 평가로 적절한 것을 〈보기〉에서 모두 고르면?

콩 속에는 식물성 단백질과 불포화 지방산 등 건강에 이로운 물질들이 풍부하다. 약콩, 서리태 등으로 불리는 검은 콩 껍질에는 황색 콩 껍질에서 발견되지 않는 특수한 항암 물질이 들어 있다. 검은 콩은 항암 효과는 물론 항산화 작용 및 신장 기능과 시력 강화에도 좋은 것으로 알려져 있다. A～C팀은 콩의 효능을 다음과 같이 연구했다.

〈연구결과〉

- A팀 : 콩 속 제니스틴의 성인병 예방 효능을 실험을 통해 세계 최초로 입증했다. 또한, 제니스틴은 발암물질에 노출된 비정상 세포가 악성 종양 세포로 진행되지 않도록 억제하는 효능을 갖고 있다는 사실을 흰쥐 실험을 통해 밝혔다. 암이 발생하는 과정은 세포 내의 유전자가 손상되는 개시 단계와 손상된 세포의 분열이 빨라지는 촉진 단계로 나뉘는데 제니스틴은 촉진 단계의 억제효과가 있다.
- B팀 : 200명의 여성을 조사해 본 결과, 매일 흰 콩 식품을 섭취한 사람은 한 달에 세 번 이하로 섭취한 사람에 비해 폐암에 걸릴 위험이 절반으로 줄었다.
- C팀 : 식이요법으로 원형탈모증을 완치할 수 있을 것으로 보고 원형탈모증을 가지고 있는 쥐에게 콩기름에서 추출된 화합물을 투여해 효과를 관찰하는 실험을 했다. 실험 결과 콩기름에서 추출된 화합물을 각각 0.1ml, 0.5ml, 2.0ml씩 투여한 쥐의 원형탈모증 완치율은 각각 18%, 39%, 86%를 기록했다.

보기

ㄱ. A팀의 연구결과는 콩이 암의 발생을 억제하는 효과가 있다는 것을 뒷받침한다.
ㄴ. C팀의 연구결과는 콩기름 함유가 높은 음식을 섭취할수록 원형탈모증 발생률이 높게 나타난다는 것을 뒷받침한다.
ㄷ. 세 팀의 연구결과는 검은 콩이 성인병, 폐암의 예방과 원형탈모증 치료에 효과가 있다는 것을 뒷받침한다.

① ㄱ
② ㄴ
③ ㄱ, ㄷ
④ ㄴ, ㄷ
⑤ ㄱ, ㄴ, ㄷ

정답 해설

암이 발생하는 과정은 개시 단계와 촉진 단계로 나뉘는데, A팀의 연구결과는 콩 속에 들어 있는 제니스틴이 촉진 단계의 억제 효과가 있는 것을 보여주고 있으므로 적절한 내용이다.

오답분석

ㄴ. C팀의 실험은 콩기름에서 추출된 화합물이 원형탈모증을 완치하는 데에 도움을 준다는 것을 뒷받침하고 있는 것이며, 원형탈모증이 발생하는 데 영향을 준다는 것을 보여주는 것이 아니다.
ㄷ. B팀의 실험은 흰 콩의 효과를 다룬 것이고, A팀과 C팀의 실험은 검은 콩에 특정된 것이 아닌 콩의 효능을 다룬 것이다.

정답 ①

TOPIC

34 논증의 분석

01 유형의 이해

일반적인 논설문의 형태를 띠고 있으나 그 세부적인 문장들이 논리적인 관계를 가지는 유형으로, 의사소통 능력 전체를 통틀어 가장 어려운 난이도의 유형이다. 가장 기본적인 형태로는 제시문의 여러 문장들에 밑줄이 그어져 있고 이 문장들 간의 관계를 묻는 것이 있다.

02 접근법

(1) 꼬리에 꼬리를 무는 논증(A → B, B → C ∴ A → C)

가장 기본적인 형태로, 키워드(B)만 잘 잡고 이를 연결하면 아무리 복잡한 논증구조를 가지고 있더라도 쉽게 정답을 찾아낼 수 있다. 이 유형에서 가장 중요한 것은 키워드를 잡는 것이다. 난이도가 낮은 제시문이라면 키워드들이 모두 동일한 단어로 주어지겠지만, 이는 얼마든지 같은 의미를 지니는 단어 내지는 어구로 변환하여 출제될 수 있다. 이럴 때에는 주어진 단어들을 그대로 사용하지 말고 이를 포괄하는 간단한 단어 하나로 통일한 후 과감하게 단순화시키는 것이 중요하다. 비슷한 의미이긴 한데, 조금은 다르다고 생각하여 각각을 별개의 논증으로 놓으면 그 어느 명제도 연결되지 않는 상황이 생기고 만다.

(2) A와 B가 모두 참이면 C는 반드시 참 or 동시에 참

위의 기본형을 조금 응용한 것으로, 제시문의 부분만을 활용하여 논증의 타당성을 묻는 것이다. 이 유형은 난이도가 매우 높은 관계로 실전에서는 선택지에서 언급된 밑줄 친 문장들을 따라가기 급급한 것이 현실이다. 그런데 실상을 따져보면 의외로 간단한 로직을 가지고 있다. 즉, 선택지에서 C로 언급된 것들은 그냥 아무 의미 없이 선정된 것이 아니라 '소주제'급의 문장들이라는 것이다. 따라서 이 유형은 전체 주제와 어긋나는 문장을 찾고 이것이 개입된 선택지를 배제하는 것과 같다고 봐도 무방하다.

대표예제

다음 논증에 대한 분석으로 적절한 것을 〈보기〉에서 모두 고르면?

합리적 판단과 윤리적 판단의 관계는 무엇일까? 나는 합리적 판단만이 윤리적 판단이라고 생각한다. 즉, 어떤 판단이 합리적인 것이 아닐 경우 그 판단은 윤리적인 것도 아니라는 것이다. 그 이유는 다음과 같다. 일단 ㉠ 보편적으로 수용될 수 있는 판단만이 윤리적 판단이다. 즉, 개인이나 사회의 특성에 따라 수용 여부에서 차이가 나는 판단은 윤리적 판단이 아니라는 것이다. 그리고 ㉡ 모든 이성적 판단은 보편적으로 수용될 수 있는 판단이다. 예를 들어, "모든 사람은 죽는다."와 "소크라테스는 사람이다."라는 전제로부터 "소크라테스는 죽는다."라는 결론으로 나아가는 이성적인 판단은 보편적으로 수용될 수 있는 것이다. 이러한 판단이 나에게는 타당하면서, 너에게 타당하지 않을 수는 없다. 이것은 이성적 판단이 갖는 일반적 특징이다. 따라서 ㉢ 보편적으로 수용될 수 있는 판단만이 합리적 판단이다. ㉣ 모든 합리적 판단은 이성적 판단이라는 것은 부정할 수 없기 때문이다. 결국 우리는 ㉤ 합리적 판단만이 윤리적 판단이라는 결론에 도달할 수 있다.

보기

ㄱ. ㉠은 받아들일 수 없는 것이다. '1+1=2'와 같은 수학적 판단은 보편적으로 수용될 수 있는 것이지만, 수학적 판단이 윤리적 판단은 아니기 때문이다.
ㄴ. ㉡과 ㉣이 참일 경우 ㉢은 반드시 참이 된다.
ㄷ. ㉠과 ㉢이 참이라고 할지라도 ㉤이 반드시 참이 되는 것은 아니다.

① ㄱ
② ㄴ
③ ㄱ, ㄷ
④ ㄴ, ㄷ
⑤ ㄱ, ㄴ, ㄷ

정답 해설

제시문의 밑줄 친 문장들을 조건식으로 정리하면 다음과 같다.
㉠ 윤리적 → 보편적
㉡ 이성적 → 보편적
㉢ 합리적 → 보편적
㉣ 합리적 → 이성적
㉤ 합리적 → 윤리적
ㄴ. ㉡과 ㉣을 정리하면 '합리적 → 이성적 → 보편적'이므로 ㉢은 적절하다.
ㄷ. ㉠과 ㉢이 참이라고 할지라도 ㉤이 반드시 참인지는 알 수 없다.

오답분석

㉠에 따르면 윤리적 판단은 모두 보편적으로 수용될 수 있어야 한다. 그러나 ㄱ의 내용과 같이 모든 보편적 판단이 윤리적 판단이 되는지의 여부는 확인할 수 없다. 따라서 이를 근거로 ㉠을 부정하고 있는 ㄱ은 적절하지 않다.

정답 ④

| 문제 1 |

다음 글에 대한 분석으로 적절하지 않은 것은?

공포영화에 자주 등장하는 좀비는 철학에서도 자주 논의된다. 철학적 논의에서 좀비는 '의식을 갖지는 않지만 겉으로 드러나는 행동에서는 인간과 구별되지 않는 존재'로 정의된다. 이를 '철학적 좀비'라고 하자. ㉠ 인간은 고통을 느끼지만, 철학적 좀비는 고통을 느끼지 못한다. 즉, 고통에 대한 의식을 가질 수 없는 존재라는 것이다. 그러나 ㉡ 철학적 좀비도 압정을 밟으면 인간과 마찬가지로 비명을 지르며 상처 부위를 부여잡을 것이다. 즉, 행동 성향에서는 인간과 차이가 없다. 그렇기 때문에 겉으로 드러나는 모습만으로는 철학적 좀비와 인간을 구별할 수 없다. 그러나 ㉢ 인간과 철학적 좀비는 동일한 존재가 아니다. ㉣ 인간이 철학적 좀비와 동일한 존재라면, 인간도 고통을 느끼지 못하는 존재여야 한다.
물론 철학적 좀비는 상상의 산물이다. 그러나 우리가 철학적 좀비를 모순 없이 상상할 수 있다는 사실은 마음에 관한 이론인 행동주의에 문제가 있다는 점을 보여준다. 행동주의는 마음을 행동 성향과 동일시하는 입장이다. 이에 따르면, ㉤ 마음은 특정 자극에 따라 이러저러한 행동을 하려는 성향이다. ㉥ 행동주의가 옳다면, 인간이 철학적 좀비와 동일한 존재라는 점을 인정할 수밖에 없다. 그러나 인간과 달리 철학적 좀비는 마음이 없어서 어떤 의식도 가질 수 없는 존재다. 따라서 ㉦ 행동주의는 옳지 않다.

① ㉠과 ㉡은 동시에 참일 수 있다.
② ㉠과 ㉣이 모두 참이면, ㉢도 반드시 참이다.
③ ㉡과 ㉥이 모두 참이면, ㉤도 반드시 참이다.
④ ㉢과 ㉥이 모두 참이면, ㉦도 반드시 참이다.
⑤ ㉤과 ㉦은 동시에 거짓일 수 없다.

정답 해설

선택지의 논증을 정리하면 다음과 같다.
i) ㉥ 행동주의가 옳다. → 인간은 철학적 좀비와 동일한 존재
ii) ㉡ 철학적 좀비는 인간과 동일한 행동 성향을 보인다. 즉, 행동 성향으로는 인간과 철학적 좀비는 동일한 존재이다.
iii) ㉤ 마음은 자극에 따라 행동하려는 성향이다. 이는 행동주의에 대한 부연설명이므로 행동주의가 옳다는 의미이다.
즉, 선택지의 논증은 'A이면 B이다. B이다. 따라서 A이다.'로 단순화시킬 수 있으며, 이는 후건긍정의 오류이므로 논리적으로 반드시 참이 되지 않는다.

오답분석

① ㉠은 고통을 인식하는지에 대한 논의인 반면 ㉡은 외부로 드러나는 행동에 대한 논의이다. 제시문에서는 의식과 행동을 별개의 개념으로 보고 있으므로 ㉠과 ㉡은 동시에 참이 될 수 있다.
② 선택지의 논증을 정리하면 다음과 같다.
  i) ㉣ 인간은 철학적 좀비와 동일한 존재 → 인간은 고통을 느끼지 못하는 존재
  ii) 인간은 고통을 느끼는 존재 → 인간은 철학적 좀비와 동일한 존재가 아님(∵ ㉣의 대우)
  iii) ㉠ 인간은 고통을 느끼는 존재
  iv) ㉢ 인간과 철학적 좀비는 동일한 존재가 아님
  ㉣과 ㉣의 대우는 논리적으로 동치이므로 ㉣과 ㉠이 참이라면 삼단논법에 의해 ㉢은 반드시 참이 된다.
④ 선택지의 논증을 정리하면 다음과 같다.
  i) ㉥ 행동주의가 옳다. → 인간은 철학적 좀비와 동일한 존재
  ii) 인간은 철학적 좀비와 동일한 존재가 아님 → 행동주의는 옳지 않다(∵ ㉥의 대우).
  iii) ㉢ 인간은 철학적 좀비와 동일한 존재가 아님
  iv) ㉦ 행동주의는 옳지 않다.
  ㉥과 ㉥의 대우는 논리적으로 동치이므로 ㉥과 ㉢이 참이라면 삼단논법에 의해 ㉦은 반드시 참이 된다.
⑤ ㉤은 행동주의에 대한 부연설명이며, ㉤이 거짓이라는 것은 행동주의가 거짓이라는 것과 같은 의미가 된다. 그런데 동시에 ㉦이 거짓이라면 행동주의가 참이라는 의미가 되어 ㉤과 ㉦이 서로 모순되는 결과가 발생한다. 따라서 둘은 동시에 거짓일 수 없다.

정답 ③

| 문제 2 |

다음 논증에 대한 〈보기〉의 분석을 판단하시오.

어떤 수학적 체계가 모든 사람에게 동일한 것이기 위해서 다음 두 조건이 모두 만족되어야 한다는 것은 분명하다. 우선, 이성적 판단 능력을 지닌 주체들이 그 체계에 대한 판단에서 언제나 완전한 합의를 이룰 수 있어야 한다. 이런 조건이 충족된다면, 누구나 자신의 판단과 다른 주체의 판단을 비교함으로써 어느 판단이 사실과 더 잘 부합하는지 확인할 수 있을 것이다. 두 번째 조건은 그 체계를 적용하여 판단을 내릴 때, 그런 판단에 도달하는 과정이 모든 주체에서 동일해야 한다는 것이다. 과정의 동일성은 전제나 결론의 동일성 못지않게 중요하다.
그런데 자연수의 체계는 이러한 두 조건 가운데 어느 것도 만족하지 않는다. 우선 자연수 체계는 우리가 세계를 해석하는 데 적용할 수 있는 하나의 틀이고, 세계를 해석하는 데는 다양한 체계가 동원될 수 있기 때문이다. 또한, 두 번째 조건도 충족되기 어려워 보인다. 예를 들어 자연수의 체계를 적용하여 두 물체의 크기를 비교할 때 어떤 사람은 두 물체를 각각 특정한 자연수에 대응시키는 방식을 취하지만, 어떤 사람은 한 물체의 크기를 100에 대응시킨 후 나머지 물체의 크기에 대응하는 자연수를 찾기 때문이다.

보기

ㄱ. 수학적 체계가 모든 사람에게 동일한 것이기 위한 필요조건을 제시하였다. (○, ×)
ㄴ. 이 논증에 따르면 자연수 체계는 모든 사람에게 동일한 체계라고 볼 수 없다. (○, ×)

정답 해설

ㄱ. 제시문에 따르면 어떤 수학적 체계가 모든 사람에게 동일한 것이기 위해서 제시된 두 가지 조건이 모두 만족되어야 한다는 것이 분명하다고 하였으므로 필요조건을 제시했다고 볼 수 있다. 따라서 적절한 내용이다.
ㄴ. 두 물체의 크기를 비교할 때 어떤 사람은 두 물체를 각각 특정한 자연수에 대응시키는 방식을 취하지만, 어떤 사람은 한 물체의 크기를 100에 대응시킨 후 나머지 물체의 크기에 대응하는 자연수를 찾을 수도 있다. 따라서 자연수 체계는 모든 사람들에게 동일한 체계라고 볼 수 없으므로 적절한 내용이다.

정답 ㄱ. ○
ㄴ. ○

| 문제 3 |

다음 중 갑~병의 논증에 대한 분석으로 적절한 것을 〈보기〉에서 모두 고르면?

갑 : 절대적으로 확실한 지식은 존재하지 않는다. 왜냐하면 그런 지식으로 인도해 줄 방법은 없기 때문이다. 첫째, 사람의 감각은 믿을 수가 없으며, 실제 외부세계의 본질에 대해서 아무것도 말해 주지 않는다. 둘째, 확실한 것으로 받아들여지는 논리적 방법도 주어진 사실에 바탕을 두고 그것을 전제로 해서 새로운 사실을 결론짓는 것이므로, 결국 불확실한 것에 바탕을 두었을 따름이다.

을 : 정상적인 감각기관을 통하여 얻어낸 감각 경험은 믿을 만하고, 우리는 이 감각 경험에 기초한 판단이 참인지 아닌지를 가릴 수 있다. 그러므로 감각 경험을 통해서 우리는 절대적으로 확실한 지식을 얻게 된다.

병 : 나는 인간의 경험에 의존한 방법이나 이성적 추론을 통한 방법은 의심이 가능하며 믿을 수 없다고 생각했었다. 하지만 이런 의심을 거듭한 결과 나는 놀라운 결론에 이르렀다. 그것은 모든 것을 의심한다고 하더라도 의심할 수 없는 것이 있다는 사실이다. 그것은 바로 의심하는 내가 있다는 것이다. 결국 나는 거듭 의심하는 방법을 사용하여 절대적으로 확실한 지식을 발견하였다.

보기

ㄱ. 갑의 결론은 을의 결론과 양립 불가능하다.
ㄴ. 갑의 결론은 병의 결론과 양립 불가능하다.
ㄷ. 을과 병은 모두 절대적으로 확실한 지식이 있다고 주장한다.

① ㄱ
② ㄴ
③ ㄱ, ㄷ
④ ㄴ, ㄷ
⑤ ㄱ, ㄴ, ㄷ

정답 해설

ㄱ. 갑은 절대적으로 확실한 지식이 존재하지 않는다고 주장하는 반면 을은 감각 경험을 통해서 절대적으로 확실한 지식을 얻을 수 있다고 하였으므로 양립 불가능하다.
ㄴ. 갑은 절대적으로 확실한 지식이 존재하지 않는다고 주장하는 반면 병은 의심하는 내가 있다는 것을 통해 절대적으로 확실한 지식을 발견하였다고 하였으므로 양립 불가능하다.
ㄷ. 을은 감각 경험을 통해 절대적으로 확실한 지식을 얻게 된다고 하였고, 병은 의심하는 내가 있다는 것에 근거하여 거듭 의심하는 방법을 사용하여 절대적으로 확실한 지식을 발견하였다고 하였다. 따라서 을과 병은 모두 절대적으로 확실한 지식이 있다고 주장하고 있다.

정답 ⑤

PART 4

TOPIC

35 추가해야 할 전제

01 유형의 이해

앞서 살펴본 '논증의 분석' 유형이 진화한 형태가 '추가로 필요한 전제'를 찾는 유형이다. 원칙적으로 이 유형은 전체적인 논증의 흐름을 꿰뚫고 있어야 풀이가 가능하지만 객관식이라는 특성을 잘 활용하면 의외로 쉽게 풀이가 가능하다.

02 접근법

추가해야 할 전제 찾기 유형의 문제는 아무리 복잡하게 주어지더라도 주어진 논증을 정리해 보면 어느 단계에서 아무런 근거 없이 논리전개가 '점프'하는 부분이 나오게 된다. 바로 그 부분을 공략한 선택지를 찾으면 되는 것이다. 이 과정에서 주의할 점은 반드시 선택지를 활용해야 한다는 것이다. 일부 수험생의 경우 이러한 문제를 풀 때 백지상태, 즉 선택지를 참고하지 않고 생략된 전제를 찾으려고 하는 경향이 있는데 매우 바람직하지 못하다. 어찌되었든 제시문에서 언급된 결론을 끌어내야 하는 만큼 선택지를 통해 이 전제를 끌어낼 수 있게 만들면 그만이다. 숨겨진 전제 찾기는 시작도 끝도 선택지이다.

대표예제

다음 밑줄 친 결론을 이끌어 내기 위해 추가해야 할 전제는?

만약 국제적으로 테러가 증가한다면, A국의 국방비 지출은 늘어날 것이다. 그런데 A국 앞에 놓인 선택은 국방비 지출을 늘리지 않거나 증세 정책을 실행하는 것이다. 그러나 A국이 증세 정책을 실행한다면, 세계 경제는 반드시 침체한다. 그러므로 <u>세계 경제는 결국 침체하고 말 것이다</u>.

① 국제적으로 테러가 증가한다.
② A국이 감세 정책을 실행한다.
③ A국의 국방비 지출이 늘어나지 않는다.
④ 만약 A국이 증세 정책을 실행한다면, A국의 국방비 지출은 늘어날 것이다.
⑤ 만약 A국의 국방비 지출이 늘어난다면, 국제적으로 테러는 증가하지 않을 것이다.

정답 해설

주어진 논증을 정리하면 다음과 같다.
i) 테러 증가 → 국방비 증가 O
ii) 국방비 증가 × ∨ 증세
iii) 증세 → 침체
∴ 침체
이와 같은 결론을 얻기 위해서 논증을 역으로 분석해 보면, 세계 경제가 침체한다는 결론이 나오기 위해서는 A국이 증세 정책을 실행한다는 조건이 필요하다. 그런데 두 번째 조건에서 증세 정책의 실행을 필연적으로 이끌어 내기 위해서는 국방비 지출이 늘어나야 함을 알 수 있다. 그리고 첫 번째 조건에서 국방비 지출 증가를 위해서는 국제적으로 테러가 증가한다는 전제가 주어져야 함을 확인할 수 있다.

정답 ①

| 문제 1 |

다음 글에서 밑줄 친 결론을 이끌어 내기 위해 추가해야 할 전제를 〈보기〉에서 모두 고르면?

이미지란 우리가 세계에 대해서 시각을 통해 얻는 표상을 가리킨다. 상형문자나 그림문자를 통해서 얻은 표상도 여기에 포함된다. 이미지는 세계의 실제 모습을 아주 많이 닮았으며, 그러한 모습을 우리 뇌 속에 복제한 결과이다. 그런데 우리의 뇌는 시각적 신호를 받아들일 때 시야에 들어온 세계를 한꺼번에 하나의 전체로 받아들이게 된다. 즉, 대다수의 이미지는 한꺼번에 지각된다. 예를 들어 우리는 새의 전체 모습을 한꺼번에 지각하지 머리, 날개, 꼬리 등을 개별적으로 지각한 후 이를 머릿속에서 조합하는 것이 아니다.
표음문자로 이루어진 글을 읽는 것은 이와는 다른 과정이다. 표음문자로 구성된 문장에 대한 이해는 그 문장의 개별적인 문법적 구성요소들로 이루어진 특정한 수평적 연속에 의존한다. 문장을 구성하는 개별 단어들, 혹은 각 단어를 구성하는 개별 문자들이 하나로 결합되어 비로소 의미 전체가 이해되는 것이다. 비록 이 과정이 너무도 신속하고 무의식적으로 이루어지기는 하지만 말이다. 알파벳을 구성하는 기호들은 개별적으로는 아무런 의미도 가지지 않으며 어떠한 이미지도 나타내지 않는다. 일련의 단어군은 한꺼번에 파악될 수도 있겠지만, 표음문자의 경우 대부분 언어의 개별 구성 요소들이 하나의 전체로 결합되는 과정을 통해 이해된다.
남성적인 사고는 사고 대상 전체를 구성요소의 부분으로 분해한 후 그들 각각을 개별화시키고 이를 다시 재조합하는 과정으로 진행된다. 그에 비해 여성적인 사고는 분해되지 않은 전체 이미지를 통해서 의미를 이해하는 특징을 지닌다. 그림문자로 구성된 글의 이해는 여성적인 사고 과정을, 표음문자로 구성된 글의 이해는 남성적인 사고 과정을 거친다. 여성은 대체로 여성적 사고를, 남성은 대체로 남성적 사고를 한다는 점을 고려할 때 표음문자 체계의 보편화는 여성의 사회적 권력을 약화시키는 결과를 낳게 된다.

보기

ㄱ. 그림문자를 쓰는 사회에서는 남성의 사회적 권력이 여성보다 우월하였다.
ㄴ. 표음문자 체계는 기능적으로 분화된 복잡한 의사소통을 가능하도록 하였다.
ㄷ. 글을 읽고 이해하는 능력은 사회적 권력에 영향을 미친다.

① ㄱ
② ㄴ
③ ㄷ
④ ㄱ, ㄴ
⑤ ㄴ, ㄷ

정답 해설

제시문은 어떠한 사고 과정을 가지느냐가 사회적 권력에 영향을 준다는 내용의 글이다. 따라서 이 사고 과정이라는 것이 결국은 문자체계의 이해방식과 연결되는 만큼 글을 읽고 이해하는 능력이 사회적 권력에 영향을 미친다는 전제가 추가되어야 자연스럽다.

오답분석

ㄱ. 제시문에서는 그림문자와 표음문자가 서로 상반된 특성을 가진다고 볼 수 있으므로, 그림문자를 쓰는 사회에서 남성의 사회적 권력이 여성보다 우월하였다면 반대로 표음문자 체계가 보편화될 경우에는 여성의 사회적 권력이 남성보다 우월하다는 결론을 추론할 수 있다. 그런데 제시문의 결론은 이와 반대로 여성의 권력이 약화되는 결과를 초래한다고 하였으므로 추가해야 할 전제로 적절하지 않다.
ㄴ. 제시문에 따르면 그림문자와 표음문자를 해석하는 방식의 차이가 성별에 따른 사고 과정의 차이를 가져오고 그것이 사회적 권력에까지 영향을 준다. 하지만 사고 과정의 차이가 있다고 해서 그것이 의사소통에 영향을 준다고 판단하는 것은 적절하지 않다.

정답 ③

| 문제 2 |

다음 밑줄 친 결론을 이끌어 내기 위해 추가해야 할 전제는?

> A국은 현실적으로 실행 가능한 대안만을 채택하는 합리적인 국가이다. A국의 외교는 B원칙의 실현을 목표로 하고 있으며, 앞으로도 이 목표는 변하지 않는다. 그러나 문제는 B원칙을 실현하는 방안이다. B원칙을 실현하기 위해서는 적어도 하나의 전략이 실행되어야 한다. 최근 외교전문가들 간에 뜨거운 토론의 대상이 되었던 C전략은 B원칙을 실현하기에 충분한 방안으로 평가된다. 그러나 C전략의 실행을 위해서는 과다한 비용이 소요되기 때문에, A국이 C전략을 실행하는 것은 현실적으로 불가능하다. 한편, 일부 전문가가 제시했던 D전략은 그 자체로는 B원칙을 실현하기에 충분하지 않다. 하지만 금년부터 A국 외교정책의 기조로서 일관성 있게 실행될 E정책과 더불어 D전략이 실행될 경우, B원칙은 실현될 것이다. 뿐만 아니라 E정책하에서 D전략의 실행 가능성도 충분하다. 그러므로 A국의 외교정책에서 D전략이 채택될 것은 확실하다.

① D전략은 C전략과 목표가 같다.
② A국의 외교정책상 C전략은 B원칙에 부합한다.
③ C전략과 D전략 이외에 B원칙을 실현할 다른 전략은 없다.
④ B원칙의 실현을 위해 C전략과 D전략은 함께 실행될 수 없다.
⑤ B원칙의 실현을 위해 C전략과 E정책은 함께 실행될 수 없다.

PART 4

정답 해설

제시문의 논증을 기호화하면 다음과 같이 정리할 수 있다.
i) C ×
ii) (E ∧ D) ○ → B ○
iii) E ○
∴ D ○
이와 같은 논증이 성립하기 위해서는 반드시 D가 성립할 수밖에 없는 추가적인 조건이 있어야 하는데 이를 만족하는 전제는 ③뿐이다. C전략과 D전략밖에 방법이 없는 상황에서 이미 C전략이 실행 불가능하다고 하였기 때문이다.

정답 ③

배우기만 하고 생각하지 않으면 얻는 것이 없고,
생각만 하고 배우지 않으면 위태롭다.

– 공자 –

PART 5

모듈형

TOPIC

36 의사소통능력의 의의

01 의사소통능력의 의의

(1) 의사소통이란?

둘 또는 그 이상의 사람들 사이에서 일어나는 의사의 전달과 상호교류를 의미하며, 어떤 개인 또는 집단이 개인 또는 집단에 대해서 정보, 감정, 사상, 의견 등을 전달하고 그것들을 받아들이는 과정을 말한다.

(2) 성공적인 의사소통의 조건

내가 가진 정보를 상대방이 이해하기 쉽게 표현

+

상대방이 어떻게 받아들일 것인가에 대한 고려

||

일방적인 말하기가 아닌 의사소통의 정확한 목적을 알고, 의견을 나누는 자세

02 의사소통능력의 종류

(1) 문서적인 의사소통능력

문서이해능력	문서로 작성된 글이나 그림을 읽고 내용을 이해하고, 요점을 판단하는 능력
문서작성능력	목적과 상황에 적합하도록 정보를 전달할 수 있는 문서를 작성하는 능력

(2) 언어적인 의사소통능력

경청능력	상대방의 이야기를 듣고, 의미를 파악하며, 적절히 반응하는 능력
의사표현능력	자신의 의사를 목적과 상황에 맞게 설득력을 가지고 표현하는 능력

(3) 특징

구분	문서적인 의사소통능력	언어적인 의사소통능력
장점	권위감, 정확성, 전달성, 보존성이 높음	유동성이 높음
단점	의미를 곡해함	정확성이 낮음

(4) 기초외국어능력

외국어로 된 간단한 자료를 이해하거나, 외국인과의 전화 응대와 간단한 대화 등 외국인의 의사표현을 이해하고, 자신의 의사를 기초외국어로 표현할 수 있는 능력을 말한다.

대표예제

다음 〈보기〉 중 직업생활에서의 의사소통에 대한 설명으로 적절한 것을 모두 고르면?

보기

ㄱ. 의사소통이란 어떤 개인 혹은 집단이 다른 개인 혹은 집단에 대해서 정보, 감정, 사상, 의견 등을 전달하고 그것을 받아들이는 과정을 의미한다.
ㄴ. 직업생활에서의 의사소통이란 비공식조직 안에서의 의사소통을 의미한다.
ㄷ. 의사소통은 조직 내 공통 목표 달성에 간접적으로 기여한다.
ㄹ. 조직 구성원들은 각자의 경험과 지위를 바탕으로 동일한 내용을 다양하게 이해하고 이에 반응한다.

① ㄱ, ㄴ
② ㄱ, ㄹ
③ ㄴ, ㄷ
④ ㄴ, ㄹ
⑤ ㄷ, ㄹ

정답 해설

ㄱ. 의사소통은 어떤 개인 혹은 집단이 다른 개인 혹은 집단에 대해서 정보, 감정, 사상, 의견 등을 전달하고 그것을 받아들이는 과정이다.
ㄹ. 조직 구성원 개개인의 사회적 경험과 지위가 상이한 만큼 이를 바탕으로 동일한 내용이라도 다양하게 이해하고 반응한다.

오답분석

ㄴ. 직업생활에서의 의사소통이란 공식조직 내부에서 이루어지는 의사소통을 의미한다. 물론 조직 내부에서의 공식적 대화뿐 아니라 비공식적 의사소통도 포함되지만 이는 모두 공식조직 내부에서 이루어지는 의사소통에 포함된다.
ㄷ. 의사소통은 개인 간 정보 교환 등을 통해 조직의 효율성, 효과성을 제고시켜 조직 내 공통 목표에 대한 성과를 직접적으로 결정하는 핵심요소이다.

 ②

| 문제 1 |

다음 중 직업생활에서의 성공적 의사소통을 위한 요소에 대한 설명으로 적절하지 않은 것은?

① 비언어적 수단을 효과적으로 활용하여 정확한 의사소통을 위해 노력하여야 한다.

② 의사소통은 효율적인 조직목표 달성을 지원하는 방향으로 이루어져야 한다.

③ 정보발신자의 명확한 표현 방식뿐만 아니라 정보수용자가 이를 어떻게 이해할 것인가에 대하여 고려하여야 한다.

④ 조직 내부 결정사항에 대한 안내는 정확하고 일방적인 정보 전달이라는 목적에 적합하게 전달되어야 한다.

⑤ 메시지는 상호작용에 따라 다양하게 변형될 수 있는 유동적인 요소임을 인지하여야 한다.

정답 해설

조직 내부에서의 결정사항이라 하더라도 의사소통 과정에서 조직원들의 반응에 대한 피드백이 있어야 한다. 따라서 일방적인 정보 전달에 집중하는 것은 바람직하지 못하다.

정답 ④

| 문제 2 |

다음 중 의사소통의 종류에 대한 설명으로 적절하지 않은 것은?

① 문서적 의사소통능력은 문서이해능력과 문서작성능력으로 구분된다.
② 문서이해능력은 의사표현능력에 비해 권위감 있고, 정확성이 높다.
③ 언어적 의사소통능력은 경청능력과 의사표현능력으로 구분된다.
④ 문서작성능력은 직업인으로서 업무에 관련된 문서를 통해 구체적 정보를 획득 및 수집하고 종합하기 위한 능력이다.
⑤ 언어적 의사소통능력은 문서적 의사소통능력에 비해 전달성이 높고 보존성이 높다.

정답 해설

문서적 의사소통능력인 문서작성능력과 문서이해능력은 언어적 의사소통능력인 경청능력과 의사표현능력에 비해 권위감이 있고, 정확성이 높으며, 전달성이 높고, 보존성이 크다.

정답 ⑤

TOPIC

37 의사소통전략

01 의사소통능력의 개발

(1) 사후검토와 피드백의 활용

직접 말로 물어보거나 얼굴표정, 기타 표시 등을 통해 정확한 반응을 살핀다.

(2) 언어의 단순화

명확하고 쉽게 이해 가능한 단어를 선택하여 이해도를 높인다.

(3) 적극적인 경청

감정을 이입하여 능동적으로 집중하며 경청한다.

(4) 감정의 억제

감정에 치우쳐 메시지를 곡해하지 않도록 침착하게 의사소통한다.

02 입장에 따른 의사소통전략

구분	내용
화자의 입장	• 의사소통에 앞서 생각을 명확히 할 것 • 문서를 작성할 때는 주된 생각을 앞에 쓸 것 • 평범한 단어를 쓸 것 • 편견 없는 언어를 사용할 것 • 사실 밑에 깔린 감정을 의사소통할 것 • 어조, 표정 등 비언어적인 행동이 미치는 결과를 이해할 것 • 행동을 하면서 말로 표현할 것 • 피드백을 받을 것
청자의 입장	• 세세한 어휘를 모두 들으려고 노력하기보다는 요점의 파악에 집중할 것 • 말하고 있는 바에 대한 생각과 사전 정보를 동원하여 말하는 바에 몰입할 것 • 모든 이야기를 듣기 전에 결론에 이르지 말고 전체 생각을 청취할 것 • 말하는 사람의 관점에서 진술을 반복하여 피드백할 것 • 들은 내용을 요약할 것

대표예제

H회사에 근무 중인 A ~ D부장은 바람직한 의사소통 방법에 대한 사내 교육 프로그램에 참여한 뒤 〈보기〉와 같은 대화를 나누었다. 다음 중 바람직한 의사소통 방법을 사용하고 있는 사람을 모두 고르면?

보기

A부장 : 나는 업무를 효율적으로 지시하기 위해 내가 아는 것은 당연히 상대도 알고 있다고 생각하고 업무를 지시해.

B부장 : 나는 우리 부서원들이랑 업무에 대해 자세히 말하지 않아도 호흡이 척척 맞아.

C부장 : 나는 부서원들에게 의견을 전달할 때, 내가 전하고자 하는 의견을 정확히 이해했는지 다시 한 번 확인해.

D부장 : 나는 부서원들의 이야기를 적극적으로 들으려고 항상 노력하면서도 최대한 감정을 배제하고 대화하려고 노력해.

① A부장, B부장
② A부장, C부장
③ B부장, C부장
④ B부장, D부장
⑤ C부장, D부장

정답 해설

- C부장 : 의사소통 과정에서 '정확히 전달되었는지', '정확히 이해했는지'를 확인하지 않고 순간을 넘겨버린다면 서로 엇갈린 정보를 가지게 된다. 따라서 바람직한 의사소통이 이루어지기 위해서는 반드시 이를 확인해야 한다.
- D부장 : 바람직한 의사소통을 위해서는 상대방의 이야기를 적극적으로 듣고, 감정은 최대한 배제하고 대화해야 한다.

오답분석

- A부장 : '아는 줄 알았는데'와 같은 평가적이며 판단적인 태도는 의사소통을 저해하는 요인이다.
- B부장 : 말하지 않아도 마음이 통하는 관계는 최고의 관계이지만, 업무 현장에서 필요한 것은 마음으로 아는 눈치의 미덕보다 정확한 업무처리이다.

정답 ⑤

| 문제 1 |

A사원은 직장 내에서의 의사소통능력 향상 방법에 대한 강연을 들으면서 다음과 같이 메모하였다. 이때 A사원이 잘못 작성한 내용은 모두 몇 개인가?

〈2024년 ○월 ○일 의사소통능력 향상 방법 강연을 듣고...〉

- 의사소통의 저해요인

… 중략 …

- 의사소통에 있어 자신이나 타인의 느낌을 건설적으로 처리하는 방법
  - ㉠ 얼굴을 붉히는 것과 같은 간접적 표현을 피한다.
  - ㉡ 자신의 감정을 주체하지 못하고 과격한 행동을 하지 않는다.
  - ㉢ 자신의 감정 상태에 대한 책임을 타인에게 전가하지 않는다.
  - ㉣ 자신의 감정을 조절하기 위하여 상대방으로 하여금 그의 행동을 변하도록 강요하지 않는다.
  - ㉤ 자신의 감정을 명확하게 하지 못할 경우라도 즉각적인 의사소통이 될 수 있도록 노력한다.

① 1개
② 2개
③ 3개
④ 4개
⑤ 5개

정답 해설

자신이 전달하고자 하는 의사표현을 명확하고 정확하게 하지 못할 경우에는 자신이 평정을 어느 정도 찾을 때까지 의사소통을 연기한다. 하지만 조직 내에서 의사소통을 무한정으로 연기할 수는 없기 때문에 자신의 분위기와 조직의 분위기를 개선하도록 노력하는 등의 적극적인 자세가 필요하다. 따라서 잘못 작성한 내용은 ㉤이다.

정답 ①

| 문제 2 |

다음 중 가장 적절한 의사표현법을 사용하고 있는 사람은?

① A대리 : (늦잠으로 지각한 후배 사원의 잘못을 지적하며) 오늘도 지각을 했네요. 어제도 늦게 출근하지 않았나요? 왜 항상 지각하는 거죠?

② B대리 : (후배 사원의 고민을 들으며) 방금 뭐라고 이야기했죠? 미안해요. 아까 이야기한 고민에 대해서 어떤 답을 해줘야 할지 생각하고 있었어요.

③ C대리 : (후배 사원의 실수가 발견되어 이를 질책하며) 이번 프로젝트를 위해 많이 노력했다는 것 압니다. 다만, 발신 메일 주소를 한 번 더 확인하는 습관을 갖는 것이 좋겠어요. 앞으로는 더 잘할 거라고 믿어요.

④ D대리 : (거래처 직원에게 변경된 계약서에 서명할 것을 설득하며) 이 정도는 그쪽에 큰 손해 사항도 아니지 않습니까? 지금 서명해 주지 않으시면 곤란합니다.

⑤ E대리 : (후배 사원에게 업무를 지시하며) 이번 일은 직접 발로 뛰어야 해요. 특히 빨리 처리해야 하니까 반드시 이 순서대로 진행하세요!

PART 5

정답 해설

상대방에게 잘못을 지적하며 질책을 해야 할 때는 '(칭찬의 말)+(질책의 말)+(격려의 말)'의 순서인 샌드위치 화법으로 표현하는 것이 좋다. 즉, 칭찬을 먼저 한 다음 질책의 말을 하고, 끝에 격려의 말로 마무리한다면 상대방은 크게 반발하지 않고 질책을 받아들이게 될 것이다.

오답분석

① 상대방의 잘못을 지적할 때는 지금 당장의 잘못에만 한정해야 하며, 추궁하듯이 묻지 않아야 한다.
② 상대방의 말이 끝나기 전에 어떤 답을 할까 궁리하는 것은 좋지 않다.
④ 상대방을 설득해야 할 때는 일방적으로 강요하거나 상대방에게만 손해를 보라는 식으로 대화해서는 안 된다. 먼저 양보해서 이익을 공유하겠다는 의지를 보여주는 것이 좋다.
⑤ 상대방에게 명령을 해야 할 때는 강압적으로 말하기보다는 '~해 주는 것이 어떻겠습니까?'와 같이 부드럽게 표현하는 것이 효과적이다.

정답 ③

TOPIC

38 인상적인 의사소통

(1) 인상적인 의사소통이란?

같은 내용을 전달한다고 할지라도 의사소통 과정에서 이야기를 새롭게 부각해 상대방이 '과연'하며 감탄하게 만드는 것이다.

(2) 인상적인 의사소통을 위한 노력

- 언제나 주위의 언어 정보에 민감하게 반응하고, 자신이 활용할 수 있도록 노력할 것
- 자신이 자주 사용하는 표현을 찾아내 다른 표현으로 바꿔볼 것
- 언제나 '다른 표현은 없을까?'라고 생각하고, 새로운 표현을 검토해 볼 것

(3) 인상적인 의사소통능력의 개발

- 자신의 의견을 인상적으로 전달하기 위해서는 의견을 장식하는 것이 필요하다.
- 내가 전달하고자 하는 내용이 상대방에게 의사소통과정을 통하여 '과연' 하며 감탄하게 만드는 것이다.
- 새로운 고객을 만나는 직업인이라도 매일 다른 사람을 만나기 때문에 항상 새로운 표현을 사용하여 인상적인 의사소통을 만든다.
- 인상적인 의사소통을 위해서는 자주 사용하는 표현은 섞어 쓰지 않으면서 자신의 의견을 잘 전달하는 것이 중요하다.

대표예제

다음 〈보기〉 중 인상적인 의사소통에 대한 설명으로 적절하지 않은 것은 모두 몇 개인가?

보기

ㄱ. 항상 주위의 언어 정보에 민감하게 반응할 수 있어야 한다.
ㄴ. 의사를 전달받는 상대방의 이해방식을 고려하기 위해 노력한다.
ㄷ. 인상적인 의사소통이란 동일한 내용이라도 새롭게 부각시켜 전달할 수 있는 능력을 가리킨다.
ㄹ. 이전에 사용한 표현을 기반으로 안정적인 의사전달 방안을 고민한다.
ㅁ. 일상 속에서 언어정보를 직접 활용할 수 있도록 노력하여야 한다.

① 0개
② 1개
③ 2개
④ 3개
⑤ 4개

정답 해설

인상적인 의사소통을 위해서는 이전의 표현과 다른 색다른 표현을 사용하기 위해 노력하여야 한다. 따라서 적절하지 않은 것은 ㄹ이다.

정답 ②

| 문제 1 |

다음 중 인상적인 의사소통능력에 대한 설명으로 적절하지 않은 것은?

① 자신의 의견을 인상적으로 전달하기 위해서는 의견을 장식하는 것이 필요하다.
② 내가 전달하고자 하는 내용이 상대방에게 의사소통과정을 통하여 '과연'하며 감탄하게 만드는 것이다.
③ 인상적인 의사소통능력을 개발하기 위해서는 자주 사용하는 표현을 잘 섞어서 쓰는 것이 좋다.
④ 새로운 고객을 만나는 직업인의 경우 같은 말을 되풀이하는 것보다 새로운 표현을 사용하여 인상적인 의사소통을 만드는 것이 좋다.
⑤ 의사소통 과정에서 상대방에게 같은 내용을 전달한다고 해도 이야기를 새롭게 부각시켜 인상을 주는 것을 말한다.

정답 해설

인상적인 의사소통능력을 개발하기 위해서는 자주 사용하는 표현을 섞어 쓰지 않고 자신의 의견을 전달할 수 있는 것이 중요하다.

정답 ③

| 문제 2 |

다음은 인상적인 의사소통에 대한 설명이다. 이를 참고할 때 인상적인 의사소통을 한다고 보기 어려운 사람은?

인상적인 의사소통이란 상대방에게 같은 내용을 전달하더라도 내가 전달할 때 더 내용이 인상적으로 전달할 수 있도록 하는 것으로, 이야기를 새롭게 부각시켜 상대방으로 하여금 '과연'하고 감탄할 수 있도록 만드는 것이다.

① 자신의 의견을 전달할 때 표정·몸짓 등을 같이 사용하는 A
② 자신의 의견에 다양한 표현법을 덧붙여 표현하는 B
③ 자신의 의견을 전달할 때 사상이나 감정에 관하여 말하는 C
④ 일반적으로 사용하는 표현법을 다른 새로운 표현법으로 바꾸어 전달하는 D
⑤ 새로운 고객을 만나더라도 항상 새로운 표현법을 사용하는 E

정답 해설

자기의 사상이나 감정에 관하여 말하는 것은 연설에 대한 설명으로, 인상적인 의사소통을 한다고 보기는 어렵다.

오답분석

① 신체언어를 사용하여 의사소통을 할 경우 보다 효과적으로 관심을 끌 수 있다.
② 다양한 표현법을 덧붙일 경우 상대의 마음을 끌어당길 수 있다.
④ 익숙한 표현법보다 새로운 표현법을 사용할 경우 더 인상 깊게 전달할 수 있다.
⑤ 새로운 고객을 만나는 직업이더라도 같은 말을 되풀이하기보다 새로운 표현법을 사용하면 보다 인상적으로 의견을 전달할 수 있다.

③

TOPIC

39 문서의 이해

(1) 문서이해의 중요성

같은 업무를 추진하더라도 요점을 파악하고 정리하는지가 업무 성과의 차이를 가져오므로 자신의 업무를 추진하는 데 있어서 문서이해를 통해 정보를 획득하고, 수집·종합하는 것이 중요하다.

(2) 문서이해의 절차

1. 문서의 목적을 이해하기

⬇

2. 문서가 작성된 배경과 주제를 파악하기

⬇

3. 문서에 쓰인 정보를 밝혀내고, 문서가 제시하고 있는 현안을 파악하기

⬇

4. 문서를 통해 상대방의 욕구와 의도 및 내게 요구되는 행동에 대한 내용을 분석하기

⬇

5. 문서에서 이해한 목적 달성을 위해 취해야 할 행동을 생각하고 결정하기

⬇

6. 상대방의 의도를 도표나 그림 등으로 메모하여 요약·정리해 보기

(3) 내용종합능력의 배양

① 주어진 모든 문서를 이해했다 하더라도 그 내용을 모두 기억하기란 불가능하므로 문서내용을 요약하는 문서이해능력에 더해 내용종합능력의 배양이 필요하다.

② 이를 위해서는 다양한 종류의 문서를 읽고, 구체적인 절차에 따라 이해하고, 정리하는 습관을 들여야 한다.

대표예제

다음 중 문서를 이해하는 과정에 대한 설명으로 적절하지 않은 것은?

① 문서를 이해하기 위해서는 우선 문서의 목적을 이해하는 것이 첫 번째로 수행되어야 한다.
② 상대방의 의도를 도표, 그림 등으로 요약해 보는 것은 문서의 이해에 큰 도움이 되는 과정이다.
③ 문서의 핵심내용만 아는 것으로는 문서를 이해하는 데에 한계가 있으므로, 모든 내용을 파악하는 것이 필수적이다.
④ 정확한 문서 이해를 위해서는 문서의 내용을 분석하기 이전에 문서 작성의 배경과 주체를 파악하여야 한다.
⑤ 문서에 제시된 현안 문제를 파악한 후에 작성자의 의도를 분석한다.

PART 5

정답 해설

모든 문서의 내용을 이해하더라도, 그 내용 전체를 기억하는 것은 현실적으로 어렵고 비효율적이다. 따라서 각 문서에서 핵심적 내용만 골라 필요한 정보를 획득하고 종합하는 것이 바람직하다.

정답 ③

| 문제 1 |

다음 중 문서이해능력에 대한 설명으로 적절하지 않은 것은?

① 직업현장에서 자신의 업무와 관련된 문서의 내용을 이해하고 요점을 파악하는 것이다.

② 문서이해능력이 없으면 원활한 직업생활을 영위하기 어렵다.

③ 문서를 읽고 자신에게 필요한 행동이 무엇인지 추론하는 것은 불가능하다.

④ 도표, 수, 기호 등도 이해하고 표현할 수 있어야 한다.

⑤ 문서에 나타난 타인의 의견을 이해하여 요약하고 정리할 수 있는 능력 역시 중요하다.

정답 해설

문서에 주어진 정보를 통해 자신에게 필요한 행동이 무엇인지 추론할 수 있다.

정답 ③

| 문제 2 |

다음 중 문서이해의 절차를 순서대로 바르게 나열한 것은?

> ㉠ 문서의 목적을 이해
> ㉡ 상대방의 의도를 도표나 그림 등으로 메모하여 요약·정리
> ㉢ 문서를 통해 상대방의 욕구와 의도 및 요구되는 행동에 대한 내용 분석
> ㉣ 문서의 정보를 밝혀내고 문서가 제시하고 있는 현안 문제 파악
> ㉤ 문서에서 이해한 목적 달성을 위해 취해야 할 행동을 생각하고 결정
> ㉥ 문서가 작성되게 된 배경과 주제 파악

① ㉠-㉡-㉢-㉣-㉤-㉥
② ㉠-㉥-㉣-㉢-㉤-㉡
③ ㉡-㉢-㉣-㉤-㉥-㉠
④ ㉡-㉥-㉣-㉢-㉤-㉠
⑤ ㉢-㉡-㉤-㉠-㉣-㉥

정답 해설

문서이해의 절차

1. 문서의 목적을 이해
2. 문서가 작성되게 된 배경과 주제 파악
3. 문서의 정보를 밝혀내고 문서가 제시하고 있는 현안 문제 파악
4. 문서를 통해 상대방의 욕구와 의도 및 요구되는 행동에 대한 내용 분석
5. 문서에서 이해한 목적 달성을 위해 취해야 할 행동을 생각하고 결정
6. 상대방의 의도를 도표나 그림 등으로 메모하여 요약·정리

정답 ②

TOPIC

40 문서의 종류

(1) 공문서

- 행정기관에서 대내적 · 대외적 공무를 집행하기 위해 작성하는 문서
- 정부기관이 일반회사, 단체로부터 접수하는 문서 및 일반회사에서 정부기관을 상대로 사업을 진행할 때 작성하는 문서
- 엄격한 규격과 양식에 따라 정당한 권리를 가진 사람이 작성함
- 최종 결재권자의 결재가 있어야 문서로서의 기능이 성립함

(2) 보고서

특정 업무에 대한 현황이나 진행 상황 또는 연구 · 검토 결과 등을 보고할 때 작성하는 문서이다.

종류	내용
영업보고서	영업상황을 문장 형식으로 기재해 보고하는 문서
결산보고서	진행됐던 사안의 수입과 지출결과를 보고하는 문서
일일업무보고서	매일의 업무를 보고하는 문서
주간업무보고서	한 주간에 진행된 업무를 보고하는 문서
출장보고서	출장 후 외부 업무나 그 결과를 보고하는 문서
회의보고서	회의 결과를 정리해 보고하는 문서

(3) 설명서

상품의 특성이나 사물의 성질과 가치, 작동 방법이나 과정을 소비자에게 설명하는 것을 목적으로 작성한 문서이다.

(4) 비즈니스 메모

업무상 필요한 중요한 일이나 앞으로 체크해야 할 일이 있을 때 필요한 내용을 메모형식으로 작성하여 전달하는 글이다.

(5) 비즈니스 레터(E-Mail)

- 사업상의 이유로 고객이나 단체에 편지를 쓰는 것
- 직장업무나 개인 간의 연락, 직접 방문하기 어려운 고객관리 등을 위해 사용되는 비공식적 문서
- 제안서나 보고서 등 공식적인 문서를 전달하는 데도 사용됨

(6) 기획서

하나의 프로젝트를 문서 형태로 만들어 상대방에게 기획의 내용을 전달하여 해당 기획안을 시행하도록 설득하는 문서이다.

(7) 기안서

회사의 업무에 대한 협조를 구하거나 의견을 전달할 때 작성하며, 흔히 사내 공문서로 불린다.

(8) 보도자료

정부기관이나 기업체, 각종 단체 등이 언론을 상대로 하여 자신들의 정보가 기사로 보도되도록 하기 위해 보내는 자료이다.

대표예제

다음에서 설명하는 문서의 종류는?

회사의 업무에 대한 협조를 구하거나 의견을 전달할 때 작성하며, 흔히 사내 공문서라고도 함

① 기안서
② 기획서
③ 보고서
④ 비즈니스 레터
⑤ 보도자료

정답 해설

오답분석

② 기획서 : 적극적으로 아이디어를 내고 기획해 하나의 프로젝트를 문서형태로 만들어 상대방에게 기획의 내용을 전달하여 기획을 시행하도록 설득하는 문서이다.
③ 보고서 : 특정 일에 관한 현황이나 그 진행 상황 또는 연구·검토 결과 등을 보고하고자 할 때 작성하는 문서이다.
④ 비즈니스 레터 : 사업상의 이유로 고객이나 단체에 편지를 쓰는 것으로, 직장업무나 개인 간의 연락, 직접 방문하기 어려운 고객관리 등을 위해 사용되는 비공식적 문서이다.
⑤ 보도자료 : 정부기관이나 기업체, 각종 단체 등이 언론을 상대로 자신들의 정보가 기사로 보도되도록 하기 위해 보내는 자료이다.

정답 ①

| 문제 1 |

다음은 기안문 작성 시 유의해야 할 사항에 대한 자료이다. (가) ~ (라)에 대한 유의사항을 〈보기〉에서 찾아 바르게 연결한 것은?

〈기안문 작성 시 유의사항〉

올바른 문서 작성은 정확한 의사소통을 위하여 필요할 뿐만 아니라 문서 자체의 품격을 높이고, 그 기관의 대외적인 권위와 신뢰도를 높여준다. 문서의 올바른 작성을 위하여 다음과 같은 사항에 유의할 필요가 있다.

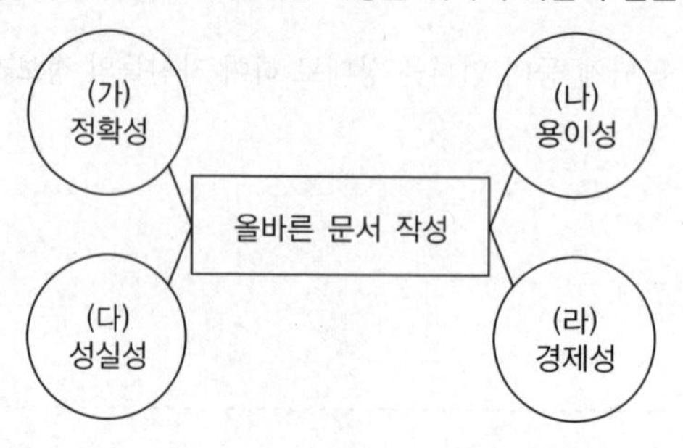

보기

ㄱ. 서식을 통일하여 규정된 서식을 사용하는 것이 경제적이다.
ㄴ. 상대방의 입장에서 이해하기 쉽게 작성한다.
ㄷ. 애매모호하거나 과장된 표현에 의하여 사실이 왜곡되지 않도록 한다.
ㄹ. 감정적이고 위압적인 표현을 쓰지 않는다.

	(가)	(나)	(다)	(라)
①	ㄱ	ㄴ	ㄷ	ㄹ
②	ㄱ	ㄷ	ㄹ	ㄴ
③	ㄴ	ㄷ	ㄱ	ㄹ
④	ㄷ	ㄴ	ㄹ	ㄱ
⑤	ㄷ	ㄹ	ㄴ	ㄱ

정답 해설

기안문 작성 시 유의사항

- (가) 정확성(바른 글)
  - 필요한 내용을 빠뜨리지 않고, 잘못된 표현이 없도록 문서를 작성한다.
  - 의미전달에 혼동을 일으키지 않도록 정확한 용어를 사용하고 문법에 맞게 문장을 구성한다.
  - 애매모호하거나 과장된 표현에 의하여 사실이 왜곡되지 않도록 한다.
- (나) 용이성(쉬운 글)
  - 상대방의 입장에서 이해하기 쉽게 작성한다.
  - 추상적이고 일반적인 용어보다는 구체적이고 개별적인 용어를 쓴다.
- (다) 성실성(호감 가는 글)
  - 문서는 성의 있고 진실하게 작성하며, 감정적이고 위압적인 표현을 쓰지 않는다.
- (라) 경제성(효율적으로 작성하는 글)
  - 용지의 규격·지질을 표준화한다.
  - 서식을 통일하여 규정된 서식을 사용하는 것이 경제적이다.

정답 ④

| 문제 2 |

다음 중 문서의 종류에 대한 설명으로 적절하지 않은 것은?

① 비즈니스 메모 : 개인이 추진하는 업무나 상대의 업무 추진 상황을 적은 메모이다.

② 비즈니스 레터 : 회의에 참석하지 못한 상사나 동료에게 전달 사항이나 회의 내용에 대해 간략하게 적어 전달하기 위한 문서이다.

③ 기안서 : 회사의 업무에 대한 협조를 구하거나 의견을 전달할 때 작성하는 문서이다.

④ 자기소개서 : 개인의 가정환경과 성장과정, 입사동기와 근무자세 등을 구체적으로 기술하여 자신을 소개하는 문서이다.

⑤ 보고서 : 특정 일에 관한 현황이나 그 진행 상황 또는 연구·검토 결과 등을 보고하고자 할 때 작성하는 문서이다.

PART 5

정답 해설

비즈니스 메모에 대한 설명이다. 비즈니스 레터는 사업상의 이유로 고객이나 단체에 편지를 쓰는 것이다.

정답 ②

TOPIC

41 문서 작성법

(1) 공문서

- '누가, 언제, 어디서, 무엇을, 어떻게, 왜'가 드러나도록 작성해야 함
- 날짜는 연도와 월일을 반드시 함께 언급해야 함
- 날짜 다음에 괄호를 사용할 때는 마침표를 찍지 않음
- 내용이 복잡할 경우 '-다음-', '-아래-'와 같은 항목을 만들어 구분함
- 한 장에 담아내는 것이 원칙임
- 마지막엔 반드시 '끝' 자로 마무리함

(2) 설명서

- 간결하게 작성함
- 전문용어의 사용은 가급적 삼가해야 함
- 복잡한 내용은 도표화함
- 명령문보다 평서형으로, 동일한 표현보다는 다양한 표현으로 작성함

(3) 기획서

- 무엇을 위한 기획서인지 핵심 메시지가 정확히 도출되었는지 확인해야 함
- 상대가 요구하는 것이 무엇인지 고려하여 작성해야 함
- 글의 내용이 한눈에 파악되도록 목차를 구성해야 함
- 분량이 많으므로 핵심내용의 표현에 유념해야 함
- 표나 그래프를 활용하는 경우, 내용이 제대로 도출되었는지 확인해야 함
- 깨끗하고 산뜻한 느낌을 줄 수 있도록 작성해야 함
- 제출하기 전에 충분히 검토해야 함
- 인용한 자료의 출처가 정확한지 확인해야 함

(4) 보고서

- 핵심내용을 구체적으로 제시해야 함
- 간결하고 핵심적인 내용의 도출이 우선이므로 내용의 중복을 피해야 함
- 독자가 궁금한 점을 질문할 것에 대비해야 함
- 산뜻하고 간결하게 작성해야 함
- 도표나 그림을 적절히 활용해야 함
- 참고자료는 정확하게 제시해야 함
- 개인의 능력을 평가하는 기본 자료이므로 제출하기 전 최종점검을 해야 함

대표예제

다음 〈보기〉 중 기획서 작성에 대한 설명으로 적절하지 않은 것을 모두 고르면?

보기

ㄱ. 기획서가 의도한 메시지가 정확히 도출되도록 구체적으로 작성한다.
ㄴ. 삽화를 삽입하는 등의 다양한 표현방식보다는 공문서에 준하는 엄격한 양식과 건조한 문체로 작성한다.
ㄷ. 목차는 개괄적으로 최대한 단순하게 작성하고, 본문 내용을 상세히 작성한다.
ㄹ. 인용된 자료의 출처가 정확한지 확인하여야 한다.

① ㄱ, ㄴ
② ㄱ, ㄷ
③ ㄴ, ㄷ
④ ㄴ, ㄹ
⑤ ㄷ, ㄹ

정답 해설

ㄴ. 분량이 방대한 기획서의 특성상 표현방식에 변화를 주는 등 산뜻한 느낌을 주기 위한 장치를 삽입하는 것이 바람직하다.
ㄷ. 보통 기획서는 분량이 많으므로, 글의 내용이 한눈에 파악되도록 목차를 논리적이고 세부적으로 작성하여야 한다.

정답 ③

| 문제 1 |

다음 〈보기〉 중 보고서 작성에 대한 설명으로 적절하지 않은 것을 모두 고르면?

보기

ㄱ. 일반적으로 업무의 진행 과정에서 쓰이므로, 핵심내용을 구체적으로 제시하는 것이 중요하다.
ㄴ. 업무상 상사에게 제출하는 문서이므로, 작성 후에는 질의사항에 대응한다.
ㄷ. 정확한 이해를 위하여 중요한 내용은 반복을 통해 강조한다.
ㄹ. 참고자료의 양이 방대하여 보고서 독해 시 방해가 된다면 참고자료를 생략할 수 있다.

① ㄱ, ㄴ
② ㄱ, ㄷ
③ ㄴ, ㄷ
④ ㄴ, ㄹ
⑤ ㄷ, ㄹ

정답 해설

ㄷ. 보고서는 간결하고 핵심적 내용의 도출이 우선이므로, 내용의 중복은 지양하여야 한다.
ㄹ. 참고자료는 반드시 삽입하여야 하며, 정확한 정보를 표기하여야 한다.

정답 ⑤

| 문제 2 |

다음 〈보기〉의 밑줄 친 ㉠~㉣ 중 보고서 작성 시 유의사항으로 적절하지 않은 것을 모두 고르면?

> **보기**
>
> 김선임연구원 : 이번 연구는 지금 시점에서 보고하는 것이 좋을 것 같습니다. 간략하게 연구별로 한 장씩 요약하여 작성할까요?
>
> 유책임연구원 : ㉠ 성의가 없어 보이니 한 장에 한 개의 사안을 담는 것은 좋지 않아요.
>
> 박선임연구원 : 맞습니다. ㉡ 꼭 필요한 내용이 아니어도 관련된 참고자료는 이해가 쉽도록 모두 첨부하도록 하시죠.
>
> 최책임연구원 : ㉢ 양이 많으면 단락별 핵심을 하위목차로 요약하는 것이 좋겠습니다. 그리고 ㉣ 연구비 금액의 경우는 개략적으로만 제시하고 정확히 하지 않아도 괜찮을 것 같습니다.

① ㉠, ㉡　② ㉠, ㉢
③ ㉠, ㉡, ㉢　④ ㉠, ㉡, ㉣
⑤ ㉡, ㉢, ㉣

정답 해설

㉠ 한 개의 사안은 한 장의 용지에 작성하는 것이 원칙이다.
㉡ 첨부자료는 반드시 필요한 내용만 첨부하여 산만하지 않도록 하여야 한다.
㉣ 금액, 수량, 일자의 경우 정확성을 유의하여 기재하여야 한다.

정답 ④

TOPIC

42 의사소통의 유형과 저해요인

01 키슬러의 대인관계 의사소통 유형

유형	특징	제안
지배형	자신감이 있고 지도력이 있으나, 논쟁적이고 독단이 강하여 대인 갈등을 겪을 수 있음	타인의 의견을 경청하고 수용하는 자세가 필요
실리형	이해관계에 예민하고 성취지향적으로 경쟁적이며 자기중심적임	타인의 입장을 배려하고 관심을 갖는 자세가 필요
냉담형	이성적인 의지력이 강하고 타인의 감정에 무관심하며 피상적인 대인관계를 유지함	타인의 감정상태에 관심을 가지고 긍정적 감정을 표현하는 것이 필요
고립형	혼자 있는 것을 선호하고 사회적 상황을 회피하며 지나치게 자신의 감정을 억제함	대인관계의 중요성을 인식하고 타인에 대한 비현실적인 두려움의 근원을 성찰하는 것이 필요
복종형	수동적이고 의존적이며 자신감이 없음	적극적인 자기표현과 주장이 필요
순박형	단순하고 솔직하며 자기주관이 부족함	자기주장을 적극적으로 표현하는 것이 필요
친화형	따뜻하고 인정이 많고 자기희생적이나 타인의 요구를 거절하지 못함	타인과의 정서적인 거리를 유지하는 노력이 필요
사교형	외향적이고 인정하는 욕구가 강하며 타인에 대한 관심이 많고 쉽게 흥분함	심리적으로 안정을 취할 필요가 있으며 지나친 인정욕구에 대한 성찰이 필요

02 의사소통의 저해요인

(1) 의사소통 기법의 미숙, 표현능력의 부족, 이해능력의 부족

'일방적으로 말하고', '일방적으로 듣는' 무책임한 태도

(2) 평가적 · 판단적인 태도, 잠재적 의도

'전달했는데', '아는 줄 알았는데'라고 착각하는 태도

(3) 과거의 경험, 선입견과 고정관념

'말하지 않아도 아는 문화'에 안주하는 태도

(4) 기타 요인

정보의 과다, 메시지의 복잡성, 메시지의 경쟁, 상이한 직위와 과업지향성, 신뢰의 부족, 의사소통을 위한 구조상의 권한, 잘못된 의사소통 매체의 선택, 폐쇄적인 의사소통 분위기

대표예제

키슬러(Kiesler)의 대인관계 양식에 따라 의사소통 유형을 지배형, 실리형, 냉담형, 고립형, 복종형, 순박형, 친화형, 사교형의 8가지 유형으로 나눌 수 있다. 다음 사례에서 P부장은 어느 유형에 해당하는가?

> P부장은 뛰어난 업무 성과로 회사에서도 인정을 받고 있다. 업무를 수행함에 있어서도 자신감이 넘치며, 업무 추진력이 뛰어나 본인이 원하는 방향으로 부서를 성공적으로 이끌어 나가고 있다. 그러나 대부분의 업무를 부서원들과 논의하지 않고 독단적으로 결정하다 보니 간혹 부서원과 논쟁을 일으키기도 한다. 특히 요즘은 업무가 바쁘다는 핑계로 부서원들의 의견은 무시하고 부서원들이 자신의 결정대로 따라주기만을 바라고 있다. P부장과의 의견 교환이 점점 더 어려워지자 부서원들의 고충과 불만은 계속 쌓여 가고 있다.

① 지배형
② 냉담형
③ 고립형
④ 복종형
⑤ 친화형

정답 해설

P부장은 자신감이 있고 지도력이 있으나, 논쟁적이고 독단이 강하여 대인 갈등을 겪을 수 있는 지배형에 해당한다. 따라서 P부장에게는 타인의 의견을 경청하고 수용하는 자세가 필요하다.

오답분석

② 냉담형 : 이성적인 의지력이 강하고 타인의 감정에 무관심하고 피상적인 대인관계를 유지하므로 타인의 감정 상태에 관심을 가지고 긍정적 감정을 표현하는 것이 필요하다.
③ 고립형 : 혼자 있는 것을 선호하고 사회적 상황을 회피하며 지나치게 자신의 감정을 억제하므로 대인관계의 중요성을 인식하고 타인에 대한 비현실적인 두려움의 근원을 성찰해 볼 필요가 있다.
④ 복종형 : 수동적이고 의존적이며 자신감이 없으므로 적극적인 자기표현과 주장이 필요하다.
⑤ 친화형 : 따뜻하고 인정이 많고 자기희생적이나 타인의 요구를 거절하지 못하므로 타인과의 정서적인 거리를 유지하려는 노력이 필요하다.

정답 ①

| 문제 1 |

키슬러(Kiesler)의 대인관계 양식에 따라 의사소통 유형을 지배형, 실리형, 냉담형, 고립형, 복종형, 순박형, 친화형, 사교형의 8가지 유형으로 나눌 수 있다. S과장이 자신의 의사소통 유형을 검사한 결과 실리형에 해당한다고 할 때, 다음 중 S과장에게 필요한 자세로 가장 적절한 것은?

① 타인의 의견을 경청하고 수용하는 자세가 필요하다.
② 타인의 감정 상태에 관심을 가지고 긍정적 감정을 표현하는 것이 필요하다.
③ 적극적인 자기표현과 주장이 필요하다.
④ 타인과의 정서적인 거리를 유지하려는 노력이 필요하다.
⑤ 타인의 입장을 배려하고 관심을 갖는 자세가 필요하다.

정답 해설

이해관계에 예민하고 성취지향적인 실리형은 자기중심적이므로 타인의 입장을 배려하고 관심을 갖는 자세가 필요하다.

오답분석

① 논쟁적이고 독단이 강하여 대인 갈등을 겪을 수 있는 지배형에게 필요한 자세이다.
② 타인의 감정에 무관심하고 피상적인 대인관계를 유지하는 냉담형에게 필요한 자세이다.
③ 수동적이고 의존적이며 자신감이 없는 복종형에게 필요한 자세이다.
④ 타인의 요구를 거절하지 못하는 친화형에게 필요한 자세이다.

정답 ⑤

| 문제 2 |

다음 기사에 나타난 직장생활에서의 의사소통을 저해하는 요인으로 가장 적절한 것은?

> 한 취업 포털에서 20 ~ 30대 남녀 직장인 350명에게 설문조사한 결과 어떤 상사와 대화할 때 가장 답답함을 느끼는지에 대한 질문에 직장 내에서 막내에 해당하는 사원급 직장인들은 '자기 할 말만 하는 상사(27.3%)'와 대화하기 가장 어렵다고 호소했다. 또한, 직장 내에서 부하 직원과 상사 간, 그리고 직원들 간에 대화가 잘 이뤄지지 않는 이유에 대해 '일방적으로 상사만 말을 하는 대화방식 및 문화(34.3%)'가 가장 큰 원인이라고 답했다.
> 직장 내 상사와 부하 직원 간의 대화가 원활해지려면 '지시나 명령하는 말투가 아닌 의견을 묻는 대화법 사용하기(34.9%)', '서로를 존대하는 말투와 호칭 사용하기(31.4%)' 등의 기본 대화 예절을 지켜야 한다고 답했다.

① 평가적이며 판단적인 태도
② 선입견과 고정관념
③ 잠재적 의도
④ 의사소통 기법의 미숙
⑤ 과거의 경험

정답 해설

주어진 기사에 따르면 일방적으로 자신의 말만 하고, 무책임한 마음으로 자신의 말이 '정확히 전달되었는지', '정확히 이해했는지'를 확인하지 않는 미숙한 의사소통 기법이 직장생활에서의 의사소통을 저해하고 있다.

정답 ④

TOPIC

43 경청능력과 경청의 올바른 자세

01 경청능력이란?

(1) 경청의 의미

다른 사람의 말을 주의 깊게 듣고 공감하는 능력을 말하며, 대화의 과정에서 화자에 대한 신뢰를 쌓을 수 있는 최고의 방법이다.

(2) 경청의 효과

대화의 상대방이 본능적으로 안도감을 느끼게 되어 무의식적인 믿음을 갖게 되며, 이 효과로 인해 말과 메시지, 감정이 효과적으로 상대방에게 전달된다.

02 경청의 중요성

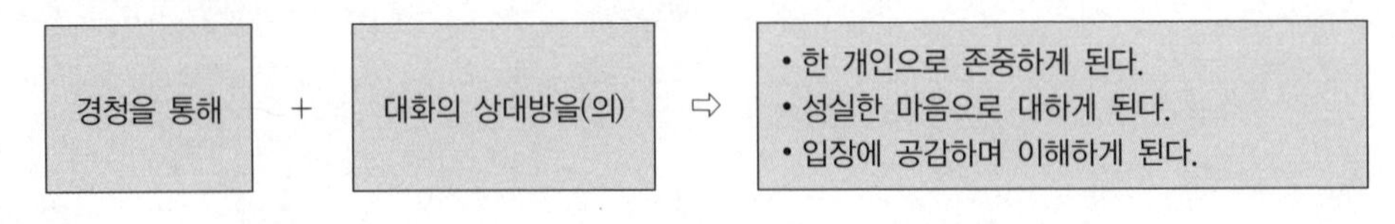

03 경청의 올바른 자세

- 상대를 정면으로 마주하는 자세는 그와 함께 의논할 준비가 되었음을 알리는 자세임
- 손이나 다리를 꼬지 않는 개방적 자세를 취하는 것은 상대에게 마음을 열어 놓고 있다는 표시임
- 상대방을 향하여 상체를 기울여 다가앉은 자세는 자신이 열심히 듣고 있다는 사실을 강조하는 것임
- 우호적인 눈빛 교환을 통해 자신이 관심을 가지고 있다는 사실을 알리게 됨
- 편안한 자세를 취하는 것은 전문가다운 자신만만함에 더해 편안한 마음을 상대방에게 전하는 것임

대표예제

다음 〈보기〉 중 경청에 대한 설명으로 적절하지 않은 것을 모두 고르면?

보기

ㄱ. 상대방의 성격상 지나친 경청은 부담스러워할 수 있으므로, 적당히 거리를 두며 듣는다.
ㄴ. 경청을 통해 상대방의 메시지와 감정이 더욱 효과적으로 전달될 수 있다.
ㄷ. 상대의 말에 대한 경청은 상대에게 본능적 안도감을 제공한다.
ㄹ. 경청을 하는 사람은 상대의 말에 무의식적 믿음을 갖게 된다.

① ㄱ
② ㄴ
③ ㄱ, ㄷ
④ ㄱ, ㄹ
⑤ ㄴ, ㄷ, ㄹ

정답 해설

물론 상대의 성격에 따라 부담을 느낄 수도 있지만, 상대의 반응을 지레짐작하여 거리를 두는 것보다는 상대방의 말을 집중해서 경청하는 것이 더 바람직하다.

정답 ①

| 문제 1 |

다음 중 대화 상황에서의 바람직한 경청 방법으로 가장 적절한 것은?

① 상대의 말에 대한 원활한 대답을 위해 상대의 말을 들으면서 미리 대답할 말을 준비한다.
② 대화 내용에서 상대방의 잘못이 드러나는 경우, 교정을 위해 즉시 비판적인 조언을 한다.
③ 상대의 말을 모두 들은 후에 적절한 행동을 하도록 한다.
④ 상대가 전달할 내용에 대해 미리 짐작하여 대비한다.
⑤ 대화 내용이 지나치게 사적이다 싶으면 다른 대화주제를 꺼내 화제를 옮긴다.

정답 해설

상대의 말을 중간에 끊거나, 위로를 하거나 비위를 맞추기 위해 너무 빨리 동의하기보다는 모든 말을 들은 후에 언행을 결정하는 것이 바람직하다.

오답분석

① 상대가 말을 하는 동안 대답을 준비하면서 다른 생각을 하는 것은 바람직하지 못하다.
② 대화 중에 상대의 잘못이 드러나더라도 말이 끝난 후 부드러운 투로 이야기하도록 한다. 적극적 경청을 위해서는 비판적이고 충고적인 태도를 버리는 것이 필요하다.
④ 상대의 말을 미리 짐작하지 않고 귀를 기울여 들어야 정확한 내용 파악이 가능하다.
⑤ 대화 내용이 사적이더라도 임의로 주제를 바꾸거나 농담으로 넘기려 하는 것은 바람직하지 못하다.

정답 ③

| 문제 2 |

다음 중 경청의 중요성에 대한 설명으로 적절하지 않은 것은?

〈경청의 중요성〉

㉠ 경청을 함으로써 상대방을 한 개인으로 존중하게 된다.
㉡ 경청을 함으로써 상대방을 성실한 마음으로 대하게 된다.
㉢ 경청을 함으로써 상대방의 입장에 공감하며 상대방을 이해하게 된다.

① ㉠ : 상대방의 감정, 사고, 행동을 평가하거나 비판하지 않고 있는 그대로 받아들인다.
② ㉡ : 상대방과의 관계에서 느낀 감정과 생각 등을 솔직하고 성실하게 표현한다.
③ ㉡ : 상대방과의 솔직한 의사 및 감정의 교류를 가능하게 도와준다.
④ ㉢ : 자신의 생각이나 느낌, 가치관 등으로 상대방을 이해하려 한다.
⑤ ㉢ : 상대방으로 하여금 자신이 이해받고 있다는 느낌을 갖도록 한다.

PART 5

정답 해설

경청을 통해 상대방의 입장에 공감하며, 상대방을 이해하게 된다는 것은 자신의 생각이나 느낌, 가치관 등의 선입견이나 편견을 가지고 상대방을 이해하려 하지 않고, 상대방으로 하여금 자신이 이해받고 있다는 느낌을 받도록 하는 것이다.

정답 ④

TOPIC

44 공감적 이해와 경청의 방해요인

01 공감적 이해

(1) 공감적 이해의 의의

청자가 상대방의 입장이 되어 그의 주관적인 세계를 이해하는 것을 말하며, 이를 통해 상대방은 그 자신이 이해받고 있다는 느낌을 갖게 되어 청자를 보다 신뢰하게 된다.

(2) 대화법을 통한 경청훈련

① 주의 기울이기

바라보기, 듣기, 따라하기가 이에 해당하며, 산만한 행동은 중단하고 비언어적인 것, 즉 상대방의 얼굴과 몸의 움직임뿐만 아니라 호흡하는 자세까지도 주의하여 관찰해야 한다.

② 상대방의 경험을 인정하고 더 많은 정보 요청하기

화자가 인도하는 방향으로 따라가고 있음을 언어적 · 비언어적인 표현을 통하여 상대방에게 알려주는 것은 상대방이 더 많은 내용을 말할 수 있는 수단이 된다.

③ 정확성을 위해 요약하기

상대방에 대한 이해의 정확성을 확인할 수 있게 하며, 자신과 상대방의 메시지를 공유할 수 있도록 한다.

④ 개방적인 질문하기

단답형의 대답이나 반응보다 상대방의 다양한 생각을 이해하고, 상대방으로부터 보다 많은 정보를 얻기 위한 방법이다.

⑤ '왜?'라는 질문 피하기

'왜?'라는 질문은 보통 진술을 가장한 부정적 · 추궁적 · 강압적인 표현이므로 사용하지 않는 것이 좋다.

02 경청의 방해요인

(1) **짐작하기** : 상대방의 말을 듣고 받아들이기보다 자신의 생각에 들어맞는 단서들을 찾아 자신의 생각을 확인하는 것이다.

(2) **대답할 말 준비하기** : 자신이 다음에 할 말을 생각하기에 바빠서 상대방이 말하는 것을 잘 듣지 않는 것이다.

(3) **걸러내기** : 상대의 말을 듣기는 하지만 상대방의 메시지를 온전하게 듣지 않는 것이다.

(4) **판단하기** : 상대방에 대한 부정적인 판단 때문에 또는 상대방을 비판하기 위해 상대방의 말을 듣지 않는 것이다.

(5) **다른 생각하기** : 상대방이 말을 할 때 다른 생각을 하는 것으로, 현실이 불만스럽지만 이러한 상황을 회피하고 있다는 신호이다.

(6) **조언하기** : 본인이 다른 사람의 문제를 지나치게 해결해 주고자 하는 것을 말하며, 말 끝마다 조언하려고 끼어들면 상대방은 제대로 말을 끝맺을 수 없다.

(7) **언쟁하기** : 단지 반대하고 논쟁하기 위해서만 상대방의 말에 귀를 기울이는 것이다.

(8) **옳아야만 하기** : 자존심이 강한 사람에게서 나타나는 태도로 자신의 부족한 점에 대한 상대방의 말을 듣지 않으려 하는 것이다.

(9) **슬쩍 넘어가기** : 문제를 회피하려 하거나 상대방의 부정적 감정을 회피하기 위해서 유머 등을 사용하는 것으로, 이로 인해 상대방의 진정한 고민을 놓치게 된다.

(10) **비위 맞추기** : 상대방을 위로하기 위해서 너무 빨리 동의하는 것을 말하며, 상대방에게 자신의 생각이나 감정을 충분히 표현할 시간을 주지 못하게 된다.

대표예제

다음 대화에서 B사원의 문제점으로 가장 적절한 것은?

A사원 : 배송 지연으로 인한 고객의 클레임을 해결하기 위해서는 일단 입고된 상품을 먼저 배송하고, 추가 배송료를 부담하더라도 나머지 상품은 입고되면 다시 배송하는 방법이 나을 것 같습니다.
B사원 : 글쎄요. A사원의 그간 업무 스타일로 보았을 때, 방금 제시한 그 처리 방법이 효율적일지 의문이 듭니다.

① 짐작하기
② 판단하기
③ 조언하기
④ 비위 맞추기
⑤ 대답할 말 준비하기

정답 해설

B사원은 현재 문제 상황과 관련이 없는 A사원의 업무 스타일을 근거로 들며, A사원의 의견을 무시하고 있다. 즉, 상대방에 대한 부정적인 판단 때문에 상대방의 말을 듣지 않는 태도가 B사원의 경청을 방해하고 있는 것이다.

오답분석

① 짐작하기 : 상대방의 말을 듣고 받아들이기보다 자신의 생각에 들어맞는 단서들을 찾아 자신의 생각을 확인하는 것이다.
③ 조언하기 : 지나치게 다른 사람의 문제를 본인이 해결해 주고자 하여 상대방의 말끝마다 조언하려고 끼어드는 것이다.
④ 비위 맞추기 : 상대방을 위로하기 위해서 혹은 비위를 맞추기 위해서 너무 빨리 동의하는 것이다.
⑤ 대답할 말 준비하기 : 상대방의 말을 듣고 자신이 다음에 할 말을 생각하기 바빠 상대방의 말을 잘 듣지 않는 것이다.

정답 ②

| 문제 1 |

공감적 이해의 단계를 인습적, 기본적, 심층적 수준으로 나누어 볼 때, 다음 중 A～C를 바르게 분류한 것은?

> A～C는 같은 초등학교에 다니고 있는 아이들의 학부모로, 서로 나이도 비슷하고 취미도 비슷하여 친하게 지내고 있다. 그러나 이 셋은 아이들과 대화할 때 대화 방식에서 큰 차이를 보인다.
> 초등학생인 아이가 "학교 숙제는 제가 알아서 할게요. 자꾸 집에 오면 숙제부터 먼저 하라고 하시는데 제가 작성한 하루 일과표에 따라 순서대로 할게요."라고 하였을 때, A～C는 다음과 같이 이야기하였다.
>
> A : 지난번에도 알아서 하겠다고 해놓고, 결국엔 잊어버려서 학교에 가서 혼나지 않았니? 엄마, 아빠 말 들어서 나쁠 거 하나 없어.
> B : 이제 스스로 더 잘 할 수 있다는 이야기구나. 하루 일과표를 지키겠다는 책임감도 갖게 된 것 같구나.
> C : 엄마, 아빠가 너무 학교 숙제에 대해서만 이야기해서 기분이 상했구나.

	A	B	C
①	인습적	기본적	심층적
②	인습적	심층적	기본적
③	기본적	인습적	심층적
④	기본적	심층적	인습적
⑤	심층적	인습적	기본적

정답 해설

- A : 아이의 이야기를 들어주기보다는 자신의 기준에 따라 성급하게 판단하여 충고를 하고 있다. 상대방의 생각이나 느낌과 일치된 의사소통을 하지 못하는 인습적 수준에 해당한다.
- B : 아이의 이야기에 대하여 긍정적으로 반응하고 아이가 자신의 일에 책임감을 가질 수 있도록 돕고 있다. 상대방의 내면적 감정과 사고를 지각하고 적극적인 성장 동기를 이해하는 심층적 수준에 해당한다.
- C : 아이의 현재 마음 상태를 이해하고 있으며, 아이의 의견을 재언급하면서 반응을 보이고 있다. 상대방의 마음 상태나 전달하려는 내용을 파악하고 그에 맞는 반응을 보이는 기본적 수준에 해당한다.

공감적 이해

- 인습적 수준 : 청자가 상대방의 말을 듣고 그에 대한 반응을 보이기는 하지만, 청자가 주로 자신의 생각에 사로잡혀 있기 때문에 자기주장만 할 뿐 상대방의 생각이나 느낌과 일치된 의사소통을 하지 못하는 경우이다.
- 기본적 수준 : 청자는 상대방의 행동이나 말에 주의를 기울여 상대방의 현재 마음 상태나 전달하려는 내용을 정확하게 파악하고 그에 맞는 반응을 보인다.
- 심층적 수준 : 청자는 언어적으로 명백히 표현되지 않은 상대방의 내면적 감정과 사고를 지각하고 이를 자신의 개념 틀에 의하여 왜곡 없이 충분히 표현함으로써 상대방의 적극적인 성장 동기를 이해하고 표출한다.

정답 ②

| 문제 2 |

A씨 부부는 대화를 하다 보면 사소한 다툼으로 이어지곤 한다. A씨의 아내는 A씨가 자신의 이야기를 제대로 들어주지 않기 때문이라고 생각한다. 다음 사례에 나타난 A씨의 경청을 방해하는 습관은 무엇인가?

> A씨의 아내가 남편에게 직장에서 업무 실수로 상사에게 혼난 일을 이야기하자 A씨는 "항상 일을 진행하면서 꼼꼼하게 확인하라고 했잖아요. 당신이 일을 처리하는 방법이 잘못됐어요. 다음부터는 일을 하기 전에 미리 계획을 세우고 체크리스트를 작성해 보세요."라고 이야기했다. A씨의 아내는 이런 대답을 듣자고 이야기한 것이 아니라며 더 이상 이야기하고 싶지 않다고 말하고 밖으로 나가 버렸다.

① 짐작하기
② 걸러내기
③ 판단하기
④ 조언하기
⑤ 옳아야만 하기

정답 해설

A씨의 아내는 A씨가 자신의 이야기에 공감해 주길 바랐지만, A씨는 아내의 이야기를 들어주기보다는 해결책을 찾아 아내의 문제에 대해 조언하려고만 하였다. 즉, A씨의 아내는 마음을 털어놓고 위로받고 싶었지만, A씨의 조언하려는 태도 때문에 더 이상 대화가 이어질 수 없었다.

오답분석

① 짐작하기 : 상대방의 말을 듣고 받아들이기보다 자신의 생각에 들어맞는 단서들을 찾아 자신의 생각을 확인하는 것이다.
② 걸러내기 : 상대의 말을 듣기는 하지만 상대방의 메시지를 온전하게 듣는 것이 아닌 경우로, 듣고 싶지 않은 것을 막아버리는 것이다.
③ 판단하기 : 상대방에 대한 부정적인 판단 때문에 또는 상대방을 비판하기 위하여 상대방의 말을 듣지 않는 것이다.
⑤ 옳아야만 하기 : 자존심이 강한 사람은 자존심에 관한 것을 전부 막아버리려 하기 때문에 자신의 부족한 점에 대한 상대방의 말을 들을 수 없게 된다.

정답 ④

TOPIC

45 상황에 따른 의사표현법

(1) 상대방에게 요청하는 경우

상황	내용
부탁	• 먼저 '괜찮습니까?'하고 상대의 상황을 확인한 후에 기간, 비용, 순서 등을 구체적으로 부탁한다. • 거절을 당해도 싫은 내색을 하지 말아야 한다.
명령	• '~을 이렇게 해라!'와 같이 강압적으로 말하는 것은 바람직하지 않다. • '~을 이렇게 하는 것이 어떻겠습니까?'와 같이 부드럽게 표현하는 것이 훨씬 효과적이다.
설득	• 일방적으로 강요하거나 상대방에게만 손해를 보라고 하는 '밀어붙이기 식' 대화는 금물이다. • 먼저 양보해서 이익을 공유하겠다는 의지를 보여주어야만 상대방도 받아들이게 된다.
충고	• 충고는 가급적 피해야 할 마지막 방법이다. • 충고를 해야 할 상황이라면 사례를 들어 비유법으로 깨우쳐주는 것이 바람직하다.

(2) 부정적인 의사표현을 해야 하는 경우

상황	내용
거절	• 먼저 사과한 다음, 응해줄 수 없는 이유를 설명한다. • 불가능하다고 여겨질 때는 모호한 태도를 보이는 것보다 단호하게 거절하는 것이 좋다.
지적	• 상대방과의 관계를 고려하여 상대방이 알 수 있도록 확실하게 지적한다. • 모호한 표현은 설득력을 약화시키며, 지금 당장 꾸짖고 있는 내용에만 한정해야 한다. • 당사자 간의 힘이나 입장의 차이가 클수록 저항이 적다.
질책	• 질책을 가운데 두고 칭찬을 먼저 한 다음, 끝에 다시 격려의 말을 하는 이른바 '샌드위치 화법'을 구사하는 것이 바람직하다.

대표예제

최근 회사 생활을 하면서 대인관계에 어려움을 겪고 있는 A사원은 같은 팀 B대리에게 조언을 구하고자 면담을 신청하였다. 다음 중 B대리가 A사원에게 해 줄 조언으로 적절하지 않은 것은?

A사원 : 지난달 팀 프로젝트를 진행하면서 같은 팀원인 C사원이 업무적으로 힘들어 하는 것 같아서 C사원의 업무를 조금 도와줬습니다. 그 뒤로 타 부서 직원인 D사원의 업무 협조 요청도 거절하지 못해 함께 업무를 진행했습니다. 그러다 보니 막상 제 업무는 제시간에 끝내지 못했고, 결국에는 늘 야근을 해야만 했습니다. 앞으로는 제 업무에만 전념하기로 다짐하면서 지난주부터는 다른 직원들의 부탁을 모두 거절하였습니다. 그랬더니 동료들로부터 제가 냉정하고 업무에 비협조적이라는 이야기를 들었습니다. 이번 달에는 정말 제가 당장 처리해야 할 업무가 많아 도움을 줄 수 없는 상황입니다. 동료들의 부탁을 어떻게 거절해야 동료들이 저를 이해해 줄까요?

B대리 : ______________________________

① 부탁을 거절할 때는 인간관계를 해치지 않도록 신중하게 거절하는 것이 중요합니다.
② 도움이 필요한 상대 동료의 상황을 충분히 이해하고 있음을 드러내야 합니다.
③ 현재 도움을 줄 수 없는 A사원의 상황이나 이유를 분명하게 설명해야 합니다.
④ 도움을 주지 못해 아쉬운 마음을 함께 표현해야 합니다.
⑤ 상대 동료가 미련을 갖지 않도록 단번에 거절해야 합니다.

PART 5

정답 해설

타인의 부탁을 거절해야 할 경우 도움을 요청한 타인의 입장을 고려하여 인간관계를 해치지 않도록 신중하게 거절하는 것이 중요하다. 먼저 도움이 필요한 상대방의 상황을 충분히 이해했음을 표명하고, 도움을 주지 못하는 자신의 상황이나 이유를 분명하게 설명해야 한다. 그리고 도움을 주지 못하는 아쉬움을 표현해야 한다.

정답 ⑤

| 문제 1 |

다음 중 상황과 대상에 따른 의사표현법으로 적절하지 않은 것은?

① 상대방의 잘못을 지적할 때는 상대방이 상처를 받을 수도 있으므로 모호한 표현을 해야 한다.

② 상대방을 칭찬할 때는 별다른 노력을 기울이지 않아도 되지만, 자칫 잘못하면 아부로 여겨질 수 있으므로 주의해야 한다.

③ 상대방에게 부탁해야 할 때는 상대의 사정을 우선시하는 태도를 보여줘야 한다.

④ 상대방의 요구를 거절해야 할 때는 먼저 사과하고 요구를 들어줄 수 없는 이유를 설명해야 한다.

⑤ 상대방에게 명령해야 할 때는 강압적으로 말하기보다는 부드럽게 표현하는 것이 효과적이다.

정답 해설

상대방의 잘못을 지적할 때는 상대방이 알 수 있도록 확실하게 지적해야 한다. 모호한 표현은 설득력을 약화시킨다.

정답 ①

| 문제 2 |

다음은 대화 과정에서 지켜야 할 협력의 원리에 대한 설명이다. 〈보기〉의 대화에 대한 설명으로 가장 적절한 것은?

협력의 원리란 대화 참여자가 대화의 목적에 최대한 기여할 수 있도록 서로 협력해야 한다는 것으로, 듣는 사람이 요구하지 않은 정보를 불필요하게 많이 제공하거나 대화의 목적이나 주제에 맞지 않는 내용을 말하는 것은 바람직하지 않다. 협력의 원리를 지키기 위해서는 다음과 같은 사항을 고려해야 한다.

- 양의 격률 : 필요한 만큼만 정보를 제공해야 한다.
- 질의 격률 : 타당한 근거를 들어 진실한 정보를 제공해야 한다.
- 관련성의 격률 : 대화의 목적이나 주제와 관련된 것을 말해야 한다.
- 태도의 격률 : 모호하거나 중의적인 표현을 피하고, 간결하고 조리 있게 말해야 한다.

보기

A사원 : 오늘 점심은 어디로 갈까요?
B대리 : 아무거나 먹읍시다. 오전에 간식을 먹었더니 배가 별로 고프진 않아서 아무 데나 괜찮습니다.

① B대리는 불필요한 정보를 제공하고 있으므로 양의 격률을 지키지 않았다.
② B대리는 거짓된 정보를 제공하고 있으므로 질의 격률을 지키지 않았다.
③ B대리는 질문에 적합하지 않은 대답을 하고 있으므로 관련성의 격률을 지키지 않았다.
④ B대리는 대답을 명료하게 하지 않고 있으므로 태도의 격률을 지키지 않았다.
⑤ A대리와 B대리는 서로 협력하여 의미 전달을 하고 있으므로 협력의 원리를 따르고 있다.

PART 5

정답 해설

B대리는 A사원의 질문에 대해 명료한 대답을 하지 않고 모호한 태도를 보이고 있으므로 협력의 원리 중 태도의 격률을 어기고 있음을 알 수 있다.

정답 ④

우리가 해야할 일은 끊임없이 호기심을 갖고
새로운 생각을 시험해 보고 새로운 인상을 받는 것이다.

– 월터 페이터 –

PART 6

의사표현능력

TOPIC

46 어휘의 관계 유추

| 문제 1 |

다음 중 밑줄 친 ㉠, ㉡의 관계와 다른 것은?

> 물을 이용한 신재생에너지 중 조력과 조류발전은 빼놓을 수 없는 아이템이다. 특히 조력발전은 한때 우리나라의 온실가스 감축 최고해법으로 꼽히기도 했던 기술이다. 조력발전이 하루 두 번 발생하는 밀물과 썰물을 이용한다는 점은 익히 잘 알려져 있다. 해안이나 연안에 둑을 건설해 ㉠ 밀물과 ㉡ 썰물 때 물을 가둬두고 조수간만의 차가 생기면 둑을 열어 물의 흐름으로 전기를 생산한다.

① 전진 : 후퇴
② 연결 : 단절
③ 대소 : 방소
④ 스승 : 제자
⑤ 방송 : 구금

정답 해설

'밀물'과 '썰물'은 반의 관계이지만 '대소'와 '방소'는 '크게 웃는다'는 뜻의 유의 관계이다.

정답 ③

| 문제 2 |

다음 중 밑줄 친 ㉠, ㉡의 관계와 가장 유사한 것은?

> 남성적 특성과 여성적 특성을 모두 가지고 있는 사람이 남성적 특성 혹은 여성적 특성만 지니고 있는 사람에 비하여 훨씬 더 다양한 ㉠ 자극에 대하여 다양한 ㉡ 반응을 보일 수 있다. 이렇게 여러 개의 반응 레퍼토리를 가지고 있다는 것은 다시 말하면, 그때그때 상황의 요구에 따라 적합한 반응을 보일 수 있다는 것이며, 이는 곧 사회적 환경에 더 유연하고 효과적으로 대처할 수 있다는 것을 의미한다.

① 개인 : 사회
② 정신 : 육체
③ 물고기 : 물
④ 입력 : 출력
⑤ 후보자 : 당선자

PART 6

정답 해설

'자극'과 '반응'은 조건과 결과의 관계이다. 그리고 '입력'을 해야 '출력'이 되므로 '입력'과 '출력'도 조건과 결과의 관계이다.

오답분석

① 개별과 집합의 관계이다.
② 대등 관계이자 상호보완 관계이다.
③ 존재와 생존의 조건 관계이다.
⑤ 미확정과 확정의 관계이다.

정답 ④

| 문제 3 |

다음 중 밑줄 친 ㉠, ㉡의 관계와 다른 것은?

> 제천시의 산채건강마을은 산과 하천이 어우러진 전형적인 산촌으로, 돌과 황토로 지은 8개 동의 전통 ㉠ 가옥 펜션과 한방 명의촌, 한방주 체험관, 황토 게르마늄 구들 찜질방, 약용 식물원 등의 시설을 갖추고 있다. 산채건강마을의 한방주 체험관에서는 전통 가양주를 만들어 보는 체험을 할 수 있다. 체험객들은 개인의 취향대로 한약재를 골라 넣어 가양주를 담그고, 자신이 직접 담근 가양주는 ㉡ 집으로 가져갈 수 있다.

① 친구(親舊) : 벗
② 수확(收穫) : 벼
③ 금수(禽獸) : 짐승
④ 계란(鷄卵) : 달걀
⑤ 주인(主人) : 임자

정답 해설

'가옥(家屋)'은 집을 의미하는 한자어로, ㉠과 ㉡의 관계는 동일한 의미를 지니는 한자어와 고유어의 관계이다. '수확(收穫)'은 익은 농작물을 거두어들이는 것 또는 거두어들인 농작물의 의미를 가지므로 '벼'는 수확의 대상이 될 뿐 수확과 동일한 의미를 지니지 않는다.

정답 ②

| 문제 4 |

다음 중 밑줄 친 ㉠, ㉡의 관계와 가장 유사한 것은?

> 우리는 특정한 역사적 시기의 과학적 성과의 한계를 과학적 인식 그 자체의 본성적인 한계로 혼동해서는 안 된다. 왜냐하면 특정한 역사적 시기의 구체적인 과학은 언제나 일정한 한계를 지니고 있지만 과학 그 자체는 하루하루의 실천과 더불어 역사라는 수레를 굴려 나가는 바퀴이며, 역사가 계속되는 한 역사와 더불어 계속 전진하면서 자신의 ㉠ 한계를 극복해 나갈 것이기 때문이다. 이것은 우리의 실천이 구체적으로는 늘 일정한 ㉡ 벽에 부딪힐 뿐만 아니라 종종 잘못에 빠지기도 하지만, 그럼에도 불구하고 실천이야말로 우리의 삶을 지탱하고 개선하는 유일한 길이라는 사실과 똑같은 원리라고 볼 수 있다.

① 근면 : 일
② 음식 : 김치
③ 인간 : 사람
④ 장애 : 걸림돌
⑤ 보라색 : 색깔

PART 6

정답 해설

'벽'은 '한계'를 비유하는 관용적 표현이다. 따라서 '장애'를 '걸림돌'로 비유한 ④가 가장 유사하다.

정답 ④

TOPIC

47 관용적 표현과 언어표현

| 문제 1 |

다음 글과 관련 있는 속담으로 가장 적절한 것은?

> 한국을 방문한 외국인들을 대상으로 한 설문조사에서 인상 깊은 한국의 '빨리빨리' 문화로 '자판기에 손 넣고 기다리기, 웹사이트가 3초 안에 안 나오면 창 닫기, 엘리베이터 닫힘 버튼 계속 누르기' 등이 뽑혔다. 외국인들에게 가장 큰 충격을 준 것은 바로 '가게 주인의 대리 서명'이었다. 외국인들은 가게 주인이 카드 모서리로 대충 사인을 하는 것을 보고 큰 충격을 받았다고 하였다. 외국에서는 서명을 대조하여 확인하기 때문에 대리 서명은 상상도 할 수 없다는 것이다.

① 가재는 게 편이다.
② 우물에 가 숭늉 찾는다.
③ 봇짐 내어 주며 앉으라 한다.
④ 하나를 듣고 열을 안다.
⑤ 낙숫물이 댓돌을 뚫는다.

정답 해설

제시문은 모든 일에는 지켜야 할 질서와 차례가 있음에도 불구하고 이를 무시한 채 무엇이든지 빠르게 처리하려는 한국의 '빨리빨리' 문화에 대해 설명하고 있다. 따라서 '일의 순서도 모르고 성급하게 덤빔'을 비유적으로 이르는 ②와 가장 관련이 있다.

오답분석

① 모양이나 형편이 서로 비슷하고 인연이 있는 것끼리 서로 잘 어울리고, 사정을 보아주며 감싸 주기 쉬움을 비유적으로 이르는 말이다.
③ 속으로는 가기를 원하면서 겉으로는 만류하는 체한다는 뜻으로, 속생각은 전혀 다르면서도 말로만 그럴듯하게 인사치레함을 비유적으로 이르는 말이다.
④ 한 마디 말을 듣고도 여러 가지 사실을 미루어 알아낼 정도로 매우 총기가 있다는 말이다.
⑤ 작은 힘이라도 꾸준히 계속하면 큰일을 이룰 수 있음을 비유적으로 이르는 말이다.

정답 ②

| 문제 2 |

다음 밑줄 친 부분은 모두 어떤 물건의 수효를 묶어서 세는 단위로 쓰인다. 이 중 수량이 가장 적은 것은?

① 굴비 두 갓
② 명주 한 필
③ 탕약 세 제
④ 달걀 한 꾸러미
⑤ 오이 한 거리

정답 해설

'꾸러미'는 달걀 10개를 묶어 세는 단위이므로 달걀 한 꾸러미는 10개이다.

오답분석

① 굴비를 묶어 세는 단위인 '갓'은 굴비 10마리를 나타내므로 굴비 두 갓은 20마리이다.
② '필'은 일정한 길이로 말아 놓은 피륙을 세는 단위로, 한 필의 길이는 40자를 나타내므로 명주 한 필은 40자이다.
③ '제'는 한약의 분량을 나타내는 단위로, 한 제는 탕약 스무 첩을 나타내므로 탕약 세 제는 60첩이다.
⑤ '거리'는 오이나 가지 따위를 묶어 세는 단위로, 한 거리는 오이나 가지 50개를 나타내므로 오이 한 거리는 50개이다.

정답 ④

PART 6

| 문제 3 |

다음 중 중복된 언어 표현이 없는 것은?

① 저 사람이 바로 소위 말하는 문제의 인물이야.

② 이번 박람회는 시장 흐름을 미리 예측할 수 있는 좋은 기회이다.

③ 올해 추수한 햅쌀로 밥을 지어 어머니께 드렸다.

④ 이 지역은 장마철에 자주 침수되어 주민들의 걱정이 끊이지 않는다.

⑤ 고난을 겪었지만 멈추지 말고 앞으로 전진해야 한다.

정답 해설

오답분석

① '소위'는 '이른바(세상에서 말하는 바)'의 뜻으로, '말하는'과 의미상 중복된다.

② '미리'와 '예측(미리 헤아려 짐작함)'이 의미상 중복된다.

③ '올해 추수한'과 '햅쌀(그 해에 새로 난 쌀)'이 의미상 중복된다.

⑤ '전진'은 '앞으로 나아감'의 뜻으로, '앞으로'와 의미상 중복된다.

정답 ④

| 문제 4 |

다음 글과 가장 관련 있는 한자성어는?

> 똑같은 상품이라도 대형마트와 백화점 중 어디에서 판매하느냐에 따라 구매 선호도에 차이를 보이는 것으로 조사됐다.
> 한 백화점에서 지하 1층에 위치한 마켓의 한해 상품판매 추이를 분석한 결과, 신선식품과 유기농 식품 등에 대한 구매 선호도가 동일한 상품을 판매하는 대형마트보다 높게 나타났다. 상품군별 매출구성비를 살펴보면 신선식품의 경우 대형마트는 전체 매출의 23%대를 차지하고, 백화점 내 마켓은 32%의 구성비를 보이며 구매 선호도가 가장 높게 나타났다. 특히 유기농 상품매장의 경우, 유기농 상품의 평균 구매단가가 8,550원으로, 대형마트의 7,050원보다 21%나 높음에도 불구하고 백화점 내 마켓 매출이 대형마트보다 월평균 3배 이상 높은 것으로 확인됐다.
> 또한, 유기농 선호품목의 경우 백화점 내 마켓에서는 우유 등 유제품과 사과, 바나나 등 과일에 대한 구매가 활발하지만, 대형마트에서는 잡곡과 쌀 등 곡류의 선호도가 높았다. 품목별 상품매출 구성비에서 상위 10위권 이내의 상품은 백화점의 경우 와인과 LCD TV, 프리미엄 냉장고, 노트북 등 문화가전 상품이 많았으나, 대형마트는 봉지라면과 쌀, 화장지, 병 소주 등 생활필수품이 인기를 끌었다. 백화점 내 마켓에서 판매된 2,000여 가지 상품 가운데 매출구성비 1위를 차지한 상품은 레드와인(3.4%)이었으며, 대형마트는 봉지라면(1.5%)이 1위를 차지했다.
> 백화점 관계자는 “똑같은 대형마트 상품이라도 백화점에서 판매하면 전혀 다른 상품 선호도와 소비 형태를 낳게 된다.”며 “이는 장소에 따라 고객의 구매 목적과 집중도에서 차이를 보이기 때문이다.”라고 말했다.

① 귤화위지(橘化爲枳)
② 좌불안석(坐不安席)
③ 불문가지(不問可知)
④ 전화위복(轉禍爲福)
⑤ 일망타진(一網打盡)

PART 6

정답 해설

제시문에서는 대형마트와 백화점 중 판매되는 곳에 따라 나타나는 상품에 대한 구매 선호도의 차이를 이야기하고 있다. 따라서 제시문과 관련 있는 한자성어로는 ‘회남의 귤을 회북에 옮겨 심으면 탱자가 된다.’는 뜻으로, ‘환경에 따라 사람이나 사물의 성질이 변함’을 의미하는 ‘귤화위지(橘化爲枳)’가 가장 적절하다.

오답분석

② 좌불안석(坐不安席) : 앉아도 자리가 편안하지 않다는 뜻으로, 마음이 불안하거나 걱정스러워서 한 군데에 가만히 앉아 있지 못하고 안절부절못하는 모양을 이르는 말이다.
③ 불문가지(不問可知) : 묻지 아니하여도 알 수 있음을 뜻하는 말이다.
④ 전화위복(轉禍爲福) : 재앙과 근심, 걱정이 바뀌어 오히려 복이 됨을 뜻하는 말이다.
⑤ 일망타진(一網打盡) : 한 번 그물을 쳐서 고기를 다 잡는다는 뜻으로, 어떤 무리를 한꺼번에 모조리 다 잡음을 이르는 말이다.

정답 ①

TOPIC

48 동음이의어와 동의어

| 문제 1 |

다음 중 밑줄 친 부분과 같은 의미로 쓰인 것은?

> 음악가는 언어라는 매개를 통하지 않고 작곡을 하여 어떤 생각이나 사상을 표현하며, 조각가는 언어 없이 조형을 한다.

① 그의 주장은 앞뒤가 잘 통하지 않는다.
② 바람이 잘 통하는 곳에 빨래를 널어야 잘 마른다.
③ 그 시상식은 텔레비전을 통해 전국에 중계되었다.
④ 청소년들은 기성세대와 말이 통하지 않는다고 말한다.
⑤ 부부는 어떤 일을 하든 서로 뜻이 잘 통해야 한다.

정답 해설

밑줄 친 부분과 ③에서는 '통하다'가 '무엇을 매개로 하거나 중개하다.'의 뜻으로 사용되었다.

오답분석

① 말이나 문장 따위의 논리가 이상하지 아니하고 의미의 흐름이 적절하게 이어져 나가다.
② 막힘이 없이 흐르다.
④·⑤ 마음 또는 의사나 말 따위가 다른 사람과 소통되다.

정답 ③

| 문제 2 |

다음 중 밑줄 친 부분과 같은 의미로 쓰인 것은?

> 나는 무인도의 정글 속에서 내 짧고 불행한 생애의 마지막을 맞고 싶지 않았다.

① 내 육감은 잘 맞는 편이다.
② 그들은 우리를 반갑게 맞아 주었다.
③ 우리 대학은 설립 60주년을 맞았다.
④ 우박을 맞아 비닐하우스에 구멍이 났다.
⑤ 그 두 나라는 이해관계가 잘 맞는 분야에 한해서 협력하기로 했다.

정답 해설

밑줄 친 부분과 ③에서는 '맞다'가 '시간의 흐름에 따라 오는 어떤 때를 대하다.'의 뜻으로 사용되었다.

오답분석

① 말, 육감, 사실 따위가 틀림이 없다.
② 오는 사람이나 물건을 예의로 받아들이다.
④ 자연 현상에 따라 내리는 눈, 비 따위의 닿음을 받다.
⑤ 어떤 행동, 의견, 상황 따위가 다른 것과 서로 어긋나지 아니하고 같거나 어울린다.

정답 ③

| 문제 3 |

다음 중 밑줄 친 단어와 바꿔 사용할 수 있는 것은?

> 최저임금법 시행령 제5조 제1항 제2호 및 제3호는 주 단위 또는 월 단위로 지급된 임금에 대해 1주 또는 월의 소정근로시간 수로 나눈 금액을 시간에 대한 임금으로 규정하고 있다. 그러나 최저임금 산정을 위한 소정근로시간 수에 대해 고용노동부와 대법원의 해석이 어긋나 눈길을 끈다. 고용노동부는 소정근로시간에 유급주휴시간을 포함하여 계산하여 통상임금 산정기준 근로시간 수와 동일하게 본 반면, 대법원은 최저임금 산정을 위한 소정근로시간 수에 유급주휴시간을 제외하고 산정하였다.

① 배치되어
② 도치되어
③ 대두되어
④ 전도되어
⑤ 발생되어

정답 해설

- 어긋나다 : 방향이 비껴서 서로 만나지 못하다.
- 배치하다 : 서로 반대로 되어 어그러지거나 어긋나다.

오답분석

② 도치하다 : 차례나 위치 따위를 서로 뒤바꾸다.
③ 대두하다 : 어떤 세력이나 현상이 새롭게 나타나다.
④ 전도하다 : 거꾸로 되거나 거꾸로 하다.
⑤ 발생하다 : 어떤 일이나 사물이 생겨나다.

정답 ①

| 문제 4 |

다음 〈보기〉의 밑줄 친 단어 중 의미가 서로 비슷한 것을 모두 고르면?

보기

ㄱ. 세상이 무너지는 슬픔을 뒤로하고, 그는 종교에 의지하며 살았다.
ㄴ. 경서는 일주일 내내 야근했더니, 침대에 눕자마자 몸이 무너져 내리는 듯한 피로감을 느꼈다.
ㄷ. 이 제품은 구조가 간단하여 기계를 잘 모르는 나도 쉽게 조립할 수 있었다.
ㄹ. 사태를 해결하기 위해 늦은 시간까지 대응책을 구상했지만, 도무지 해결방안이 떠오르지 않았다.
ㅁ. 회사는 이번 공채부터 신입사원들을 위한 새로운 제도를 입안했다.
ㅂ. 20살 때 내가 하고 싶은 일부터 해야 하는 일까지 스스로 설계했다.

① ㄱ, ㄷ, ㄹ
② ㄴ, ㄷ, ㅁ
③ ㄷ, ㄹ, ㅁ
④ ㄷ, ㅁ, ㅂ
⑤ ㄹ, ㅁ, ㅂ

정답 해설

ㄹ. 구상하다 : 앞으로 이루려는 일에 대하여 그 일의 내용이나 규모, 실현 방법 따위를 어떻게 정할 것인지 이리저리 생각하다.
ㅁ. 입안하다 : 어떤 안(案)을 세우다.
ㅂ. 설계하다 : 계획을 세우다.

오답분석

ㄱ. 의지하다 : 다른 것에 마음을 기대어 도움을 받다.
ㄴ. 무너지다 : 몸이 힘을 잃고 쓰러지거나 밑바닥으로 내려앉다.
ㄷ. 구조 : 부분이나 요소가 어떤 전체를 짜 이룸 또는 그렇게 이루어진 얼개

정답 ⑤

TOPIC

49 반의어와 상하위어

| 문제 1 |

다음 중 밑줄 친 단어와 반대 의미를 가진 것은?

> 세계는 사물의 총체가 아니라 사건의 총체이다.

① 전체(全體)
② 개체(個體)
③ 별개(別個)
④ 유별(有別)
⑤ 일반(一般)

정답 해설

- 총체 : 있는 것들을 모두 하나로 합친 전부 또는 전체
- 개체 : 전체나 집단에 상대하여 하나하나의 낱개를 이르는 말

오답분석

① 전체 : 개개 또는 부분의 집합으로 구성된 것을 몰아서 하나의 대상으로 삼는 경우에 바로 그 대상
③ 별개 : 관련성이 없이 서로 다름
④ 유별 : 다름이 있음
⑤ 일반 : 특별하지 않은 평범한 수준이나 그러한 사람들

정답 ②

| 문제 2 |

다음 〈보기〉는 '막다'의 용례들이다. 밑줄 친 부분의 문맥상 의미와 대립하는 말을 순서대로 나열한 것은?

보기

ㄱ. 경비원이 사람들의 출입을 막았다.
ㄴ. 그는 큰 혼란을 막았다.
ㄷ. 경찰이 도로를 막았다.

	ㄱ	ㄴ	ㄷ
①	수락했다	초치했다	재개했다
②	수락했다	방치했다	개방했다
③	허용했다	야기했다	개방했다
④	허용했다	방기했다	개통했다
⑤	승낙했다	유발했다	공개했다

정답 해설

ㄱ의 '막다'는 '허용하다(용인하다)'와 반대 의미로 사용되었고, ㄴ의 '막다'는 '발생시키다(야기하다)'와 반대 의미로 사용되었다. 또한, ㄷ의 '막다'는 '개방하다'와 반대 의미로 사용되었다. 따라서 보기의 밑줄 친 단어의 문맥상 의미와 대립하는 말을 순서대로 나열한 것은 ③이다.

정답 ③

| 문제 3 |

다음 뜻을 모두 나타낼 수 있는 단어로 가장 적절한 것은?

• 성이 나다.	• 가루를 쏟아 넣다.
• 돈을 치르다.	• 부풀어 오르다.

① 채우다
② 붓다
③ 치밀다
④ 물다
⑤ 붇다

정답 해설

'붓다'의 의미
• 성이 나서 뾰로통해지다.
• 액체나 가루 따위를 다른 곳에 담다.
• 불입금, 이자, 곗돈 따위를 일정한 기간마다 내다.
• 살가죽이나 어떤 기관이 부풀어 오르다.

정답 ②

| 문제 4 |

다음 단어가 나타내는 뜻을 모두 포괄하는 단어로 가장 적절한 것은?

쓰이다 배다 들다 속하다 담기다

① 쓰이다
② 배다
③ 들다
④ 속하다
⑤ 담기다

정답 해설

오답분석

① 책 한 권을 읽는 데 시간이 많이 드는(쓰이는) 편이다.
② 소금을 뿌려 둔 생선에 간이 잘 들었다(뱄다).
④ 그는 이번 마라톤 대회에서 5등 안에 든(속한) 선수야.
⑤ 이 빵은 특히 빵 속에 든(담긴) 크림이 맛있어.

정답 ③

PART 6

TOPIC

50 맞춤법과 어휘선택

| 문제 1 |

다음 중 밑줄 친 부분의 띄어쓰기가 옳은 것은?

① 최선의 세계를 만들기 위해서 무엇 보다 이 세계에 있는 모든 대상들이 지닌 성질을 정확하게 인식해야 만 한다.

② 일과 여가 두가지를 어떻게 조화시키느냐하는 문제는 항상 인류의 관심대상이 되어 왔다.

③ 내로라하는 영화배우 중 내 고향 출신도 상당수 된다. 그래서 자연스럽게 영화배우를 꿈꿨고, 그러다 보니 영화는 내 생활의 일부가 되었다.

④ 실기시험은 까다롭게 심사하는만큼 준비를 철저히 해야 한다. 한 달 간 실전처럼 연습하면서 시험에 대비하자.

⑤ 우주의 삼라 만상은 우리에게 온갖 경험을 제공하지만 많은 경험의 결과들이 서로 모순 되는 때가 많다.

정답 해설

- 내로라하다 : 어떤 분야를 대표할 만하다.
- 그러다 보니 : 보조용언 '보다'가 앞 단어와 연결 어미로 이어지는 '－다 보다'의 구성으로 쓰이면 앞말과 띄어 쓴다.

오답분석

① 무엇 보다 → 무엇보다 / 인식해야 만 → 인식해야만
- 무엇보다 : '보다'는 비교의 대상이 되는 말에 붙어 '～에 비해서'의 뜻을 나타내는 조사이므로 붙여 쓴다.
- 인식해야만 : '만'은 한정, 강조를 의미하는 보조사이므로 붙여 쓴다.

② 두가지를 → 두 가지를 / 조화시키느냐하는 → 조화시키느냐 하는
- 두 가지를 : 수 관형사는 뒤에 오는 명사 또는 의존 명사와 띄어 쓴다.
- 조화시키느냐 하는 : 어미 다음에 오는 말은 띄어 쓴다.

④ 심사하는만큼 → 심사하는 만큼 / 한 달 간 → 한 달간
- 심사하는 만큼 : '만큼'은 뒤에 나오는 내용의 원인, 근거를 의미하는 의존 명사이므로 띄어 쓴다.
- 한 달간 : '간'은 '동안'을 의미하는 접미사이므로 붙여 쓴다.

⑤ 삼라 만상은 → 삼라만상은 / 모순 되는 → 모순되는
- 삼라만상은 : 우주에 있는 온갖 사물과 현상을 의미하는 명사이므로 붙여 쓴다.
- 모순되는 : 이 경우에는 '되다'를 앞의 명사와 붙여 쓴다.

정답 ③

| 문제 2 |

다음 중 밑줄 친 부분의 띄어쓰기가 옳은 것은?

① 토마토는 손 쉽게 가꿀 수 있는 채소이다.
② 농협이 발 빠르게 지원에 나서 주목받고 있다.
③ 겨울한파에 언마음이 따뜻하게 녹았으면 좋겠다.
④ 협동의 깃발 아래 한 데 뭉치자.
⑤ 도농간 소통하는 시간을 통해 도시와 농촌이 하나가 되길 기대한다.

PART 6

정답 해설

'발(이) 빠르다'는 '알맞은 조치를 신속히 취하다.'는 의미의 관용구로 띄어 쓴다. 따라서 띄어쓰기가 옳은 것은 ②이다.

오답분석

① 손 쉽게 가꿀 수 있는 → 손쉽게 가꿀 수 있는
'손쉽다'는 '어떤 것을 다루거나 어떤 일을 하기가 퍽 쉽다.'의 의미를 지닌 한 단어이므로 붙여 써야 한다.
③ 겨울한파에 언마음이 → 겨울한파에 언 마음이
'언'은 동사 '얼다'에 관형사형 어미인 '-ㄴ'이 결합한 관형어이므로 '언 마음'과 같이 띄어 써야 한다.
④ 깃발 아래 한 데 뭉치자 → 깃발 아래 한데 뭉치자
'한데'는 '한곳이나 한군데'의 의미를 지닌 한 단어이므로 붙여 써야 한다.
⑤ 도농간 소통하는 시간을 → 도농 간 소통하는 시간을
'간'은 '관계'의 의미를 지닌 의존 명사로 앞말과 띄어 쓴다.

정답 ②

| 문제 3 |

다음 중 밑줄 친 단어를 문맥에 맞게 변형한 것은?

> 웰빙이란 육체적 · 정신적 건강의 조화를 통해 행복하고 아름다운 삶을 추구하는 삶의 유형이나 문화를 통틀어 일컫는 개념이라고 할 수 있다. 우리나라의 경우 2003년부터 웰빙 문화가 퍼져 웰빙족이라는 개념이 도입되었는데, 특히 이들의 식습관은 고기 대신 생선과 유기농산물을 즐기고 외식보다는 가정에서 만든 슬로푸드를 즐기는 경향이 있다. 현재 우리나라의 대기업에서 제조하고 있는 여러 '가공 웰빙 식품'은 아무리 유기농산물을 사용하고, 여러 영양소를 <u>첨가하다</u> 가공식품으로 분류하여야 마땅하다. 그러나 이러한 식품들은 일반적으로 웰빙 식품으로 인식되어 소비되고 있다.

① 첨가해야 하므로
② 첨가하였으니
③ 첨가할 수밖에 없어
④ 첨가했다 하더라도
⑤ 첨가한 후에야

정답 해설

'아무리'라는 부사는 주로 연결어미 '–아도/어도'와 호응하여 쓰인다. 따라서 밑줄 친 단어인 '첨가하다'를 문맥에 맞게 변형한 것은 '첨가했다 하더라도'이다.

정답 ④

| 문제 4 |

다음 중 빈칸에 들어갈 단어를 순서대로 바르게 나열한 것은?

> 각 시대에는 그 시대의 특징을 나타내는 문학이 있다고 한다. 우리나라도 무릇 사천 살이 넘는 생활의 역사를 가진 만큼 그 발전 시기마다 각각 특색을 가진 문학이 없을 수 없고, 문학이 있었다면 그 중추가 되는 것은 아무래도 시가문학이라고 볼 수밖에 없다. ________ 어느 민족을 막론하고 인간 사회가 성립하는 동시에 각자의 감정과 의사를 표시하려는 욕망이 생겼을 것이며, 삼라만상의 대자연은 자연 그 자체가 율동적이고 음악적이라고 할 수 있기 때문이다. 다시 말하면 인간이 생활하는 곳에는 자연적으로 시가가 발생하였다고 할 수 있다. ________ 사람의 지혜가 트이고 비교적 언어의 사용이 능란해짐에 따라 종합예술체의 한 부분으로 있었던 서정문학적 요소가 분화 · 독립되어 제요나 노동요 따위의 시가의 원형을 이루고 다시 이 집단적 가요는 개인적 서정시로 발전하여 갔으리라 추측된다. ________ 다른 나라도 마찬가지겠지만, 우리 문학사상에서 시가의 지위는 상당히 중요한 몫을 지니고 있다.

① 왜냐하면 – 그리고 – 그러므로
② 그리고 – 왜냐하면 – 그러므로
③ 그러므로 – 그리고 – 왜냐하면
④ 왜냐하면 – 그러나 – 그럼에도 불구하고
⑤ 그러나 – 왜냐하면 – 그러므로

정답 해설

첫 번째 빈칸에는 문장의 서술어가 '때문이다'로 되어 있으므로 이와 호응하는 '왜냐하면'이 와야 한다. 다음으로 두 번째 빈칸에는 문장의 내용이 앞 문장과 상반되는 내용이 아니라 앞 문장을 부연하는 내용이므로 병렬 기능의 접속부사 '그리고'가 들어가야 한다. 마지막으로 세 번째 빈칸은 내용상 결론에 해당하므로 '그러므로'가 가장 적절하다.

정답 ①

인생이란 결코 공평하지 않다. 이 사실에 익숙해져라.

- 빌 게이츠 -

우리는 삶의 모든 측면에서 항상 '내가 가치있는 사람일까?'
'내가 무슨 가치가 있을까?'라는 질문을 끊임없이 던지곤 합니다.
하지만 저는 우리가 날 때부터 가치있다 생각합니다.

– 오프라 윈프리 –

작은 기회로부터 종종 위대한 업적이 시작된다.

– 데모스테네스 –

시대에듀 왕초보를 위한 NCS 의사소통능력
필수토픽 50 + 무료NCS특강

개정3판1쇄 발행	2023년 09월 20일 (인쇄 2024년 06월 04일)
초 판 발 행	2021년 03월 30일 (인쇄 2021년 01월 22일)
발 행 인	박영일
책 임 편 집	이해욱
편 저	SDC(Sidae Data Center)
편 집 진 행	김재희 · 김미진
표지디자인	조혜령
편집디자인	정재희 · 장성복
발 행 처	(주)시대고시기획
출 판 등 록	제10-1521호
주 소	서울시 마포구 큰우물로 75 [도화동 538 성지 B/D] 9F
전 화	1600-3600
팩 스	02-701-8823
홈 페 이 지	www.sdedu.co.kr

I S B N	979-11-383-7271-8 (13320)
정 가	18,000원